# 나도 문화해설사가 될 수 있다

**능묘편** 하

| | |
|---|---|
| **초판 발행** | 2014년 7월 28일 |
| **지은이** | 최동군 |
| **펴낸이** | 서경원 |
| **편집** | 추연경 |
| **디자인** | 정준기 |
| **사진** | 도서출판 담디 |
| **펴낸곳** | 도서출판 담디 |
| **등록일** | 2002년 9월 16일 |
| **등록번호** | 제9-00102호 |
| **주소** | 서울시 강북구 삼각산로 79, 2층 |
| **전화** | 02-900-0652 |
| **팩스** | 02-900-0657 |
| **이메일** | dd@damdi.co.kr |
| **홈페이지** | www.damdi.co.kr |

정가 13,000원
저자와의 협의 하에 인지는 생략합니다.

© 2014 최동군, 도서출판 담디
Printed in Korea
ISBN 978-89-6801-028-6
ISBN 978-89-91111-81-3 (set)

이 도서의 국립중앙도서관 출판예정도서목록(CIP)은 서지정보유통지원시스템 홈페이지(http://seoji.nl.go.kr)와 국가자료공동목록시스템(http://www.nl.go.kr/kolisnet)에서 이용하실 수 있습니다. (CIP제어번호 : CIP2014021225)

# 나도
# 문화해설사가
# 될 수 있다

## 능묘편 하

글 / 최동군

# 차례 하

## 제8장 조선 왕릉 답사편

## 제9장 국조오례의 흉례 및 국조상례보편

## 제1장 선사시대의 무덤

## 🔵 제5장 문화재 풍수

### 등장인물 소개

아빠 _ 저자인 최동군

엄마 _ 아빠와 연애 시절부터 고적 및
       문화 답사를 함께한 답사 애호가

호림 _ 문화 답사는 관심 제로이지만,
       가족과 여행하는 것을 좋아하는 고1 청소년

아름 _ 2014년 현재 중학교 2학년에 재학 중인
       저자의 똑소리나고 사랑스런 딸

본문에서의  표시는 동쪽임금 가족의 현재 위치를 나타냄.

# 제 6 장

종묘와 사직단

# 좌묘우사

## 조선시대 사직단은 전국의 모든 지역에 있었다

호 림   아빠, 광적인 프로야구 응원으로 유명한 부산에는 롯데의 홈구장
이 사직동에 있다고 해요. 사직동은 서울에만 있는 줄 알았는데 어
떻게 된 거죠?

아 빠   사직동이라는 동네는 서울과 부산뿐만 아니라 충청북도 청주시에
도 있어. 지금은 남아있는 곳이 몇군데 없지만, 조선시대에는 사직
동 이라는 동네가 전국 모든 지역에 있었어.

아 름   사직동이 전국에 있었다구요? 그 이유가 궁금해지네요.

아 빠   엄밀히 말하면 사직동이 전국에 있었다기 보다는 사직단이 전국
에 있었다는 표현이 정확하겠구나. 사직동은 사직단이 설치된 동
네라는 뜻이야. 옛날 조선시대에는 전국을 8도로 나누었고 각각의
도에는 종2품 벼슬의 관찰사가 파견되어서 다스렸어. 조선팔도라
고 들어봤지?

호 림   팔도? 라면 이름 아닌가?

엄 마   관찰사는 지금의 도지사와 같다고 볼 수 있는데, 감사라고도 불렀어. 지방관 중에서는 최고의 벼슬이란다.

아 름   아하! 평양감사도 저 싫으면 그만 이라는 속담에서 평양감사는 평양의 관찰사였구나!

아 빠   아름아, 평양감사가 아니라 평안감사가 올바른 표현이야. 평안도의 감영이 평양에 있었기 때문에 사람들이 혼동해서 틀린 표현을 쓴 것이야. 그리고 각각의 도 밑에는 마을의 크기에 따라 부(府), 목(牧), 군(郡), 현(縣)으로 분류해서 각각 부사, 목사, 군수, 현감이라는 지방관들이 다스렸어.

엄 마   그런 지방관들을 수령, 또는 원 이라고 했고, 일반 백성들은 그들을

사직단

원님, 또는 사또 라고 불렀단다.

아 빠 그렇기 때문에 군현(郡縣)이라고 하면 곧 전국의 모든 마을을 뜻하게 되는데, 조선시대 모든 군현의 구조는 백성들의 생활공간 한가운데에 행정의 중심지인 관아를 두고, 동쪽에는 문묘, 그리고 서쪽에는 사직단을 두는 것이 기본적인 틀이었어.

## 핵심관청의 왼쪽에는
## 서울이라면 종묘, 지방이라면 문묘가 자리잡는다

아 름 잠깐만요, 그거 어디서 많이 들어보던 내용인데... 아, 알겠다. 조선초에 한양에 도읍을 만들 때 궁궐의 동쪽에는 종묘를, 그리고 서쪽에는 사직단을 만들었다는 것과 똑같네요!

엄 마 그렇지! 그것을 좌묘우사라고 한단다.

아 빠 그뿐만 아니라 관아의 북쪽에는 제사를 받지 못하는 떠돌이 귀신을 국가에서 제사지내 주던 제단인 여단(厲壇)을 두었고, 남쪽에는 기우단(祈雨壇)과 마을 공동체의 으뜸 신인 성황(城隍)을 모시는 성황단을 두는 것이 조선시대 지방행정구역 공간구성의 기본 틀이었어.

호 림 사직단에서는 무슨 일을 했나요?

---

**뱀의 발** 기장

벼과의 작물인데, 벼에 비해 수확량은 적지만 생육기간이 짧고 가뭄에 잘 견디므로 일찍부터 재배된 작물이다. 산해경 등 옛날 기록에는 '부여에서는 기장을 먹는다.', '맥(貊)에는 오곡이 나지 않고 다만 기장이 난다.'라는 기록으로 미루어 봐서 우리 나라에서도 매우 오래 전부터 재배하였음을 알 수 있고, 벼 보다 먼저 재배되었을 가능성이 많다. 지금은 거의 재배하지 않는다.

---

아 빠  사직단은 토지의 신 사(社)와 곡식의 신 직(稷)에게 제사지내는 곳
       이야. 농업이 국가의 가장 중요한 산업이었던 옛날에는 종묘(宗廟)
       와 함께 국가의 상징으로 여겨온 매우 중요한 시설이었어. 한자로
       는 토지신을 뜻하는 사(社)와 벼와 비슷한 농작물인 기장을 뜻하는
       직(稷)이라는 글자로 이루어져 있지.

엄 마  그러고 보니 토지신을 뜻하는 사(社)에는 흙 토(土)자가 들어가 있
       고, 기장을 뜻하는 직(稷)에는 벼 화(禾)자가 들어가 있어요!

## 사직단은 국왕의 권위를 백성들에게 직접 보여주는 시설이다

아 름  그런데 왜 사직단을 전국의 모든 지방에 만들었나요?

아 빠  그건 국왕의 권위를 모든 백성들에게 직접 보여주기 위한 거야. 조
       선은 건국 초부터 유교적인 통치이념을 전면에 내세웠는데, 중앙뿐
       만 아니라 지방에도 국가의 권위를 세우기 위해서 종교화된 여러
       종류의 제사제도를 마련해서 시행했어.

엄 마  쉽게 말해서 지방관은 곧 국왕의 대리인 이라는 점을 부각시킨 것
       이라고 볼 수 있단다.

아 빠  지방의 관아에서도 삼단일묘(三壇一廟)에서 공식적인 제사를 거행
       했어. 삼단일묘는 삼단과 일묘를 한꺼번에 부르는 말인데, 내가 조
       금 전에 말했던 사직단(社稷壇), 성황단(城隍壇), 여단(厲壇)과 더
       불어 공자를 모시고 제사를 지내는 사당인 문묘를 가리키는 말이야.

엄 마  가만 생각해 보니 객사를 지방마다 만들었던 것과 같은 이유군요!

아 빠  그렇지. 객사는 객관(客館)이라고도 하는데 조선시대에는 이곳에
       왕을 상징하는 전패(殿牌)를 모시고 매달 초하루와 보름에 대궐을

향해 향망궐배(向望闕拜)라는 예를 올렸어. 뿐만 아니라 명나라 등 외국사신이나 중앙에서 내려오는 관리들의 숙소로도 사용되었는데, 그들은 국왕이나 국가를 대표하는 신분이었기 때문에 객사의 지방관의 으뜸벼슬인 관찰사가 일을 보는 동헌보다 격이 높았어.

---

**뱀의 발** 목민심서 (牧民心書)

〈목민심서〉는 조선 후기의 실학자 다산 정약용이 목민관, 즉 수령이 지켜야 할 지침(指針)을 밝히면서 관리들의 폭정을 비판한 저서이다. 전체의 구성은 총 12편으로 분류하고, 이것을 다시 각각 6조씩 세분하여 모두 12편 72조로 되어 있다.

이중 제7편 예전육조(禮典六條)에는 제사(祭祀), 빈객(賓客), 교민(敎民), 흥학(興學), 변등(辨等:등급의 판별), 과예(課藝)의 6조인데, 이중 제사(祭祀) 부분의 첫구절을 살펴보면 전국의 모든 지역(군현郡縣)에 사직단이 설치된 사직동이 있음을 알 수 있다.

郡縣之祀 三壇一廟 군현지사 삼단일묘
知其所祭 心乃有嚮 乃齋乃敬 지기소제 심내유향 내재내경

군현(郡縣)의 제사에는 삼단(三壇)과 일묘(一廟)가 있다.
그 제사 지내는 의미를 알면 마음이 기울 것이며 마음이 기울면 이에 재계하고 공경하게 된다.

삼단(三壇): 사직단(社稷壇), 성황단(城隍壇). 여단(厲壇)
일묘(一廟): 공자의 사당
소제(所祭): 제사 지내는 연유
내재내경(乃齋乃敬): 정성을 드리고 존경함

# 사직단

**사직단 정문은 보물 제177호로 지정됐다**

아 름  사직단은 어떻게 들어갈 수 있나요?

아 빠  사직단은 문화재 보호차원에서 상시개방을 하지 않아. 하지만 관리
　　　사무소에 사직단 내부방문 신청을 하면 사단과 직단의 위를 제외
　　　한 내부관람이 가능해. 물론 문화해설사 분들의 친절한 설명을 들
　　　으면 금상첨화지.

호 림  우리는 아빠가 있으니 군이 문화해설사 분의 도움을 받지 않아도
　　　되겠죠?

아 빠  오늘은 나와 함께 있으니 내가 직접 설명을 해주겠지만 다음 기회
　　　에 너희들이 다시 또 이곳에 오게 된다면 꼭 문화해설사의 설명을
　　　들어 봐. 혹 아빠가 이야기해 주지 않았던 것을 듣게 될 수도 있어.

아 름  우선 사직단 답사 시작은 역시 정문에서 시작을 해야겠죠?

호 림  어? 아빠 이 사직단의 정문은 보물 제177호예요! 대단한 것 같지

도 않은데 왜 보물로 지정 되었을까?

**아 빠** 사직단의 정문이 보물로 지정된 이유는 조선 중기의 목조건물이면서 기둥 위의 공포형식이 학술적으로 가치가 있기 때문이야.

**아 름** 주심포나 다포와 같은 화려한 공포가 아니네요?

**아 빠** 저런 식으로 기둥 위에 새날개처럼 뻗어나온 장식을 전통건축양식에서는 익공(翼工)식이라고 해. 지붕을 떠 받치는 목조구조물인 공포(栱包)의 일종인데, 공포의 구조형식인 주심포(柱心包), 다포(多包), 익공(翼工)계의 세 가지 형식 중에서 구조적으로 가장 간결한 형식이야. 공포는 원래 건축물에서 구조적으로 꼭 필요한 것으로 출발했지만 화려한 외관으로 인해 장식적인 효과가 컸기 때문에 조

보물 제 177호인 사직단 정문

선시대 대규모의 중요 건축물은 대부분 다포식이었고, 2차적으로 중요한 건축물은 주심포 양식을 사용한 것이 일반적이었어. 하지만 중요도가 떨어지거나 종묘나 사직단처럼 의도적으로 화려함을 배제하고 엄숙함을 유지하고자 하는 건축물에는 전반적으로 익공집 양식이 사용되었어.

엄 마 익공집은 다른 곳도 많은데, 왜 군이 이 건물이 보물로 지정되었죠?

아 빠 응, 이 사직단의 정문과 같이 익공이 하나뿐인 초익공집은 도리가 기둥 밖으로 튀어나오는 출목(出目)이 없는 것이 보통인데, 이 건물은 출목이 있다는 특징이 있어. 게다가 가구의 결구방식이 주심포식에 가깝기 때문에 주심포계의 공포구조형식이 간결하게 변형되다가 결국 익공계 구조형식을 따르게 되는 변천과정을 보여주는 것으로 해석되어서 건축적으로 의미가 있기 때문이지.

아 름 그런데 사직단 정문의 위치가 좀 이상해요! 사직단 담장의 한쪽 끝에 붙어 있어요!

엄 마 사직단 정문의 위치뿐만 아니라 사직단의 방향도 이상해요! 보통 국가적인 시설물은 대부분 남향을 하지 않나요? 그런데 사직단은 방향도 북향일 뿐만 아니라 그 마저도 동쪽으로 약간 기울어져 있어요.

## 사직단의 방향은 정북에서 동쪽으로 틀어져있다

아 빠 질문이 홍수처럼 쏟아지네? 자, 하나씩 대답해 줄게. 우선 사직단의 정문은 원래 지금 위치에 있지 않았어. 엄마 말처럼 사직단은 전체적으로 북향이 맞아. 그래서 북쪽에 있는 신문(神門)만 3칸이고 다른 방향의 신문은 모두 1칸이야. 따라서 사직단의 정문도 사직단이 처음 만들어질 때에는 북쪽에 있었을 것이 분명해.

호 림 그럼 왜 지금의 자리로 옮겨왔나요?

아 빠 일단 임진왜란 때 몽땅 불타버린 것을 다시 지었고, 또한 조선왕조실록에 의하면 1720년에 태풍 때문에 또 다시 크게 손상을 입었다고 해. 그래서 다시 새로 지었는데 아무래도 그 두 사건을 계기로 해서 문의 위치가 바뀐 것 같아. 하지만 지금의 위치도 도시계획을 하면서 원래의 자리에서 무려 14미터나 뒤로 물러났어.

엄 마 방향이 기울어진 것은 왜 그렇죠?

아 빠 일단 사직단의 방향을 잘 살펴봐. 정북에서 동쪽으로 약 28도 가량 기울어 있어. 이것을 미방(未方)을 등지고 축방(丑方)을 바라보는 좌향이라고 해서 미좌축향(未坐丑向)이라고 해. 이 사직단이 향하고 있는 방향을 쭈욱 따라가면 뭐가 나올까?

아 름 경복궁의 바로 뒷쪽인 북악산 기슭 방향이네요!

아 빠 맞았어. 지금 청와대가 있는 자리 근처야. 그럼 왜 방향을 그렇게 잡았을까? 내가 생각하기에는 풍수적인 이유가 있을 것 같아.

호 림 무슨 근거가 있나요?

아 빠 그럼! 내가 항상 문화재는 연관성이 있는 다른 것과 함께 비교해 가면서 해석을 해야 한다고 했지? 사직단은 혼자서 만들어진 것이 아

---

**뱀의 발**

숙종실록 65권, 46년(1720 경자 / 청 강희(康熙) 59년) 3월 1일(무진) 1번째기사
사직단의 신문이 무너지다

사직단(社稷壇)의 신문(神門)이 무너졌다. 이날 서울과 지방에 큰 바람이 불어 사직단의 신문 3간이 넘어져 부서졌고 주춧돌이 모두 뽑혀 넘어졌다.

니라 반대쪽에 종묘와 함께 좌묘우사라는 원칙으로 만들어졌어. 그런데 종묘는 풍수적인 입지를 고려했다는 것이 여러 기록에 나와. 즉 창덕궁과 함께 응봉을 주산으로 삼고 자리를 잡았어. 따라서 사직단도 마찬가지로 풍수적인 입지를 고려하지 않았을 리가 없어. 경복궁이 북악을 주산으로 삼았기 때문에 사직단도 북악의 기운을 받으려고 했던 것 같아.

엄 마  하지만 사직단에서는 인왕산이 훨씬 더 가깝잖아요.

아 빠  만약 인왕산의 기운을 받으려고 했다면 방향을 인왕산 쪽으로 잡았겠지. 하지만 인왕산의 기운이 너무 센 탓에 북악쪽으로 방향을 틀어 버린거야. 경복궁에서도 인왕산의 드센 기운을 잡으려고 경회루 연못을 파고 경회루를 짓는 등 풍수비보책을 쓴 것은 잘 알고 있지?

## 구성요소가 모두 네모난 이유는 천원지방 때문이다

아 름  아빠, 이 곳은 모두 네모난 모양이에요. 바깥 쪽을 두른 담장도 네모, 안쪽의 담장도 네모, 심지어 그 안에 있는 두개의 단도 네모에요. 왜 둥근 모양을 쓰지 않았을까요?

아 빠  하늘에 제사지내는 곳인 '환구단'은 하늘을 상징하는 반면에, 땅의 신에게 제사지내는 곳인 '사직단'은 땅을 상징해. 따라서 하늘은 둥글고 땅은 네모나다는 천원지방 사상에 의해서 땅을 상징하는 사직단은 네모나게 만든 거야.

엄 마  맞아요. 중국 북경에 있는 '천단(天壇)'은 모양이 둥글게 생겼어요. 천단은 중국의 황제가 하늘에 제사를 지내던 곳이니깐 당연히 둥글게 만들었겠죠.

동쪽 지신과 서쪽 곡석 신을 모신 두 개의 네모난 단

조선말 하늘에 제사를 지내던 환구단

종묘와 사직단

호 림  왜 우리나라에는 천단이 없어요?

아 빠  하늘에 제사지내는 것은 황제만이 할 수 있었기 때문에 '천단'은 중
국에만 있는거야. 그런데 조선말기에 고종임금이 대한제국을 선포
하면서 스스로 황제의 자리에 올랐어. 그래서 우리도 하늘에 제사
를 지낼 수 있게 된 거야. 그래서 만든 것이 덕수궁 앞에 있는 환
구단이지.

아 름  안쪽에 있는 두 개의 단 중에서 어느 것이 '땅의 신'을 위한 제단인
지 알 수 있어요?

아 빠  그럼. 두 개의 단은 각각 동쪽과 서쪽에 놓여 있어. 그런데 땅의 신
과 곡식의 신 중 누가 서열이 높을까?

호 림  당연히 땅이겠죠. 땅에서 곡식이 자라니깐 땅이 더 중요하겠죠!

---

**뱀의 발**  천단 (天坛 , Imperial Sacrificial Altar in Beijing)

베이징(北京) 둥청구(东城区, 동성구)에 있는 명청대 제왕의 제천(祭天), 기곡(祈穀) 및 기우(祈雨)를
행하던 장소로 1961년 전국중점문물보호단위로 지정되었으며, 1998년 베이징황가제단-천단(北京
皇家祭坛-天坛)으로 세계문화유산에 등재되었고 2007.5 국가 66개 5A급 여유경구의 하나로 지정되
었다. 천단(天坛)은 명 영락(永乐) 18년(1420)부터 건립되기 시작하였고 처음에는 천지합사(天地合
祀)를 실행하여 천지단(天地坛)으로 불렸다. 이후 가정(嘉靖) 9년(1530) 북부 교외에 별도의 지단(地
坛)을 건립하고 원래의 천지단(天地坛)을 제천(祭天), 기곡(祈穀) 및 기우(祈雨)를 위한 제사로만 활
용토록하고 천단(天坛)으로 개칭하였다.

천단은 내단(內坛)과 외단(外坛)으로 분리된 후이(回, 회)자 형태로 되어있으며, 이 중의 담장 바깥
의 남측 모서리는 직각으로 되어있고 북측 모서리는 원호(圓弧) 형태로 천원지방(天圓地方)을 상징
하고 있다.
더불어 지단(地坛)이 자금성의 동북쪽에 있는데 반해 천단은 자금성 동남쪽에 있어 고대 천남지북(天
南地北)의 사상에 부합되고 있으며, 지단(地坛)이 사각형인데 반해 천단은 원형으로 천원지방(天圓地
方)의 사상이 구현되었다. 또한 천(天)은 양(阳)이며 지(地)는 음(阴)으로 표현되는 도가의 음양학설
에 따라 천단(天坛)은 층계, 기둥, 석물 등 건축자재의 사용에서도 양수인 기수(奇數)를 사용하였고 지
단은 8개의 층계, 6평방 장(丈)으로 된 단(坛)의 면(面), 짝수로 이루어진 석판 등 음수인 짝수를 사용
하는 등 전통 사상이 반영되어 있다.

아 름　아, 알겠다. 동쪽과 서쪽 중에서 동쪽이 더 서열이 높아요. 그렇다
　　　면 동쪽의 단이 땅의 신을 위한 제단이고, 서쪽의 단이 곡식의 신을
　　　위한 제단이에요. 맞죠? 그런데 저 단은 어떻게 만든 거죠?

아 빠　단에는 각각의 방위에 따라 동쪽에는 청색, 서쪽에는 백색, 남쪽에
　　　는 적색, 북쪽에는 흑색, 가운데는 황색 이렇게 다섯 가지 빛깔의
　　　흙을 덮었어. 쉽게 말해 오행을 따라간 거지. 그리고 그 위에 다시
　　　황토를 덮었어.

호 림　우리 문화재는 음양오행을 모르면 전혀 이해가 안되는 구나!

## 신위는 사단과 직단에 두개씩 모셔진다

아 빠　그리고 각각의 단 위에는 신위를 모시는데, 땅의 신을 모신 사단
　　　에는 국사신과 후토신, 곡식의 신을 모신 직단에는 국직신과 후직
　　　신을 모셔.

엄 마　여보, 단은 하나인데 신위는 왜 두개씩 모시죠? 땅의 신도 남편과
　　　부인이 따로 있나요?

아 빠　고려사와 홍제전서, 조선왕조실록 등의 기록을 보면 이런 대목
　　　이 나와.

　　　　　고대에 왕이 백관(百官)과 서민을 위해 세운 사(社)를
　　　　　태사(太社)라 하고,
　　　　　왕이 자신을 위해 세운 사를 왕사(王社)라 하며,
　　　　　제후가 백성을 위해 세운 사를 국사(國社)라 하고,
　　　　　제후가 자신을 위해 세운 사를 후사(侯社)라 하며,
　　　　　대부 이하가 함께 세운 사를 치사(置社)라 하였다.

여기서 왕이란 천자, 즉 황제를 뜻하는 거야. 이 예법은 주나라의
예법인데, 주나라는 춘추전국시대를 통일한 진시황제가 황제 칭호
를 만들기 전에 존재한 나라이기 때문에 황제라는 칭호를 쓰지 않
고 그냥 왕이라고만 썼어. 조선은 제후의 나라이기 때문에 국사신,
후토신의 신위를 세웠던 거야.

호 림  아, 백성을 위한 신위와 자신을 위한 신위를 세운 것이구나!

아 름  그럼, 고종황제가 대한제국을 선포하고 나서는 이름이 바뀌었
나요?

엄 마  오! 아름이가 아주 예리한 질문을 던졌구나! 실은 나도 그것이 궁
금했단다.

아 빠  그 대답은 조선왕조실록에 나와있어. 고종 34년 정유(1897, 광무 1)
9월18일 기사야.

> 금년 9월 17일 백악(白嶽)의 남쪽에서 천지(天地)에
> 고유제를 지내고 황제의 자리에 올랐다.
> 국호를 '대한(大韓)'으로 정하고,
> 이해를 광무(光武) 1년으로 삼으며,
> 종묘(宗廟)와 사직(社稷)의 신위판(神位版)을 태사(太社)와
> 태직(太稷)으로 고쳐 썼다.
> 왕후(王后) 민씨(閔氏)를 황후(皇后)로 책봉하고
> 왕태자(王太子) 예휘(睿諱)를 황태자(皇太子)로 책봉하였다.

엄 마  어쩜, 우리의 예상을 빗나가지 않았어! 정말 우리 조상들은 예법에
따라 빈틈없이 움직였구나!

호 림  그런데 지금은 왜 신위가 안 보이나요?

아 빠  신위는 사직단 안쪽에 있는 작은 건물인 신실에 있어.

## 사직단의 내부담장인 '유'는 금천과 같은 역할을 한다

아 름   그런데 아빠, 사직단의 담장은 왜 2중으로 되어 있나요?

아 빠   사직단의 안쪽 담장은 '유(壝)'라고 불러. 그런데 담장이 높지 않지? 그 이유는 '유'가 상징적인 의미를 갖고 있다는 거야. 쉽게 말해 속세와 성스러운 영역을 구분하는 의미지. 궁궐에도 궁궐담장 안쪽에 속세와 성스러운 영역을 상징적으로 구분하는 것이 있는데 뭔지 알겠니?

아 름   그럼요, 금천과 금천교죠. 궁궐뿐만 아니라 왕릉에도 있어요.

엄 마   기특하기도 하지! 이제 우리 아름이는 전문가 수준이구나!

네모로 구성된 사직단

종묘와 사직단

# 종묘의 재궁 및 부속건물 영역

## 종묘의 묘(廟) 자는 무덤 묘(墓)자가 아니라 사당 묘(廟)자다

**호 림**  아빠, 여기는 종묘라고 부르는데 왜 무덤이 하나도 안보이나요?

**엄 마**  호림아, 종묘에서 묘(廟)자는 무덤 묘(墓)자가 아니라 사당 묘(廟)
자 란다. 앞 글자는 마루 종(宗)이라고 하는데 마루라는 뜻은 산마
루, 고개마루 할 때처럼 지붕이나 산, 고개 따위의 꼭대기를 이르는
말이야. 결국 종묘라는 뜻은 온나라의 사당 중에서도 가장 서열이
높은 사당이라는 뜻이야.

**아 빠**  엄마가 뜻풀이를 너무 잘 해줬구나. 옛날 사람들의 생각에는 살아
있는 사람은 몸 속에 음의 기운과 양의 기운이 잘 조화되어 있다고
믿었어. 만약 사람 몸 속 음양의 기운에 부조화가 생기면 그것을 질
병이라고 불렀어. 질병의 치료는 결국 사람 몸 속 음양의 기운이 조
화를 잘 이루도록 하는 것이야. 그런데 만약 사람이 죽게되면 음의
기운과 양의 기운은 완전히 분리된다고 해. 그래서 양의 기운은 하

종묘와 사직단

녹음에 둘러싸여 있는 종묘

늘로 올라가고, 음의 기운은 땅속으로 돌아간다고 생각했어. 사람이 죽었을 때 몸속을 빠져나가는 양의 기운을 혼(魂)이라고 하고, 음의 기운을 백(魄)이라고 해. 합쳐서 혼백(魂魄)이라고 부르지.

아 름 혼백이라는 말은 많이 들어봤어요. 그렇지만 혼백이라는 말 속에는 음양이 들어있다는 것은 처음 알았어요.

호 림 혼? 백? 뭐가 그렇게 복잡해요? 둘 다 귀신을 뜻하는 것 같은데... 잘 모르겠어요. 좀 쉽게 설명해 주세요.

아 빠 혼백에서 혼(魂)은 사람의 정신을 지배하는 양의 기운이고, 백(魄)은 사람의 육체를 지배하는 음의 기운이야. 그런데 정신을 지배하는 혼은 사람이 죽으면 하늘로 올라가서 신(神)이 된다고 해. 이 혼과 신을 모신 곳이 '사당'이고, 한자로는 묘(廟)라고 쓰는 거야. 사당에서 조상신을 모신 기물이 바로 신주야. 신주단지 모시듯 한다라는 표현에서 알 수 있듯이 우리 선조들은 조상신을 그 무엇보다고 귀하게 여겼어.

엄 마 참고로 서울시 종로구 숭인동에 있는 관우를 모신 '동묘'도 관우의 무덤이 아니라 원래 이름이 '동관왕묘(東關王廟)'라고 부르는 관우의 사당이란다.

호 림 결론은 사당은 신(神)을 모신 곳?

아 빠 그렇지. 반면에 백(魄)은 사람이 죽으면 지상에 머물러서 귀(鬼)가 되는데, 특히 천수를 다하지 못하고 비명횡사한 사람의 귀(鬼)는 강한 에너지를 가지며, 인간에게 재앙을 주는 악귀(惡鬼)가 된다고 사람들은 믿었어. 이런 백과 귀를 모신 곳이 '무덤'이고, 한자로는 묘(墓)라고 쓰는 거야.

호 림 무덤은 귀(鬼)를 모신 곳?

아 름 그럼 귀신이라는 말도 한단어가 아니라 혼백처럼 말 속에 음양이
들어있네요?

## 사당은 양적인 공간이 될 수도, 음적인 공간이 될 수도 있다

호 림 나는 왜 이렇게 자꾸만 헷갈리지? 실제 눈에 보이는 사례를 들어
서 설명 좀 해주세요.

아 빠 좋아. 백문이 불여일견이라고 했으니 눈에 보이는 사례를 들어서
설명해 줄게. 나무가 불타는 것을 예로 들어 보자. 살아있는 나무를
톱으로 베어내면 당연히 잘라진 나무토막은 죽은 상태지? 그런데
나무토막에 불이 붙으면, 불에 타면서 연기는 하늘로 올라가고, 타
고 남은 재는 땅에 그대로 남지? 이때 하늘로 올라가는 연기가 양
적인 기운인 '혼'에 해당되고, 땅에 남는 재가 음적인 기운인 '백'
에 해당되는 거야.

호 림 아하, 이제야 알겠다!

아 빠 그런 이유로 사당은 양적인 공간이 되고, 무덤은 음적인 공간이 되
는 거야.

엄 마 여보, 참 이상하네요? 분명히 사당은 죽은 사람의 공간인데, 어떻게
양적인 공간이 되나요? 음적인 공간이 되어야 하는 것 아닌가요?

아 빠 당신은 아직 음양이론의 상대적인 개념을 제대로 이해하지 못했
기 때문에 그런 착각을 하는 거야. 내가 음양이론은 반드시 상대
적인 개념이지 절대적인 개념이 아니라고 했던 것 기억나? 사당이
양적인 공간이 되는 것은 무덤과 비교했을 때 그렇다는 거야. 만
약 사당을 살아있는 사람의 집과 비교를 한다면 당연히 음적인 공

간이 되겠지.

아 름  아빠 말씀은 사당은 비교상대에 따라서 음적인 공간이 될 수도 있고, 양적인 공간이 될 수도 있다는 뜻인가요?

아 빠  바로 그거야.

호 림  아! 또 복잡한 이야기로 바뀌는구나! 아빠, 저는 무조건 눈에 보이는 걸로 쉽게 설명해 주세요.

아 빠  좋아, 살아있는 왕의 집인 궁궐과 죽은 왕의 혼이 깃들어 있는 종묘를 비교한다면, 종묘는 당연히 음적인 공간이야. 왜냐하면 살아있는 세상은 상대적으로 양(+)의 세상이고, 죽은 세상은 상대적으로 음(-)의 세상이기 때문이야.

호 림  거기까지는 쉽네요.

아 빠  하지만 종묘와 왕릉을 비교한다면 이야기는 달라져. 즉, 똑같이 죽은 세상이라도 상대적으로 양의 기운인 깃든 종묘는 양(+)의 세상이고, 상대적으로 음의 기운이 깃든 왕릉은 음(-)의 세상이 되는 거야.

호 림  종묘가 음의 세상에서 갑자기 양의 세상이 되었다구요?

## 음양은 절대적인 개념이 아니라 상대적인 개념이다

아 빠  호림아, 만약에 너가 친구들과 함께 어려운 수학문제를 푼다면 너는 선두권이니? 아니면 하위권이니?

호 림  아빠, 제가 아무리 아들이라도 그건 너무 인신공격적인 발언 아닌가요?

아 빠  이게 다 너를 쉽게 이해하도록 하기 위해서야. 그 질문에 대한 답은 군이 안해도 되겠지? 하지만 만약에 너가 친구들과 과자먹기 시합을 한다면 너는 선두권이니? 아니면 하위권이니?

호 림 아빠, 먹기시합에는 저는 국가대표급이에요!!!! 가만있자.... 아하! 이제 알겠다! 내가 선두권이냐 아니면 하위권이냐는 절대적인 것이 아니라 비교상대에 따라서 얼마든지 바뀔 수도 있다는 말이구나!

아 빠 바로 그거야. 그래서 종묘는 때로는 양의 공간이 되기도 하고, 때로는 음의 공간이 되기도 해. 쉽게 말해, 음양이 혼재되어 있다는 뜻이다. 자, 백문이 불여일견 이라고 했으니 이제부터는 실제 사례로 증명을 해 볼까?

호 림 우선, 종묘가 음(-)의 공간임을 알 수 있는 사례는요?

아 빠 종묘의 정전에는 조선의 역대 임금들의 위패를 모셔두었어. 그것도 한 건물에다 19분이나 되는 임금의 위패를 모셨어. 모든 것에 엄격한 성리학적 서열을 부여했던 조선에서 19분의 임금의 위패를 아무렇게나 배치하지는 않았겠지? 태조 이성계부터 시작해서 역대 임금의 계보에 따라 차례로 배치를 했어. 그럼 태조 이성계는 정전 건물의 가장 오른쪽(서쪽)에 모셔져 있을까? 아니면 가장 왼쪽(동쪽)에 모셔져 있을까?

아 름 군주남면 하는 궁궐에서는 해가 뜨는 동쪽이 해가 지는 서쪽보다 서열이 높아요. 그래서 양반 중에서도 동반인 문신이 서반인 무신보다 서열이 높고, 정승 중에서도 좌의정이 우의정보다 서열이 높아요. 그런데 종묘는 궁궐과 비교했을 때, 음양이 바뀌니깐... 음... 서쪽이 동쪽보다 서열이 높아요. 태조 이성계는 서쪽인 가장 오른쪽에 있을 것 같아요.

아 빠 맞았어. 그런 제도를 서상제(西上制)라고 하는데 음의 세계인 사후세계에서는 서쪽에 더 높은 사람이 위치한다는 뜻이야. 그래서 부부의 무덤을 만들 때도 남편이 서쪽(오른쪽), 부인이 동쪽(왼쪽)에 묻히는 거야. 가장 대표적인 왕릉이 서오릉에 있는 홍릉이지. 서

우허제 능인 서오릉에 있는 홍릉(영조비 정성왕후 능)

종묘와 사직단

오릉의 홍릉은 영조의 첫 번째 왕비였던 정성왕후 서씨가 묻혀있는데 나중에 영조가 묻힐 오른쪽을 비워둔 채로 왕릉을 조성했어.

## 종묘는 왕릉과 비교했을 때 상대적으로 양의 공간이다

호 림  종묘가 음의 공간이 된다는 것까지는 이해가 되었어요. 그럼 이번
    에는 왕릉과 비교했을 때 종묘가 상대적으로 양의 공간이 되는 것
    을 실례를 들어서 설명해 주세요.

아 빠  좋아. 다른 곳에서는 잘 찾아볼 수 없는데, 유독 왕릉과 이곳 종묘
    두 곳에서 눈에 확 띄는 시설물이 있을 거야.

아 름  혹시 길바닥에 깔린 참도를 말씀하시는 건가요?

아 빠  왜 아니겠니? 잘 생각해봐. 왕릉의 참도는 길이 몇 개였지?

아 름  폭이 넓고 높은 길은 신이 다니는 신로와, 폭이 좁고 낮은 길은 임
    금이 다니는 어로, 이렇게 두개의 길이 있었죠.

아 빠  그럼 이곳, 종묘의 참도는 길이 몇 개인지 잘 봐.

아 름  어? 이곳에는 참도가 세 개의 길로 만들어져 있네요.

아 빠  종묘의 참도는 일반적인 조선왕릉과는 달리 세 개의 길로 구성되
    어 있고, 가운데의 높은 길은 신로, 또는 신향로 라고 부르는데 혼
    령이 다니는 신로와 향, 축문, 폐백 등 제사예물이 오고가는 향로
    가 합쳐진 말이야. 신향로의 양쪽에는 왕이 다니는 어로와 왕세자
    가 다니는 세자로인데, 동쪽에 있는 길이 어로, 서쪽에 있는 길이
    세자로야.

엄 마  만약 종묘의 참도가 음의 공간을 나타냈더라면 서상제가 적용되어
    서 서쪽이 어로가 되고 동쪽이 세자로이었어야 할텐데, 실제로는
    그 반대군요.

아 빠  그 뿐만이 아니야. 왕릉의 참도는 길이 두 개라서 짝수야. 짝수는
    곧 음수야. 하지만 종묘의 참도는 길이 세 개라서 홀수야. 홀수는

곧 양수가 되는 거야. 이런 점을 종합해 볼 때, 종묘의 참도는 영의
공간을 나타낸 거야.

아 름　종묘에 이렇듯이 음과 양이 공존하고 있다는 것은 오늘 처음 알았
어요. 그리고 음양론은 상대적인 개념이라는 것도 확실히 이해를
했어요.

세 개의 길로 이루어진 참도

---

인조실록 46권, 23년(1645 을유 / 청 순치(順治) 2년) 10월 2일(경진) 2번째기사
간원이 태묘의 관리를 소홀히 한 종묘서의 관원들을 추고할 것을 청하다

간원이 아뢰기를, "국가가 지극히 공경하는 것으로는 태묘보다 더한 것이 없는데, 어제 왕세자께서 전
알하실 적에 안팎 뜨락에 풀이 무성한데도 뽑지 않았으며, 심지어 외차(外次)로 가는 어로(御路)에 깐
벽돌이 남아 있는 것이 없었습니다. 종묘서의 전후 관원을 모두 중하게 추고하고, 차지 수복(次知守僕)
도 유사로 하여금 죄를 다스리게 하소서.

---

## 종묘의 망묘루와 왕릉의 망릉위는 같은 기능을 갖고 있다

아 빠  자, 이 건물은 망묘루 라고 해. 바라볼 망(望), 사당 묘(廟), 다락 루
(樓)자를 쓰는 망묘루는 종묘제향 때 종묘에 도착하신 임금이 사당
쪽을 바라보면서 돌아가신 선왕들을 추모하고, 종묘사직과 백성을
생각한다는 뜻으로 지어진 이름이야. 조선왕릉에서는 왕릉에 도착
하신 임금이 소여라는 가마에서 내려서 선왕의 무덤쪽을 바라보면
서 서 있는 자리를 바라볼 망(望), 묘 릉(陵), 자리 위(位)자를 써
서 망릉위 라고 한다고 했지? 문화재를 볼 때는 항상 연관있는 것
과 함께 묶어서 생각하도록 해.

엄 마  여보, 망묘루의 지붕을 잘 봐요! 이 곳 종묘의 모든 건물은 지붕이

망묘루

맞배지붕인데 유독 이 망묘루 지붕만 예외적으로 팔작지붕인 이유가 뭐죠?

**아 빠** 정확한 기록은 없지만 아마도 망묘루 건물만은 종묘 안의 다른 건물과는 달리 제례와는 직접적인 연관이 없어서가 아닐까 하고 추측을 하고 있어.

**아 름** 아빠, 망묘루 건물 뒤에 공민왕의 신당이 있다고 안내문에 나와 있어요. 공민왕은 고려의 왕인데 어째서 조선의 종묘에 모셔져 있어요?

**아 빠** 공민왕은 국운이 쇠하여 망해가던 고려 말에 친원파를 중심으로 한 귀족중심의 구체제를 부정하고 과감한 개혁정치를 시도한 군주로 유명한 왕이야. 또한 조선 왕조를 세운 이성계를 발탁한 인물이기도 하지. 따라서 이성계의 입장에서는

공민왕신당

개인적으로도 고마운 존재이기도 할뿐더러, 또한 구체제인 고려를 무너뜨리고 역성혁명을 한 자신의 행위에 대한 정당성을 한층 더 강화시켜주는 것으로 공민왕을 이용한 것으로 보여.

---

**뱀의 발**

정조실록 37권, 17년(1793 계축 / 청 건륭(乾隆) 58년) 4월 7일(기사) 1번째기사
태묘에서 하향의 희생 제기를 살피다

태묘에 나가 하향(夏享)의 희생과 제기들을 살피고 망묘루(望廟樓)에서 재숙하였다. 이때 비가 많이 내리자 대신과 약원의 여러 신료들이 섭행(攝行)의 의식을 청하려고 뵙기를 요구했으나 윤허하지 않았다.

아 름  망묘루 옆의 긴 건물은 뭐하는 거에요?

아 빠  이 건물은 향대청인데, 향청과 집사청으로 구분되어 있어. 향청은
       제례 의식에 사용하는 향이나 축문, 예물을 보관했던 곳이고, 집
       사청은 제례 의식에 참가할 사람들인 집사들이 머물렀던 곳이야.
       한마디로 종묘제례를 위한 준비실이라고 볼 수 있어. 현재는 종묘
       교육홍보관으로 쓰이고 있는데, 왕과 왕비의 신주를 모시는 의식

인 부묘의식, 그리고 유네
스코 세계유산으로 등재된
종묘제례 및 제례악을 쉽
게 이해할 수 있도록 두 개
의 전시실을 운영하고 있
어. 제1전시관에서는 종묘
에 대한 홍보동영상이 있

향청 전시실

어서 처음 종묘에 오는 사람들에게 매우 유용하고, 제2전시관에는
종묘제례에 쓰이는 각종 제기들이 진열되어 있어. 자, 이제 재궁쪽
으로 가 볼까?

향청

재궁 앞

제사 전에 목욕재계하던 재궁

아 빠 여기가 재궁인데, 정전에서 조상에 대한 제례를 올리기 전에 목욕
재계를 하는 곳이야.

아 름 아빠! 아빠가 왕릉에서 설명해 주실 때 왕의 시신을 담은 관을 재궁
이라고 한다고 말씀하셨던 기억이 나요.

엄 마 한글로는 같아도 한자가 다르단다. 왕의 시신을 담은 관을 뜻하는
재궁(梓宮)은 널 재(梓)자를 쓰지만, 이 곳 재궁(齋宮)은 집 재(齋)
자를 쓴단다.

아 빠 이 재궁에서는 왕과 세자가 목욕재계를 하는데, 목욕은 몸과 머리
를 씻는 것을 뜻하고, 재계는 마음을 깨끗하게 한다는 것을 뜻해.
한자로 풀어보면, 머리감을 목(沐)에 몸 씻을 욕(浴)자를 쓰고, 집

재(齋)에 경계할 계(戒)자를 써. 제례를 올리기 전, 목욕재계 기간을 갖는데 6일간은 궁궐에서, 그리고 마지막 하루는 이곳, 재궁에서 재계를 한다고 해. 그렇지만 현재 수도시설이나 목욕시설이 남아 있지 않기 때문에 왕과 제관들이 구체적으로 어떻게 목욕을 했는지에 대해서는 알 수가 없어.

호 림 이곳은 궁궐에서 꽤 가까운 곳인데 왜 하루 전에 종묘에 와서 목욕재계를 하죠?

아 빠 옛날에는 제사지내는 시각이 삼경오점이라고 해서 새벽 1시가 조금 안 된 시간에 지냈어. 그래서 임금도 제사 준비를 위해서 그 전날 미리 이곳에 도착해서 목욕재계를 하고 제사상에 오르는 음식들을 점검했다고 해. 참! 이곳 재궁 안에는 보다시피 세개의 건물이 있는데 하나는 임금이 머무르는 '어재실', 또 하나는 왕세자가 머무르는 '세자재실', 그리고 나머지 하나는 목욕을 하는 '어목욕청'이야. 구체적으로 어느 건물인지 알아 맞힐 수 있겠니? 힌트는 궁궐의 배치법과 음양이론을 잘 활용해 봐.

아 름 일단, 가운데 건물이 '어재실'인 것은 분명해요. 왜냐하면 궁궐에서 임금은 군주남면 하라고 했으니깐 남쪽을 바라보고 있는 것은 임금 뿐이에요. 그런데, 동쪽과 서쪽의 건물은 잘 모르겠어요.

엄 마 힌트를 줄게. 세자를 다른 말로 뭐라고 부르지?

아 름 세자는 다른 말로 동궁마마라고... 아, 이제 알겠다! 동쪽 건물이 세자가 머무르는 '세자재실'이고, 그러면 하나 남은 서쪽 건물이 '어목욕청'이에요.

아 빠 잘 맞췄다. 음양론에 따라서 동쪽이 서쪽보다 서열이 높기 때문에 당연히 동쪽의 건물이 '세자재실'이 되는 거야. 그런데 동쪽이 서쪽보다 더 높은 서열을 가졌다는 것은 이곳 재궁영역도 참도와 마찬가지로 아직까지는 양의 공간이라고 볼 수 있겠지? 왜냐하면 본격적인 제사공간인 정전영역에는 아직 들어가지 않았기 때문이야.

엄 마  그럼 이 재궁까지는 양의 공간이고, 바로 옆 정전부터는 음의 공간이란 뜻이군요!

아 빠  그런 해석이 충분히 가능해. 왕과 세자는 이곳 재궁의 정문으로 들어와서 목욕재계를 한 다음, 서쪽에 있는 작은 문으로 나가서 정전과 영녕전의 동쪽 문으로 들어간 뒤, 제례를 올렸어. 자, 우리도 왕과 세자의 동선을 따라 가볼까?

재궁 서쪽 문으로 나와 정전 동쪽 문으로 가는 참도

# 종묘의 정전 영역

 정전 동문앞

왕과 세자 판위와 가운데 문이 살짝 뒤틀려 있는 동쪽 문

## 찬막단은 왕릉의 수라간과 같은 용도이다

**아 름** 이곳에도 왕릉에서 보던 판위가 있네요. 그런데 옆에 작은 판위가
또 있어요. 왕릉에서는 하나인데 여기에는 왜 둘일까?

**호 림** 그것뿐만이 아니야. 저쪽에는 엄청나게 큰 판위도 있어!

**아 빠** 참도에 붙어 있는 큰 판위는 전하판위(殿下版位)고 그 옆의 작은 판
위는 세자판위(世子版位)야. 재궁에서 목욕재계를 마친 임금과 왕
세자가 본격적인 제례에 참석하기 위해 정전의 동문으로 난 어로를
따라 오다가 묘정에 들어가기 직전에 각각 정해진 이 판위 위에서
다시 한번 의관을 정제하고 예를 갖추면서 잠시 대기하던 장소야.

**호 림** 그럼 저쪽의 큰 판위는 신
하들이 한꺼번에 올라가서
대기하던 장소였나요?

**아 빠** 호림아, 그것은 판위가 아
니라 찬막단이라고 부르는
시설이야. 찬막단은 종묘
제사에 바칠 음식을 미리
검사하는 단인데 종묘제례

종묘제사에 올릴 음식을 미리 검사하는 찬막단과 수복방

에는 다른 제사와는 달리 날음식을 올렸기 때문에 각별히 주의를
해야 했어. 그래서 천막을 치고 단의 주위에는 휘장을 둘러서 청결
하게 했지.

**엄 마** 찬막단의 용도는 왕릉에서의 수라간과 같군요. 왕릉의 수라간도 제
사 음식을 직접 만드는 곳이 아니라 왕릉 정자각의 제사상에 올라
갈 음식을 최종적으로 검사하던 곳이었어요.

아 빠　그렇지. 그리고 찬막단 뒤쪽의
　　　작은 단은 성생위(省牲位) 또
　　　는 희생대(犧牲臺)라고 하는
　　　데 제물로 바칠 소, 돼지, 양을
　　　검사하는 곳인데 제물로 올려
　　　도 좋다는 판정이 난 후에 잡
　　　아서 썼어.

제물로 바칠 소나 돼지를 검사하는 성생위

아 름　찬막단과 성생위가 있는 것으로 봐서는 그 뒤쪽에 있는 건물은 분
　　　명히 제사음식을 만들던 장소일 것 같아요.

---

**뱀의 발**

영조실록 68권, 24년(1748 무진 / 청 건륭(乾隆) 13년) 10월 6일(정해) 1번째기사
임금이 태묘(종묘)로 나아가려 해 날씨가 춥고 바람이 불어 간하였으나 따르지 않다

임금이 익선관(翼善冠)에 곤룡포(袞龍袍)를 갖추고 태묘(太廟)로 나아가려 하였다. 이때 날씨가 춥고
큰 바람이 불었으므로 뭇 신하들이 극력 간하였으나 따르지 않았다. 인화문(仁化門)을 거쳐 태묘로 나
아갔다. 하교하기를, "선왕(先王)을 사모하는 정성은 조금 폈으나 날씨가 이렇게 추우니 군병(軍兵)을
위하는 마음이 간절하다. 죽을 쑤어서 잘 먹이도록 하라는 뜻으로 각 군문(軍門)에 분부(分付)하라."
하였다. 재실(齋室)에 들어가 면복(冕服)으로 고쳐 입고 의주(儀註)대로 봉심(奉審)하였다. 영녕전(永
寧殿)을 봉심한 뒤 성생위(省牲位)에 나아갔는데 생우(牲牛)가 수척하고 작다는 것으로 전생 제조(典
牲提調)를 체직시키고 낭청(廊廳)은 일이 끝난 뒤에 나처(拿處)하라고 명하였다. 재실로 들어간 다음
나처하라는 명을 환수(還收)하였다.

---

## 전사청의 구조는 일반 양반가의 안채구조와 흡사하다

아 빠   아름이의 생각이 맞아. 저 건물은 전사청(典祀廳)이라고 하는데 제
       례용 음식을 마련하던 곳이야. 평소에는 제사에 사용하는 집기들을
       보관하는 용도로 쓰였고, 뜰을 가운데 두고 그 주위로 건물을 ㅁ자
       형으로 배치하였어.

엄 마   일반 양반가의 안채와 같은 구조로군요! 하기야 두 곳 모두 음식을
       만드는 곳이라는 공통점이 있구나!

아 빠   그렇지. 그래서 전사청의 마당에는 음식을 준비하던 돌절구들이 아
       직도 남아 있어. 전사청의 많은 방에는 제사에 관한 일을 처리하던
       전사관이 사용하던 방도 있었고, 제물로 바치는 짐승을 도살하던
       공간도 따로 있었다고 해.

전사청, 마당에 돌절구도 보인다

원형의 제정

**아 름**   전사청 옆에 조그만 담장은 뭐죠?

**아 빠**   전사청에서 제사에 쓰일 음식을 만들려면 당연히 물이 필요하겠
지? 바로 우물이야. 제사에 쓰이는 우물이어서 제정(祭井)이라고
불러. 그런데 보통 옛날의 우물들이 우물 정(井)이라고 하는 한자
처럼 사각형으로 많이 만들어 지는데 비해서 이곳 제정은 원형으로
돌을 다듬어 만들었어. 아마도 하늘나라의 혼령들을 위한 우물이어
서 천원지방 사상을 따라 둥글게 만든 것 같아. 그래서 아무나 출입
하지 못하게 담장도 둘렀고 또 서쪽 담장 밑으로는 배수구까지 마
련해서 항상 청결을 유지했어.

**호 림**   찬막단 앞의 네 칸짜리 건물은 뭐하는 건가요?

## 종묘와 왕릉은 구조적으로 연관성이 있다

아 빠  내가 혼자서 설명만 하면 재미가 없잖니? 그건 너희들에게 내 주는 퀴즈야. 대신 힌트를 두 개 줄게. 첫 번째 힌트는 종묘와 왕릉은 서로 연관성이 많다는 것이고, 둘째 전사청의 역할을 잘 생각해 봐.

엄 마  우선 첫 번째 힌트는 왕릉에서 답을 찾으라는 뜻이란다.

호 림  그러면 두 번째 힌트는 뭘까? 전사청의 역할은 왕릉에서 수라간과 같은 역할을 한다고 했는데....

아 름  왕릉과 수라간... 아, 알겠어요! 왕릉에서 수라간의 맞은 편에 수라간과 거의 비슷하게 생긴 건물이 있었어요. 능을 지키는 사람들이 거처하던 곳이요!

아 빠  잘 맞췄다. 바로 수복방(守僕房)이야. 종묘를 지키고 청소하고 제사를 돕는 낮은 계급의 관리나 노비가 지내던 곳이야.

엄 마  한자로는 지킬 수(守), 종 복(僕), 방 방(房)자를 쓴단다. 한자 뜻을 알면 더욱 쉽지?

아 빠  그래서 수복방의 끝에는 정전에 쉽게 출입할 수 있도록 별도의 문도 있어. 자 이번에는 정전의 동쪽 문을 한번 살펴볼까? 제례를 올릴 때만 제외하고 가운데의 문은 항상 닫아두는데 문짝을 한번 자세히 살펴봐.

---

### 뱀의 발

영조실록 50권, 15년(1739 기미 / 청 건륭(乾隆) 4년) 10월 24일(정유) 3번째기사
**큰 바람이 불어 태묘 전사청의 남문이 쓰러졌다**

이 날 큰 바람이 불어 태묘(太廟) 전사청(典祀廳)의 남문이 쓰러졌다. 위안제(慰安祭)를 거행하고 곧 고쳐 세우게 하라고 명하였다.

# 정전의 문짝들은 살짝 뒤틀려 있다

호 림   이거, 누가 관리했는지 영 엉망이에요. 문짝이 살짝 뒤틀려 있어요.

아 빠   만약 뒤틀린 문짝이 의도적으로 만든 것이라면?

호 림   그럴 리가 있나요?

아 름   자세히 보니 오른쪽 문짝은 아래쪽이 벌어져 있고, 왼쪽 문짝은 위
　　　　쪽이 벌어져 있어요. 이게 무슨 뜻일까?

엄 마   궁궐이나 종묘에서 왼쪽은 곧 동쪽이고, 오른쪽은 서쪽이란다.

아 름   아, 음양이론! 왼쪽은 곧 양(+)이고, 오른쪽은 음(-)이에요. 그러
　　　　면 왼쪽 문짝은 양을 나타내고, 오른쪽 문짝은 음을 나타내요. 그렇
　　　　다면 왼쪽 문짝이 위쪽으로 벌어져 있는 것은 하늘을 가리키는 것
　　　　이고, 오른쪽 문짝이 아래쪽으로 벌어져 있는 것은 땅을 가리키는
　　　　것이에요. 그런데 왜 문짝을 뒤틀리게 만든 것이 단순하게 하늘과
　　　　땅을 가리키는 것만은 아니겠죠?

아 빠   사당의 문들은 대체로 이런 식으로 만드는 것이 일반적이야. 종묘
　　　　뿐만 아니라 개인 사당이나 성현들을 모시는 서원이나 향교의 사당
　　　　에서도 이런 식의 뒤틀린 문짝이 많이 보이는데 아마도 혼령들이
　　　　드나들 수 있도록 문짝을 뒤틀리게 만든 것 같아.

엄 마   그런데 이왕 뒤틀리게 만들 바에는 이처럼 음양이론에 맞춰서 만들
　　　　면 훨씬 체계적으로 되는 것이지. 자, 이제 정전 마당으로 들어가자.

아 빠   어디든 세 칸짜리 문을 출입할 때는 가운데 문은 출입을 해서는 안
　　　　되고 동입서출이야. 동쪽으로 들어가서 서쪽으로 나온다는 뜻이지.
　　　　그런데 매번 어느 쪽인지 헷갈리지? 그럴 때는 무조건 문을 향해서
　　　　밥먹는 손쪽으로만 들어가고 나오면 돼.

아 름  신기하게도 그렇게 하니 동입서출이 자동적으로 되는군요! 우리
        아빠는 천재야!

→  정전 월대

**중국에도 황실의 사당이 있는데 종묘라고 하지 않고 태묘라고 한다**

호 림  와, 여기가 정전이구나! 건물이 엄청나게 길어요. 마치 기차 같아요.
아 빠  이 정전은 단일목조건축물로는 세계에서 가장 긴 건물이야.
아 름  처음부터 이렇게 길었나요?
아 빠  아니야. 처음에는 이렇게까지 길지는 않았어. 정전의 기둥과 기둥
        사이의 한칸을 감실 또는 신실이라고 하는데, 감실 한 칸마다 돌아
        가신 왕을 한분씩 모시는 것이 원칙이야. 그런데 조선왕조가 오랜
        기간동안 지속되면서 돌아가시는 왕들이 자꾸만 생겨나자 처음에
        만들었던 감실이 모자라게 되었어. 그래서 감실을 여러차례 증축했
        기 때문에 나중에는 이렇게 긴 건물이 된 것이지.
아 름  아빠, 중국도 종묘가 있을 텐데 중국의 종묘는 어떻게 생겼나요?
아 빠  좋은 질문이구나. 문화재는 항상 비교하는 습관이 중요해. 중국
        에도 당연히 황실의 신주를 모시는 사당이 있지만 우리처럼 종묘
        라고 하지는 않고 태묘(太廟)라고 불러. 그런데 중국에서는 기존
        의 한 왕조가 멸망하고 새로운 왕조가 일어나면, 기존에 있던 왕조
        의 태묘를 없애버리고 새로운 왕조의 태묘를 신축하는 일이 되풀
        이 되었어.
호 림  정치적인 보복차원이군요!

종묘와 사직단

아 빠   그런 셈이지. 그러다보니 현재 남아있는 태묘는 중국의 마지막 왕
        조인 청나라의 태묘만이 북경에 남아있어. 그나마도 공산혁명기
        를 겪으면서 태묘에서의 의례는 중단되었고 건물들도 개조되었는
        데 현재는 노동인민문화궁(勞動人民文化宮)으로 명칭을 바꾸고 농
        구장과 극장 등을 증축한 뒤로 시민들의 휴식 및 오락 장소로 활용
        되고 있다고 해.

엄 마   그래도 태묘의 원래 구조는 우리 종묘와 많이 비슷했겠죠?

아 빠   아니야. 태묘는 우리 종묘와는 많이 달라. 중국의 태묘는 오히려 자

---

**뱀의 발**　북경태묘 (北京太廟, 베이징 타이묘)

중국의 수도 베이징 내 자금성의 천안문 동쪽에 있는 사당이다.
맞은 편인 서쪽에는 사직단이 있다. (좌묘우사)

명, 청 시대에 황실의 신주를 모신 사당으로 사용된 곳으로, 명나라 때인 1420년(영락 18) 창건되었
다. 남북 길이 475m, 동서 너비 294m이다. 3개의 대문, 3개의 대전(大殿)과 기타 부속 건축물로 이
루어져 있다. 꼭대기에 황금색 유리기와를 얹은 3개의 붉은 담장에 의해 3개의 폐쇄된 뜰로 나누어져
있는데, 두 번째 뜰이 태묘의 주 정원으로 전전(前殿)과 중전(中殿) 등 주요 건물이 있다.

한백옥으로 된 3층의 수미좌 위에 세워진 전전(前殿)은 태묘의 주 건물이다. 정면 폭이 11칸, 안 길
이는 4칸이다. 지붕 위에 황금색 유리 통기와를 얹고 대전 바닥에는 특수 가공한 금벽돌이 깔려 있다.
지붕과 천장에 금박이 입혀져 화려함을 더한다. 전전 안의 감실에는 시조의 위패가 가운데 있고, 좌우
에 역대 황제의 신주가 있다.

전전(前殿)의 동서 양측에는 각각 15칸의 배전(配殿)이 있다. 동무(東廡)라 부르는 동쪽 배전에는 공
적을 세운 황족의 위패가, 서무(西廡)라 부르는 서쪽 배전에는 공훈이 있는 타성(他姓)의 위패가 있다.

전전(前殿) 뒤쪽에 있는 중전(中殿)은 정면 폭이 9칸이다. 중전 안의 감실에는 역대 황후들의 위패가
있다. 중전의 좌우 양측에는 제기를 보관하던 배전이 각각 5칸씩 있다.

중전 뒤에 있는 세 번째 뜰에는 정면 9칸의 후전(後殿)이 있다. 중전과 같은 방식으로 지어진 후전에는
청나라가 중국을 통일하기 전에 만주족을 다스렸던 4명의 왕의 위패가 있다.

---

금성의 중심건물인 태화전, 중화전, 보화전과 비슷한 구조를 가지고 있어. 즉 전전(前殿), 중전(中殿), 후전(後殿)이라는 세개의 중심 건물이 있고 그 양쪽으로 각각 3개씩의 배전(配殿)들이 완벽하게 대칭되는 구조를 가지고 있어. 반면에 우리의 종묘 정전은 건물의 양쪽 끝에서 직각으로 꺾이면서 남쪽으로 5칸의 월랑이 있는 특이한 구조야. 게다가 정전 양쪽의 월랑은 동쪽은 개방형이고, 서쪽은 폐쇄형이어서 대칭적인 구조도 아니야.

아 름   동쪽이 개방형이고, 서쪽이 폐쇄형이면 이것도 음양이론을 따른 것이네요?

## 정전 건축을 우리방식대로 하도록 만든 것은 바로 태종임금

아 빠   그렇지. 이 정전은 우리만의 독특한 건축문화를 보여주는 것이야. 이런 내용이 조선왕조실록에도 그대로 실려 있어. 내가 그 부분을 읽어 줄게. 태종실록 19권에 있는 기사이고, 때는 태종 10년인 1410년 5월 13일이야.

> 의정부(議政府)에 명하여 종묘(宗廟)의 동, 서상(東西廂)을 짓는 것의 편부(便否)를 의논하게 하였다. 임금이 종묘(宗廟)에 나아가 비를 피할 데를 지을 곳을 살펴보고 말하기를, "만일 묘전(廟前)에 보첨(補簷: 비바람을 가리기 위하여 옥외에 설치한 장막)을 달면 컴컴하게 가려서 불편할 것 같으니, 동서이방(東西耳房) 앞뜰에 10척(尺)의 보첨(補簷)을 달아서, 제사(祭祀)를 행하는 날에 비나 눈을 만나면, 나와 향관(享官)은 동쪽에 있고, 악관(樂官)은 서쪽에, 여러 집사관(執事

官)은 묘실(廟室)의 영(楹) 밖에 있으면 된다. 이렇게 하면 제사에 참여하는 사람이 모두 용의(容儀)를 잃는 일이 없어, 거의 성경(誠敬)을 다할 것이다."하였다. 대언(代言) 김여지(金汝知)가 앞으로 나와 말하기를, "동서이방(東西耳房)에 허청(虛廳)을 짓는 것은 종묘 제도가 아닙니다. 후일(後日)에 상국(上國: 중국)의 사신(使臣)이 보게 되면 어떻다 하겠습니까?"하니, 임금이 말하기를, "사신이 무엇 때문에 종묘에 오겠느냐? 혹시 본다 하더라도, 조선의 법이 이러한가 보다 하겠지, 어찌 비난하고 웃겠느냐?"하였다.

엄 마  우리 종묘는 중국과는 달리 실용적으로 지었다는 뜻이군요!

아 빠  그렇지.

아 름  아빠, 그런데 이 정전의 기둥을 세어보니 기둥과 기둥 사이의 감실(신실)이 조선의 역대 왕들의 숫자와 맞지 않는 것 같아요. 조선의 왕들은 모두 27명인데, 아무리 세어봐도 감실이 27개가 안되요.

아 빠  우선 정전의 규모를 정확히 알아볼까? 정전은 가운데의 가장 높은 지붕아래의 건물이 중심인데 정면은 19칸, 측면은 3칸인 맞배지붕이고, 일출목(一出目)의 이익공(二翼工) 집이야. 그 양끝편으로 낮은 지붕의 익랑이 3칸씩 있고, 거기서 다시 90도로 남쪽으로 꺾여서 정면 5칸씩의 월랑이 있어.

엄 마  왕의 신주는 당연히 가장 높은 지붕아래의 19칸 속에 있겠죠? 그렇다면 정전에는 19명의 왕만이 모셔져 있다는 뜻인데, 조선왕조의 27왕 나머지 8명은 어디에 있는 거죠?

## 조선후기 모든 양반들의 사당에서는 사대봉사가 원칙이었다

아 빠 그 전에 먼저 알아야 할 것이 있어. 조선후기를 기준으로 할 때 모든 양반사대부의 사당에는 4대봉사라고 해서 조상에서 가까운 4대조까지만 모시는 것이 원칙이야. 즉, 돌아가신 아버지와 조부, 증조부, 그리고 고조부까지 이렇게 4대를 모시는 거야.

아 름 아빠, 질문이 있어요. 만약 제사를 모시던 종손이 또 돌아가시게 되면, 지금까지 모시던 조상들은 한단계씩 밀리게 될텐데, 그렇게되면 4대조였던 조상이 5대조가 되잖아요?

호 림 그럼 사당에서 쫓겨나는 건가요?

아 빠 옛날 사람들은 한대를 약 30년 정도로 봤어. 그래서 4대봉사를 하는 이유는 보통 사람의 혼이 4대를 지나면, 즉 120년 정도가 되면 완전히 흩어진다고 생각했나봐. 따라서 신주에 혼령을 계속해서 모실 이유가 없다는 것이지. 그래서 4대조를 넘어가는 윗조상은 신위를 땅에 묻어 버려. 이것을 묻을 매(埋), 조상 조(祖) 자를 써서 매조라고 해. 신위가 없다는 것은 제사도 지내지 않는다는 것을 뜻해.

아 름 매조가 된 조상은 제사상도 못받게 된다니 무척이나 섭섭하겠어요.

아 빠 꼭 그렇지만도 않아. 일년에 한번, 한식 이나 10월에는 5대조 이상의 조상묘소(墓所)에서 그 윗조상들 모두를 대상으로 한꺼번에 제사를 지내는데, 그것을 시제(時祭) 또는 시사(時祀)라고 해.

엄 마 사대봉사는 임금도 예외는 아니었나요?

아 빠 그럼! 당연하지! 임금은 양반들을 포함하여 모든 백성들의 귀감이 되어야 했어.

아 름 아빠 말씀대로라면 정전은 사대봉사를 위해서 감실이 4개만 있으면 되잖아요? 그런데 왜 19개씩이나 있어요?

## 정전이 길어진 이유는 불천위 때문이다

아 빠 그것은 불천위제도 때문이야. 불천위(不遷位)는 원래 4대조를 넘어가는 윗조상은 신주를 땅에 묻는 것이 원칙이지만 나라에 큰 공훈이 있거나 도덕성과 학문이 높으신 분에 대해서는 예외적으로 신주를 땅에 묻지 않고 사당에 영구히 두면서 제사를 지내는 것을 국가에서 허락한 신위(神位)를 가리키는 말이야.

엄 마 한자로는 아닐 불(不), 옮길 천(遷), 자리 위(位)란다.

아 빠 한 가문에 불천위를 모신다는 것은 그야말로 가문의 영광이었어. 마찬가지로 종묘에도 뛰어난 업적으로 인해 불천위로 지정된 임금들은 정전에서 영구히 신주를 모시는 거야.

호 림 불천위로 지정되지 못한 임금의 신주는 땅에 묻나요?

아 빠 일반 사람들은 그렇게 하지만, 임금의 경우에는 달라. 정전에서 불천위로 지정되지 못한 5대조 이상의 임금들은 신주를 땅에 묻는 대신, 별도의 건물에 신주를 따로 모셔. 그 건물이 정전 옆에 있는 영녕전이야.

아 름 정전이 길어진 이유는 결국 불천위가 늘어나서 그렇게 된 것이군요. 그런데 엿가락도 아닌 건물을 어떻게 늘였을까?

아 빠 기록에 의하면 처음 정전이 만들어졌을 때는 7칸 건물이었고 이런 사실은 성종때 편찬된 국조오례의의 종묘전도에서 확인할 수가 있어. 하지만 명종임금 때 감실의 숫자가 모자르게 되자 4칸이 증축되어 11칸이 되었어. 그런데 임진왜란으로 종묘는 완전히 소실되는 바람에 광해군 때 재건에 착수해서 제1~11실을 완공한 이래, 영조임금 때 4칸이 추가되고, 다시 헌종임금 때 4칸이 추가되어서 지금은 모두 19칸이 된 거야. 그리고 건물을 늘이는 방법은 건물의 동쪽면 쪽으로만 늘려가는 방식을 썼어.

호 림  왜 하필 동쪽 방향으로만 건물을 늘려갔어요?

아 빠  그것은 서상제(西上制)때문이야. 아까 아름이가 말했듯이, 정상적인 음양론에서는 해가 뜨는 동쪽(좌측)이 해가 지는 서쪽(우측)보다 서열이 높기 때문에 같은 양반이라도 동반인 문신이 서반인 무신보다 서열이 높고, 정승중에서도 좌의정이 우의정보다 서열이 높아. 하지만 살아 있는 세계가 아닌 사후세계에서는 음양이 서로 뒤바뀌기 때문에 서쪽이 동쪽보다 서열이 더 높게 되는 거야. 이것을 서쪽이 상석이라는 뜻에서 서상제라고 하고, 그 때문에 태조 이성계의 신주를 건물의 서쪽인 가장 오른쪽에 두었어.

엄 마  그래서 부부의 무덤을 만들 때도 남편이 서쪽(오른쪽), 부인이 동쪽(왼쪽)에 묻힌다고 했던거지. 가장 대표적인 왕릉이 서오릉에 있는 홍릉이야. 서오릉의 홍릉은 영조의 첫 번째 왕비였던 정성왕후 서씨가 묻혀 있는데 홍릉 조성당시에 나중에 영조가 묻힐 오른쪽을 비워둔 채로 왕릉을 조성했어. 또한 부부를 같이 모신 무덤의 비석을 보면 부인의 이름 밑에 부좌(祔左)라고 쓴 것을 많이 보

상월대 계단 흔적

게 되는데, 그 뜻은 부인을 남편의 왼쪽에 묻었다는 뜻이란다. 홍릉과 같은 왕릉조성방식을 우허제(右虛制)라고 해. 남편을 위해 오른쪽을 비워놓았다는 뜻이야.

**아 빠** 그러다 보니 정전건물은 서쪽은 고정된 채로 동쪽으로만 점점 길어지게 된 거야. 그 흔적을 지금도 찾아볼 수 있어. 정전의 상월대 중앙계단 주위를 자세히 살펴 봐. 상월대 중앙계단의 약간 왼쪽에는 건물이 증축되기 이전에 원래 중앙계단을 놓으면서 장대석과 맞물리는 지점에 약간 홈을 판 흔적이 아직도 선명하게 남아있어. 정전 건물이 동쪽으로 길어지면서 중앙계단 자체도 동쪽으로 약간씩 이동을 했기 때문이야.

**아 름** 또 다른 흔적은 없나요?

민기둥(왼쪽)과 배흘림기둥(오른쪽)

아 빠   서로 다른 시기에 증축이 이루어지다보니 광해군때 만들어진 1~11
        칸, 영조때 만들어진 11~15칸, 그리고 헌종때 만들어진 15~19칸
        의 건축양식에서 약간씩 시대적인 차이가 보여. 예를 들어, 15번째
        기둥까지는 약간의 배흘림이 있는데 그 이후부터는 배흘림이 없어
        지기도 하고, 11번째 칸까지의 익공에서 기둥 안쪽의 보아지(기둥
        과 들보가 서로 연결되는 부분을 보강해 주는 건축 부재)는 길이는
        길고 높이는 낮은 형상이지만, 16번째 칸 이후부터는 길이가 짧아
        지고 높이는 높아지는 모습이 보여. 또 익공 측면에 새긴 곡선 장식
        인 초각도 변화가 있어.

엄 마   광해군때 재건하고나서 거의 250년이 흘렀으니 목수의 생각도 변
        했을 것이고, 또한 연장도 많이 달라졌을테니 건축적으로도 당연히
        그런 차이점이 있겠죠.

아 름   아빠, 월대의 중앙부분 신로 바로 옆에도 판위가 있어요. 전하판위
        도 아니고 세자판위도 아닌 것 같은데 저 판위의 용도는 뭐예요?

호 림   신로 바로 옆에 있는 것으로 봐서는 신과 무슨 연관이 있을 것 같
        은데…

**부알판위는 새로 부묘되는**
**왕과 왕비가 조상신에게 인사를 드리던 장소이다**

아 빠   저 판위의 이름은 부알판위(祔謁版位)라고 하는데, 3년상을 끝내
        고 돌아가신 임금이나 왕비의 신주(神主)를 종묘에 새로 모시는 일
        인, 부묘(祔廟)를 행할 때에, 이미 먼저 종묘에 봉안되어 있는 조상
        들에게 인사를 올리는 자리야.

호림 말도 안돼. 돌아가신 분이 어떻게 인사를 올려요?

아빠 실제로 인사를 드린다는 것이 아니라 돌아가신 임금이나 왕비의 신주를 모신 가마

신도 옆의 부알판위

를 부알판위 위에 잠시 머물게 하던 자리야. 이때, 정전에 이미 봉안되어 있는 태조 이성계 이하 모든 신주들을 각각의 신실 앞에 있는 신탑에 꺼내 놓고 부알판위 위에서 정전에 먼저 봉안되어 있는 모든 조상들에게 배알한 후 밤나무 신주를 정전에 모시는 의식을 치렀어.

아름 아빠, 정전 남쪽에 있는 두 개의 건물은 뭐하는 거예요?

아빠 서쪽에 있는 짧은 건물은 칠사당이고, 동쪽에 있는 긴 건물은 공신당이야. 우선, 칠사당은 토속신앙과 유교사상이 합쳐진 사당인데 왕실과 궁궐의 모든 일과 만백성의 생활이 아무 탈없이 잘 풀리도록 왕실의 제례과정에 관여하는 신들에게 제사를 지내던 곳이야. 한편 공신당은 태조를 비롯하여 정전에 모셔져 있는 역대 임금들의 공신 중에서 83분의 위패를 모시고 있는 곳이야. 그런데 공신당도 정전과 마찬가

칠사당(위)과 공신당(아래)

지로 여러번 증축되었을 뿐만 아니라 건물이 통째로 동쪽으로 이동을 했어. 왜냐하면 시간이 갈수록 공신의 숫자도 점점 늘어났을 뿐만 아니라 정전이 증축되면서 월대 중앙의 신로가 계속 동쪽으로 이동하게 되자 공신당은 그에 따라서 통째로 옮겨야 했어.

1395년(태조 4) 당시의 정전 규모는 모두 7칸으로, 그 안에 석실(石室) 5칸과 좌우에 익실(翼室) 각 2칸이 있었다. 왕의 신위가 늘어나면서 세종 때에는 별묘인 영녕전을 세워 먼 조상의 신위는 이곳에 옮겼으나, 제13대 명종 때에는 또다시 신실이 부족하여 정전을 11칸으로 늘렸다. 임진왜란 때 불탄 뒤 1608년(광해군 즉위년) 옛 규모대로 11칸으로 재건되었다. 그 뒤 1726년(영조 2) 신실 4칸을 증축하여 15칸으로 되었다가, 다시 1836년(헌종 2) 신실 4칸을 증축하여 19칸 규모가 되었으며, 그 뒤로는 증축 없이 오늘에 이르고 있다.

영조실록 9권, 2년(1726 병오 / 청 옹정(雍正) 4년) 1월 13일(병오) 1번째기사
태묘의 개수를 위해 위폐를 옮겨 봉안하려고 태묘에 나아가다

임금이 익선관(翼善冠), 흑단령포(黑團領袍), 옥대(玉帶), 흑화(黑靴)를 갖추고 태묘(太廟)에 나아갔으니, 바야흐로 개수(改修)하기 위하여 장차 위패(位牌)를 옮겨 봉안(奉安)하려는 것이었다. 임금이 망묘례(望廟禮)를 행할 때에 양암(諒闇)1989)인 까닭에 의주(儀注)에 봉심례(奉審禮)가 없었으므로, 임금이 심히 노하여 예조 판서(禮曹判書) 심택현(沈宅賢)을 불러 하교하기를, "대신(大臣)의 수의(收議)에 '봉심(封審)' 두 글자가 없었는가? 이미 태묘에 들어와 봉심하지 않으면 마음에 편안하겠는가, 편안하지 않겠는가?"하고는 인하여 봉심을 행하고 영녕전(永寧殿)에도 또한 이와 같이 하였다. 이어 태묘 안의 11실(室)을 두 차례로 나누어 경덕궁(慶德宮)에 봉안할 즈음에 임금이 태묘의 문안에서 지송(祗送)하고 이어 경덕궁에 따라 이르러서 각 실(室)을 위선당(僞善堂)·읍화당(浥和堂)·자정전(資政殿)에 나누어 봉안하여 친히 사례(祀禮)를 행하였다. 시사복(視事服)으로 갈아 입고 환궁(還宮)하였다.

헌종실록 3권, 2년(1836 병신 / 청 도광(道光) 16년) 1월 10일(갑오) 1번째기사
태묘의 각실을 경희궁의 광명전과 장락전에 나누어 봉안하다

태묘(太廟)의 각실(閣室)을 경희궁(慶熙宮)의 광명전(光明殿)과 장락전(長樂殿)에 나누어 봉안하였는데, 태묘의 증수(增修) 때문이었다.

# 종묘의 영녕전 영역

 영녕전 남문 앞

영녕전 전경

호 림   어? 이곳도 규모만 조금 작을 뿐 정전이랑 거의 비슷하네요?

아 름   조금 전에 아빠가 정전에서 설명해 주실 때 사대봉사와 불천위를 제외하고는 모두 이 곳 영녕전으로 옮겨온다고 하셨죠? 조선의 임금은 모두 27명인데, 그 중에서 정전에 모셔져 있는 19명을 제외하면 8명이 이곳에 있어야 하는데, 신실은 8개보다 더 많아요! 어떻게 된 것이죠?

아 빠   조선의 임금이 27명이라는 것은 어떻게 안 것이지?

호 림   아빠, 학교에서 조선왕들의 첫글자를 마치 노랫가락처럼 외웠어요. 태정태세문단세, 예성연중인명선, 광인효현숙경영, 정순헌철고순 어때요? 27명 맞죠?

아 빠  그런데, 27명이 정답이 아니라면?

호 림  뭐라고요? 분명 27명이 맞는데...

아 름  아, 알겠다. 25명이요! 연산군과 광해군은 왕에서 쫓겨나서 왕자신분으로 강등되었어요.

엄 마  매우 일리있는 대답이구나. 여보, 아름이가 정답인가요?

아 빠  그런데, 25명도 정답이 아니라면?

아 름  예? 그럼 도대체 정답이 뭐예요?


## 조선의 임금은 모두 종묘 정전과 영녕전에 모셔져 있다


아 빠  자, 자, 흥분 좀 가라앉히고 ... 여기 정전신위봉안도와 영녕전신위봉안도가 있어. 이 두 자료는 정전과 영녕전에 어느 임금이 모셔져 있는지를 알려주고 있어. 결론부터 말하면 정전에는 19분의 신위를 모시고 있고, 영녕전에는 16분의 신위를 모시고 있어. 합치면 모두 35분의 신위가 있는 셈이지.

호 림  예? 조선에 무려 35명의 왕이 있다구요? 말도 안돼!

아 빠  자, 우선, 아름이가 말한 것처럼 연산군과 광해군이 종묘에 있는지를 살펴보자. '정전'에도 안보이고, '영녕전'에도 안보이지? 그럼, 연산군과 광해군은 무조건 OUT! 그럼 아름이의 말대로 25명이 되어야 하는데, 정답이 35명이라면 무려 10명의 왕이 더 추가된 셈이야. 그렇다면 지금부터 추가된 10명의 왕을 한 사람씩 찾아 나서 보자. 일단 '정전신위봉안도'에서 모르는 조선왕의 이름을 찾아봐!

호 림  엥? 문조(익황제)? 조선에 그런 왕도 있었나?

아 빠  자, 정전에서 한 사람은 찾았고, 이번에는 '영녕전'에서 모르는 조선왕의 이름을 찾아보자.

**호 림** 엥? 여기도 모르는 왕의 이름이 수두룩하네? 일단 가운데 있는 목조, 익조, 도조, 환조? 이건 뭐지? 게다가 덕종? 원종? 진종? 장조? 이건 또 뭐지?

**아 름** 마지막으로 (의민황태자)영왕? 아니, 조선왕 중에서 '조'나 '종'으로 끝나지 않는 왕도 있네?

**아 빠** 잘 찾았다. 정전에서 모르는 왕 1명! 영녕전에서 모르는 왕 9명! 도합 10명의 왕의 정체를 알면, 35명이라는 조선왕의 비밀이 밝혀지는 거야.

| 19 숙종 | 인경왕후 | 인현왕후 | 인원왕후 | 희빈 장씨 | 숙빈 최씨 | | |
|---|---|---|---|---|---|---|---|
| | | 양) 경종 | 양) 양조 | 경종 | 연잉군(영조) | | |

| 21 영조 | 정성왕후 | 정순왕후 | | 정빈 이씨 | 영빈 이씨 | 단의왕후, 선의왕후 | 20 경종 |
|---|---|---|---|---|---|---|---|
| | 양) 진종 | | | 효장세자(진종) | 사도세자(장조) | | |
| | 양) 장조 | | | | | | |

| 추) 장조 | 헌경왕후 | | | 숙빈 임씨 | 경빈 박씨 | 효순왕후 | 추)진종 |
|---|---|---|---|---|---|---|---|
| | 의소세자 | | | 은언군 | 은전군 | 양)정조 | |
| | 정조 | | | 은신군 | | | |

| 22 정조 | 효의왕후 | | | 의빈 성씨 | 수빈 박씨 | 은언군 | |
|---|---|---|---|---|---|---|---|
| | 양) 순조 | | | 문효세자 | 순조 | 상계군,풍계군,전계군 | |

| 23 순조 | 순원왕후 | | | | | 전계군 | |
|---|---|---|---|---|---|---|---|
| | 효명세자(문조) | | | | | 원경,경응,원범(철종) | |
| | 양) 철종 | | | | | | |

| 추) 문조 | 신정왕후 | | | | | 철인왕후 | 25 철종 |
|---|---|---|---|---|---|---|---|
| | 헌종 | | | | | | |
| | 양) 고종 | | | | | | |

| 26 고종 | 명성황후 | | 귀빈 엄씨 | 귀인 장씨 | 귀인 양씨 | 효현황후, 효정황후 | 24 헌종 |
|---|---|---|---|---|---|---|---|
| | 순종 | | 영친왕(의민태자) | 의친왕 | 덕혜옹주 | | |

| 27 순종 | 순명황후 | 순정황후 | | | | 마사코(이방자) | 영친왕 |
|---|---|---|---|---|---|---|---|
| | | | | | | 이구 | |

| | | | | | | 줄리아 멀록 | 이구 |
|---|---|---|---|---|---|---|---|
| | | | | | | 황사손 이원(의친왕 손) | |

*양)은 양자로 입양된 것을 뜻함.

## 정전에 숨어 있는 문조(익황제)

호 림  우선 정전에 있는 문조(익황제)부터 시작해요!

아 빠  정전에 모셔진 왕들의 신위 중 사람들이 잘 모르는 왕이 바로 문조
      (익황제)야. 문조는 원래 순조의 아들로서, 효명세자였어. 장래를
      촉망받는 참 똑똑한 세자이기는 했지만 그러나 왕위에 오르기 전에
      요절하는 바람에 효명세자의 아들인 헌종이 할아버지 순조의 뒤를
      이어 조선 제24대 왕에 즉위했어. 헌종은 아버지 효명세자를 익종
      대왕 이라는 이름으로 추존을 했어. 추존(追尊)이란 왕이 되지 못
      하고 죽은 왕족이나 왕의 조상에게 사후에 왕과 왕비의 지위를 주
      는 것을 말하는데 추숭(追崇)이라고도 해.

엄 마  영조의 뒤를 손자 정조가 이은 것과 정조가 자신의 아버지 사도세
      자를 장조로 추존한 것과 비슷하지?

아 빠  그런데 헌종마저 후사가 없이 죽게되자, 방계혈통인 철종이 조선
      제25대 왕에 즉위하지만, 철종마저도 후사없이 죽게되었어.

아 름  아, 강화도령으로 유명한 철종임금!

아 빠  이런 상황에서 효명세자의 부인이었던 조대비(신정왕후 조씨)가

---

**뱀의 발**

헌종 1권, 즉위년(1834 갑오 / 청 도광(道光) 14년) 11월 19일(경진) 1번째기사
대행 대왕과 효명 세자의 시호를 정하다

대행 대왕(大行大王)의 시호(諡號)를 의논하여 '문안 무정 헌경 성효 대왕(文安武靖憲敬成孝大王)'이
라 하고, 혼전(魂殿)은 '효성(孝成)', 묘호(廟號)는 '순종(純宗)', 능호(陵號)는 '인릉(仁陵)'이라 하였다.
효명 세자(孝明世子)의 시호를 추숭(追崇)하여 '돈문 현무 인의 효명 대왕(敦文顯武仁懿孝明大王)'이
라 하고, 묘호는 '익종(翼宗)', 신전(神殿)은 '효화(孝和)', 능호는 '수릉(綏陵)'이라 하였다.

전격적으로 이하응의 둘째 아들을 자신의 양아들로 입적시키고 조선 제26대 왕에 오르게 하니 이 사람이 바로 '고종'이야. 따라서 효명세자 즉 추존된 익종대왕은 고종의 양아버지가 되는 셈이지. 그런데 고종이 대한제국을 선포하면서 황제에 오르자 자기 위로 4대를 모두 황제로 추존하게 되었어. 그때 익종대왕으로 추존되었던 효명세자는 다시 2차로 추존되어 문조(익황제)까지 되었어. 왕이 아니라 황제가 된 것이지.

아 름  복잡하네요.

아 빠  그럴 줄 알고 내가 이렇게 숙종이후의 왕위계승도를 준비했지!

엄 마  이 그림을 보고 나니 확실히 정리가 되는군요! 역시 백문이 불여일견이야!

호 림  정전에 숨어있는 문조(익황제)는 이제 알 것 같아요. 이제 영녕전에 숨어있는 9명의 왕을 찾아아죠?

## 영녕전에 숨어 있는 9명의 왕들

아 빠  조선을 세운 태조 이성계의 입장에서도 사대봉사를 해야했기 때문에 자신의 4대조를 추존해야만 했어. 다만 그 4대조는 추존왕이었기에 정전에 불천위로 모시지는 못하고, 따로 영녕전이라는 전각에 모셨지.

　　　목조(태조 이성계의 고조부)
　　　익조(태조 이성계의 증조부)
　　　도조(태조 이성계의 조부)
　　　환조(태조 이성계의 부)

그런데 이 네 명의 추존왕은 다른 추존왕들이나 4대조를 넘어선 왕
들과는 달리 태조 이성계의 직계조상 이었기 때문에 영녕전 중에서
도 가장 중앙에 있는 지붕이 높은 방에 모셨어. 그만큼 서열이 높
다는 뜻이야.

호 림 한 방에 영녕전에 모셔진 〈숨은 조선왕〉 4분을 찾았네요!

아 빠 조선에서는 한편 비록 자신은 왕위에 오르지 못했지만 아들이 왕위
에 오르는 경우, 추존왕이 될 수도 있었어. 이중에서 인조의 생부였
던 정원군을 제외하고는 대부분 세자의 지위에 있다가 왕위에는 오
르지 못하고 요절을 했어.

> 덕종(의경세자): 세조의 장남. 성종의 생부
>
> 원종(정원군): 인조의 생부
>
> 진종(효장세자): 영조의 장남. 정조의 양부
>
> 장조(사도세자): 영조의 차남. 정조의 생부
>
> 익종(효명세자): 순조의 장남. 헌종의 생부, 고종의 양부

이 중에서 익종은 후에 다시 문조로 추존되며, 정전에 모셔졌어. 원
래 추존왕은 실제왕이 아니어서 불천위가 될 수 없기 때문에 정전
이 아닌 영녕전에 모셔지는 것이 정상이지만, 익종은 4대조 안에
들기 때문에 정전에 모셔졌지.

아 름 왕위에 오른 아들 덕에 추존왕이 된 〈덕종, 원종, 진종, 장조〉 까지
합쳐서 영녕전에 모셔진 〈숨은 조선왕〉을 총 8분을 찾았네요. 영녕
전에 숨은 조선왕이 총 9분이라고 했는데, 그렇다면 나머지 한분은
어디에 숨어 계시지?

호 림 다시 한번 영녕전신위봉안도를 살펴볼까? 엥? 의민황태자영왕?
이건 뭐지?

**아빠** 의민황태자로 인터넷을 검색해보면 다음과 같은 결과가 나와.

조선의 마지막 왕, 영친왕(영왕) 의민태자(懿愍太子, 1897년 10월 20일~1970년 5월 1일) 대한제국의 마지막 황태자, 일제 강점기의 이왕(1926년~1945년) 고종의 일곱째 아들이며 어머니는 순헌황귀비 엄씨이다. 순종 및 의친왕과 덕혜옹주의 이복 형제이다. 의민태자는 사후 전주이씨 대동종약원에서 올린 시호이다. 흔히 영친왕(英親王)으로 지칭한다. 부인은 이방자 여사이다. 이복형 의친왕을 제치고 병약하여 아들이 없었던 이복형 순종의 황태자로 지목되었다. 1907년 황태자로 책봉되었으나 1910년 한일 합방으로 황제가 이왕으로 격하되면서 그 역시 이왕세자로 지위가 격하되었다. 1926년 순종 사

---

태조실록 1권, 1년(1392 임신 / 명 홍무(洪武) 25년) 7월 28일(정미) 2번째기사
태조의 4대 조상에게 존호를 올리다

사대(四代)의 존호(尊號)를 사후(死後)에 올렸으니, 고조고(高祖考)는 목왕(穆王)이라 하고, 비(妣) 이씨(李氏)는 효비(孝妃)라 하였으며, 증조고(曾祖考)는 익왕(翼王)이라 하고, 비(妣) 최씨(崔氏)는 정비(貞妃)라 하였으며, 조고(祖考)는 도왕(度王)이라 하고, 비(妣) 박씨(朴氏)는 경비(敬妃)라 하였으며, 황고(皇考)는 환왕(桓王)이라 하고, 비(妣) 최씨(崔氏)는 의비(懿妃)라 하였다.

태종실록 21권, 11년(1411 신묘 / 명 영락(永樂) 9년) 4월 22일(임자) 1번째기사
종묘의 4실에 존호를 가상하다

종묘(宗廟)의 4실(四室)에 존호(尊號)를 가상(加上)하였으니, 목왕(穆王)의 시호(諡號)를 인문 성목 대왕(仁文聖穆大王), 묘호(廟號)를 목조(穆祖)라 하고, 효비(孝妃)의 시호(諡號)를 효공 왕후(孝恭王后)라 하였으며, 익왕(翼王)의 시호는 강혜 성익 대왕(康惠聖翼大王), 묘호는 익조(翼祖)라 하고, 정비(貞妃)의 시호는 정숙 왕후(貞淑王后)라 하였으며, 도왕(度王)의 시호는 공의 성도 대왕(恭毅聖度大王), 묘호는 도조(度祖)라 하고, 경비(敬妃)의 시호는 경순 왕후(敬順王后)라 하였으며, 환왕(桓王)의 시호는 연무 성환 대왕(淵武聖桓大王), 묘호는 환조(桓祖)라 하고, 의비(懿妃)의 시호는 의혜 왕후(懿惠王后)라 하였다.

후부터는 형식상으로 왕위계승자가 되어 제2대 이왕(李王)으로 불렸다.

엄 마 아, 그렇구나! 황제의 계승자인 황태자였기에 영친왕 또는 영왕으로 불렸구나.

## 조선의 황제는 10명이다

아 빠 지금까지 조선의 왕은 모두 찾았는데, 이왕 내친 김에 이번에는 조선의 황제를 모두 찾아볼까? 우선 정답부터 공개를 할게. 조선의 황제는 모두 10명이야.

아 름 예? 우리가 알고 있는 조선의 황제는 '고종황제'와 '순종황제' 딱 두 분밖에 없는데 10명 이라니... 이건 또 무슨 소리지?

아 빠 내가 조금 전에 왕이 되지 못하고 죽은 왕족이나 왕의 조상에게 사후에 왕과 왕비의 지위를 주는 것을 추존(追尊)이라고 한다고 했지? 그런데 추존왕만 있는 것이 아니라 추존황제도 있어. 대한제국이 선포되면서 고종이 왕에서 황제의 자리에 등극하게 되자, 사대봉사의 의미로 고종의 4대조까지는 모두 왕에서 한단계 더 올라선 황제로 추존이 되었어.

호 림 아, 또 복잡해지네!

엄 마 아빠가 보여준 숙종이후의 왕위계승도를 보면 좀 더 쉽게 이해가 된단다.

아 빠 고종은 신정왕후 조씨(조대비)에 의해 익종(효명세자)의 양자로 입적되었어. 이로 인해 고종의 4대조인 진종과 장조, 3대조인 정조, 2대조인 순조, 1대조(양아버지)인 익종은 추존황제의 지위에 올랐어. 여기에 왕위 계승 순서 사이에 끼어 있던 헌종과 철종도 덩달아 추존황제가 되었지. 또 여기에다, 또 하나의 보너스! 태조 이성계는 조선왕조를 열었기 때문에 별도로 황제로 추존되었어.

**종묘에서 가장 중요한 것은 눈에 보이지 않는 소프트웨어이다**

호 림  야호! 오늘 종묘답사는 다 끝났다!

아 빠  아니야, 가장 중요한 부분이 아직 남았어.

아 름  예? 종묘정문부터 망묘루, 향대청, 재궁, 정전, 영녕전까지 모두 둘러보았는데 아직도 빠진 부분이 있어요? 그것도 가장 중요한 부분이라구요?

아 빠  그럼, 우리는 지금까지 종묘의 하드웨어인 건축물만 보았어. 정작 중요한 것은 눈에 보이지 않는 소프트웨어야. 종묘의 소프트웨어

**뱀의 발**  조선의 10 황제

| | 이 름 | 관 계 |
|---|---|---|
| 조선왕조 창업자 | 태조(고황제)太祖高皇帝 | |
| 고종의 4대조 | 진종(소황제)眞宗昭皇帝 | 왕통상 고종의 고조부(효장세자: 영조의 장남) 추존 |
| 고종의 4대조 | 장조(의황제)莊祖懿皇帝 | 왕통상 고종의 고조부(사도세자: 영조의 차남) 추존 |
| 고종의 3대조 | 정조(선황제)正祖宣皇帝 | 왕통상 고종의 증조부 |
| 고종의 2대조 | 순조(숙황제)純祖肅皇帝 | 왕통상 고종의 조부 |
| 고종의 1대조 | 철종(장황제)哲宗章皇帝 | 왕통상 고종의 숙부, 순조와 같은 항렬 |
| 고종의 1대조 | 문조(익황제)文祖翼皇帝 | 왕통상 고종의 부친(익종, 효명세자) 추존 |
| 고종의 0대조 | 헌종(성황제)憲宗成皇帝 | 왕통상 고종의 형제 |
| 고종-대제국 제1대 황제 | 고종(광무제)光武帝 | 본인 |
| 순종-대제국 제2대 황제 | 순종(융희제)隆熙帝 | 아들 |

라면 무엇일까?

엄 마  아! 알것 같아요. 종묘는 유네스코 세계문화유산으로 등재되었고,
더불어 종묘제례와 종묘제례악도 세계무형유산으로 등재되었죠.

아 빠  맞았어. 우리나라의 종묘와 같이 한 국가의 황실이나 왕실의 사당
은 중국, 일본 등 다른 나라에도 남아있지만 우리처럼 제례전반에
대한 규정이 정확히 남아있으면서 실제로도 그 제례를 실행하는 나
라는 우리나라밖에 없어.

아 름  종묘제례는 우리집에서 제사지내는 것과 많이 다른가요?


## 모든 제사의 순서는
## 조상신을 맞이하고, 술과 음식으로 대접하고, 보내는 것이다


아 빠  애들아, 명절이나 증조할아버지, 할머니 제사날에 우리 집에서 제
사지낼 때의 순서 기억나니?

호 림  아빠, 제가 그걸 어떻게 기억하겠어요? 그저 할아버지와 아빠가 시
키는 대로 할 뿐이죠.

아 름  저도 복잡하다는 것 이외에는 아는 것이 없어요.

아 빠  제사도 내용을 미리 알면 그리 복잡하지 않아. 원칙적으로 민가와
종묘에서의 제사는 모두 크게 세 단계로 분류할 수 있는데, 첫째,
조상신을 맞이하고, 둘째, 술잔을 세번 올리면서 인사를 드린 다음,
조상신이 음식을 드시고 나면, 셋째, 조상신을 떠나 보내는 거야.

호 림  간단히 말해서 조상님이 오시고, 드시고, 가신다? 이리도 간단한
것이 왜 그리 어렵게 느껴졌을까?

아 빠  물론 세부적인 절차는 좀 복잡하기도 해. 하지만 이제는 너희들도

중학생이상이 되었으니 제사지내는 것에 대해 제대로 알 나이가 되었어. 그래서 민가에서 제사지내는 순서를 알려줄게. 제사의 네 단계 중에서 우선 ◎ 첫 번째 단계는 조상신을 맞이하는 단계인데, 신주나 지방을 모심으로써 신을 맞이하는 영신(迎神)과 조상신이 하늘에서 내려온다는 뜻의 강신(降神)이 있어. 이때, 제주는 향을 피우지. 그리고는 제사에 참여한 전원이 모두 두번 절하는 참신(參神)을 하는 거야. ◎ 두 번째 단계는 조상신에게 세 번 술잔을 올리면서 인사를 드리고, 조상신이 음식을 드시는 단계인데, 제주가 첫 술잔을 올리는 초헌(初獻), 제관이 축문을 읽는 독축(讀祝), 두 번째 술잔을 올리는 아헌(亞獻), 세 번째 술잔을 올리는 종헌(終獻), 조상신께 식사를 권유하는 유식(侑食), 식사가 끝날 때까지 문 밖에 나가 기다리는 합문(闔門), 식사가 끝난 다음 숭늉을 올리는 헌다(獻茶)가 있어. ◎ 세 번째 단계는 마지막으로 조상신을 떠나 보내는 단계인데, 숟가락을 메에서 뽑고 뚜껑을 덮는 철시복반(徹匙覆飯), 모든 제관이 두번 절하고 지방과 축문을 불태우면서 신을 보내드리는 사신(辭神), 제사상을 물리는 철상(撤床), 제사상의 음식과 제주를 나누어 마시는 음복(飮福)으로 모든 제사가 끝나지.

아 름  평소에는 잘 몰랐는데, 아빠가 제사순서를 잘 정리해 주시니 마치 조상님을 우리집에 초대해서 인사를 드리고 같이 식사한 후에 보내드리는 것 같아요. 제사라는 것도 알고 보니 꽤 상식적이네요!


**종묘제례도 내용적으로는 민가의 제사와 크게 다르지 않다**


엄 마  그럼 종묘에서의 제사는 어떻게 지내죠?

종묘와 사직단

아 빠  종묘제례는 규모가 엄청나게 크고 또한 종묘제례악이라는 음악과
일무(佾舞)라는 무용까지 수반하기 때문에 일반 민가의 제사와는
많이 다를 것 같지만 내용적으로는 이것도 크게 다르지는 않아. 종
묘제례에서도 ◎ 첫 번째로는 당연히 조상신을 맞이하는 단계가 있
는데, 제사가 시작하기 전에 제관(祭官)들이 정해진 자리에 배치
되는 취위(就位), 조상신을 맞이하는 영신(迎神), 헌관(獻官)이 폐
백을 신위(神位) 앞에 올리는 전폐(奠幣), 왕이 제실(祭室)까지 가
서 향을 피워 신을 맞아들이는 신관(晨), 제사상에 음식과 고기를
올리는 진찬(進饌)이 있어. ◎ 두 번째로는 술잔을 세 번 올리면서
인사를 드리는 삼헌례(三獻禮)가 있는데, 초헌관(初獻官)이 술을
올리고 절하며 축문을 읽는 초헌(初獻), 아헌관이 둘째 술잔을 올
리는 아헌(亞獻), 종헌관이 마지막 술잔을 올리는 종헌(終獻)이 있
어. 조상신을 떠나보내는 ◎ 마지막 단계로는 제사에 쓴 술이나 음
식을 나누어 먹는 음복(飮福), 제상에 놓인 제기(祭器)를 거두는 철
변두(撤籩豆), 조상신을 보내는 송신(送神), 제례에 쓰인 축문과 폐
를 태우는 망료(望燎), 제례가 끝난 뒤 뒷정리를 하는 제후처리(祭
後處理)로 제례는 끝이 나게 되는 거야.

등가(登歌)와 헌가(軒架)

궁중의 의식음악과 제례음악 연주시의 악기 배치에는 등가와 헌가가 있다. 뜰에서 연주할 때 댓돌위와 같이 비교적 높은 곳에 편성하는 악기를 등가 라고 하고, 낮은 곳에 편성하는 악기를 헌가라고 한다.

등가는 궁궐이나 종묘에서 섬돌위 추녀 밑으로 위치되며, 헌가의 위치는 그 아래 넓은 전정 또는 묘정이 된다. 이처럼 연주악대를 갈라놓은 것은 음양사상 산물로 등가는 양의 위치이고 헌가는 음의 위치에 속한다. 따라서 등가에서는 음려의 음악을 연주하고 헌가에서는 양률의 음악을 연주한다. 등가와 헌가는 함께 연주하지 않고 교대로 연주한다.

제 7 장

# 조선 왕릉 일반편

# 조선 왕릉답사는 마라톤 풀코스이다?

조선 왕릉에 대한 기록물은 매우 많아서
현장답사보다 미리 공부를 하는 것이 효과적이다

아 빠  애들아, 문화재는 아는 만큼 보인다고 했지? 지금까지 우리는 시대
순으로 청동기시대의 고인돌부터 시작해서 백제 고분, 신라 고분
까지 현지답사를 위주로 공부를 해 왔어. 고구려 고분과 고려 왕릉
은 대부분 중국과 북한에 위치하고 있는 지리적인 한계 때문에 현
지 답사가 실제로 불가능한 부분이 많아서 부족하나마 실물을 대체
할 수 있는 몇몇 대안으로 공부를 했지. 이제는 조선 왕릉에 대한
답사를 할 차례가 되었어.

아 름  조선 왕릉도 지금까지의 고분 답사처럼 현지 답사를 위주로 공부
하나요?

아 빠  아니, 조선 왕릉은 먼저 이론 공부를 많이 하고나서 현지 답사를
갈거야.

호 림 조선 왕릉에 대해서는 답사방법이 왜 바뀌죠?

아 빠 조선 왕릉은 그 이전의 삼국시대 고분이나 고려 왕릉과는 달리 조선 왕릉과 관련된 기록물이 엄청나게 많기 때문이야.

아 름 기록물이 많은 것과 답사방법이 바뀌는 것과 어떤 관계가 있나요?

엄 마 삼국시대 고분이나 고려의 왕릉은 제대로 된 관련기록이 거의 없기 때문에 현장에서 우리가 직접 본 것을 바탕으로 내용을 재구성하는 방법을 써야 했단다. 이런 방법은 다소 오류가 있을 수 있지만 관련된 기록물이 거의 없기 때문에 달리 방도가 없단다. 하지만 조선의 왕릉은 왕릉과 관련된 기록물들이 매우 잘 구비되어 있기 때문에 미리 공부를 하고 조선왕릉을 답사하면 매우 체계적이면서도 효과적으로 공부를 할 수 있는 장점이 있단다.

아 빠 그렇지만 이론 공부를 너무 딱딱하지 않게 이야기식으로 진행할게.

호 림 이야기식이라면 좋아요. 왠지 공부하는 느낌은 싫거든요.

아 빠 우선 조선 왕릉은 수도권 근처에 집중적으로 위치하고 있는 관계로 전국을 찾아 헤매지 않아도 쉽게 접근할 수 있는 장점이 있어. 그 이유는 왕릉의 위치를 도성 밖 "80리" 안에 두도록 법으로 정했기 때문이야.

## 조선 왕릉은 도성 80리 안에 두도록 법으로 정했다

아 름 왕릉의 위치를 법으로 정해요?

아 빠 응, 그런데 조선시대의 척도법과 현재의 척도법은 약간 다른 점이 있어. 현재 우리가 쓰고 있는 척도법은 10리가 약 4 km 이지만, 조선시대의 척도법은 10리가 약 5.2 km 였대.

엄 마   조선의 80리를 현재의 미터법으로 환산하면 80 곱하기 5.2 를 해
       서 약 41.6 km 가 되요. 지금의 척도법으로 환산하면 약 100리 가
       량이 되는 셈이에요.

아 름   41.6 km 라구요? 그럼 조선왕릉의 80리 규정은 마라톤 풀코스인
       42.195 km 와 거의 비슷하네요.

호 림   옛날 왕들은 왕릉까지 마라톤을 하셨나?

아 름   그런데 조선 왕릉에는 왜 거리 규정이 있을까요?

아 빠   옛날에는 왕들이 자신의 조상들을 모신 왕릉으로 참배를 자주 다
       녔어. 물론 자신이 직접 가기도 하고, 어떨 때는 신하들을 대신 보

청계천 벽에 장식된 정조대왕능행반차도, 필자가 답사자들에게 설명하고 있다.

내기도 해.

엄 마   대표적인 예가 정조 임금인데 정조의 수원 능행길은 너무나도 유명하단다.

아 름   저도 청계천에서 정조임금의 행렬그림을 본 기억이 나요.

아 빠   그 그림을 '정조대왕능행반차도'라고 해. 아무튼 임금이 왕릉참배차 궁궐을 비웠을 때 궁궐 안에서 무슨 변란이라도 일어나면 안되겠지? 그래서 하루만에 돌아갈 수 있는 거리 안에 왕릉을 두도록 법으로 만든 거야.

호 림   그럼 모든 조선 왕릉이 80리 안에 있나요?

엄 마   예외 없는 규칙이란 없단다.

**뱀의 발**

태종실록 17권, 9년(1409 기축 / 명 영락(永樂) 7년) 2월 23일(병신) 1번째 기사
정릉을 도성 밖의 사을한산으로 천장하다

신덕 왕후(神德王后) 강씨(康氏)를 사을한(沙乙閑)의 산기슭으로 천장(遷葬)하였다. 처음에 의정부에 명하여 정릉(貞陵)을 도성(都城) 밖으로 옮기는 가부를 의논하게 하니, 의정부에서 상언(上言)하기를, "옛 제왕(帝王)의 능묘가 모두 도성 밖에 있는데, 지금 정릉(貞陵)이 성안에 있는 것은 적당하지 못하고, 또 사신(使臣)이 묵는 관사(館舍)에 가까우니, 밖으로 옮기도록 하소서."하였으므로, 그대로 따랐다.

# 수원80리와 정조임금의 억지

## 도성에서 가장 먼곳에 있는 조선 왕릉은 장릉(단종릉)이다

아 빠  대부분의 조선 왕릉은 도성에서 80리 안에 있어. 하지만 몇몇 조선
       왕릉들은 예외적으로 80리 밖에 있어.

아 름  그 이유가 궁금하네요.

아 빠  우선 강원도 영월에도 조선 왕릉이 하나 있어. 우리가 잘 아는 단종
       의 릉인 장릉이야. 조선 왕릉 중에서도 가장 먼 곳에 있는 왕릉이지.

호 림  아, 숙부인 세조에게 죽임을 당한 단종!

아 빠  그래 바로 그 단종이야. 단종릉이 머나먼 강원도에 있는 것은 정
       치적인 이유 때문이야. 단종은 영월의 유배지에서 죽임을 당했지
       만 단종의 시신에는 손도 못대도록 한 세조의 엄명때문에 당시에
       는 그냥 방치되었다고 해. 그런데 영월의 호장이었던 엄홍도가 밤
       새 시신을 수습해서 어딘 가에 암매장 하였는데 나중에 중종임금때
       그것을 찾아내서 왕릉으로 다시 만든 슬픈 역사를 가진 왕릉이야.

아 름  아빠, 그런데 질문이 있어요. 아빠의 말씀 중에 단종의 무덤을 '단종릉'이라고 했고, '장릉'이라고도 했어요. 왜 두가지 표현을 쓰세요?

아 빠  원래 표현은 '장릉'이 맞아. 왕은 원래 자기의 이름이 있어.

엄 마  예를 들어서 정조임금은 '이산'이란다.

아 빠  그런데 왕이 죽으면, 종묘에는 왕의 혼을 위해서 위패를 모시고, 왕의 시신은 왕릉에 모셔. 종묘에서는 왕의 위패, 즉 신위를 모실 때 존경하는 뜻에서 존호(尊號)를 올리는 데, 묘호로는 종(宗)과 조(祖)의 두 가지를 썼어.

호 림  아, 우리가 알고 있는 왕의 이름은 모두 묘호로구나!

아 빠  그렇지. 그런데 왕릉에도 마치 문패와 같이 따로 이름이 붙어. 그것을 능호라고 해.


## 묘호와 능호는 다르다

아 름  왜 묘호와 능호가 다르죠? 단종의 왕릉이라면 '단릉' 이렇게 붙여도 되는 것 아니에요?

아 빠  원래 살아있는 사람의 몸속에는 정신을 지배하는 기운인 혼(魂)과 육체를 지배하는 기운인 백(魄)이 잘 조화되어 있다고 해. 하지만 사람이 죽으면 양적인 성질을 가진 혼(魂)은 하늘로 올라가서 신(神)이 되고, 음적인 성질을 가진 백(魄)은 지상에 머물러서 귀(鬼)가 된다고 했어. 즉, 완전히 서로 다른 기운으로 나뉜다고 믿었기 때문에 따로따로 이름을 붙인거야. 그렇지만 수많은 왕들의 능호를 일일이 안다는 것은 쉬운 일이 아니야. 따라서 원래는 '장릉' 처럼 능호를 사용하는 것이 원칙이지만, 일반인들을 위해서 '단종릉' 또는 '단종 왕릉'처럼 묘호 뒤에 릉 또는 왕릉이란 말을 붙여서 편법으로 사용을 하기도 해.

호 림  저희들은 편법이 더 좋아요. 묘호도 다 못 외우는데, 어떻게 능호까지...

아 빠  호림이 말도 일리는 있어. 나도 일반인들이 굳이 능호를 다 외울 필요는 없다고 봐. 자, 다시 단종릉인 장릉의 이야기로 돌아가 보자. 이 왕릉은 다른 왕릉에 비해 조금 독특한 면이 있어. 대체로 왕릉이라고 하면 그 곳에 있는 모든 건물이 왕과 직접 관련된 것들이야. 예를 들면 제례를 올리는 정자각, 비석을 보관하는 비각, 왕릉을 지키는 능수복이 거처하는 수복방과 제례에 필요한 음식을 최종점검하는 수라간 정도지. 하지만 이곳 장릉에는 다른 곳에서는 볼 수 없는, 신하들과 관련된 전각이 많아.

엄 마  단종을 위해서 목숨을 바친 사육신이나 엄흥도 등 수많은 충신들을 위해서 세운 것들이군요.

아 빠  그렇지. 또한 경기도를 벗어날 정도로 먼 곳의 조선왕릉은 단종릉 말고도 2개가 더 있는데 북한의 개성에 있는 제릉과 후릉이야.


## 북한 개성에 있는 두 개의 조선왕릉, 제릉과 후릉

아 름  아빠, 개성은 고려의 수도잖아요? 조선의 왕릉이 왜 개성에 있어요?

아 빠  우선 제릉은 태조 이성계의 첫 번째 부인 이었던 신의왕후 한씨의 릉이야. 그런데 신의왕후는 태조가 조선을 건국하기 전에 이미 사망을 했어.

엄 마  아하! 조선을 건국하기 전에는 당연히 수도가 개성이었기 때문에 개성에 무덤이 있구나!

아빠 그렇지. 그리고 후릉은 조선 제2대 왕에 잠시 오른 정종과 정종의
왕비 정안왕후 김씨의 릉이야.

아름 아빠, 정종은 분명, 조선의 왕인데 왜 개성에 무덤이 있어요?

아빠 정종은 이름만 왕이었지, 제대로 된 왕이 아니었어. 자기 동생인 이
방원이 실질적인 권력을 모두 가지고 있었거든. 게다가 경복궁에서
왕자의 난이 일어나서 이복동생인 방번과 방석형제가 이방원에게
죽임을 당하는 등, 한양이 풍수상 나쁜 곳이라는 민심의 동요가 일
자 조선의 수도를 한양에서 다시 옛 고려의 수도였던 개성으로 잠
시 옮겼지. 물론 그런 다음 왕위를 동생인 이방원에게 넘겨주기는
했지만, 자기도 언제 태종 이방원에게 죽을 지 모르는데 겁이 나서
한양근처에 갈 수나 있었겠니?

호림 저 같아도 마음 편하게 개성에 눌러앉았을 것 같아요. 그래서 정종
의 왕릉도 개성에 있구나!

아름 경기도 여주에도 세종대왕릉이 있잖아요? 거기도 꽤 멀던데...


## 풍수지리설을 좇아 옮긴 여주의 영녕릉


아빠 그렇지. 여주에는 세종대왕릉인 영릉(英陵)과 효종대왕릉인 영릉(
寧陵)이 있지. 한자는 다르지만 공교롭게도 두음법칙 때문에 한글
발음이 같아. 하지만 한꺼번에 부를 때는 영녕릉이라고 불러. 이 영
녕릉이 멀리 여주에 만들어 진 것에는 풍수지리설 때문이야.

엄마 아무리 옛날 사람들이 풍수지리설을 중요하게 생각했다고는 하지
만 법을 어겨가면서까지 여주에다 왕릉을 만든 이유는 뭐죠?

조선왕릉 일반편

영릉(세종대왕릉)

아 빠   법을 어길 만큼 절박한 사정이 있었던 거야. 원래 효자였던 세종
        대왕은 아버지 태종이 묻힌 헌릉 옆에 묻히려고 했어. 그런데 태
        종이 묻힌 헌릉은 대모산 자락에 위치하고 있었는데, 원래 대모산
        은 물이 많은 산이야. 다행히 헌릉을 만들 때는 무덤에서 물이 나
        오지는 않았지만, 세종이 자신의 무덤자리를 헌릉 옆에 정했고, 사
        람들이 능조성을 위해서 광중(무덤)을 파보자 물이 흥건히 솟아 올
        랐다고 해.

호 림   아빠, 아직 세종대왕이 죽지도 않았는데 왜 무덤을 파요?

엄 마   살아있을 때라도 사후를 대비해서 미리 무덤자리를 봐 두는 것을
        신후지지(身後之地)라고 한단다.

아 빠   사실은 세종대왕보다도 부인이었던 소헌왕후가 먼저 돌아가셨기
        때문에 왕비의 무덤자리를 잡으면서 자신의 무덤자리 까지도 한꺼
        번에 잡았던 거야. 어차피 세종 임금의 생각에는 부부가 합장릉을
        쓰려고 생각하고 있었던 거지.

아 름   무덤에서 물이 나오는 자리는 무조건 피해야 한다면서요?

아 빠   그거야 상식 중의 상식이지. 하지만 효자인 세종은 비록 물이 나온
        다 하다라도 그곳이 부모님 바로 곁이라면 나는 그곳에 묻히겠다
        고 고집을 부려서 결국 그곳에 세종의 왕릉을 만들었어. 그렇지만
        얼마 지나지 않아서 왕실에는 엄청난 일들이 벌어지기 시작했어.

엄 마   세종의 장남인 문종이 일찍 죽고, 손자인 단종도 숙부인 수양대군
        (훗날 세조)에게 죽임을 당하고, 세조 자신도 속설에는 문둥병으로
        죽었어. 게다가 세조의 장남인 의경세자까지 즉위 전에 죽었고, 차
        남인 해양대군(훗날 예종)의 부인도 요절했단다.

아 빠   왕실에 이런 불상사가 끊이질 않자, 드디어 예종 때 풍수상 불길하

영릉(효종과 인선왕후 능)

　　다는 의견을 좇아서 조선 제일의 명당을 찾아 여주까지 찾아온 거
　　야. 풍수를 믿는 사람들은 세종대왕릉이 여주로 옮겼기 때문에 조
　　선왕조가 최소한 200년을 더 버틸 수 있었다고 주장 해.

호 림　그건 나중에 지어낸 말이 아닌가요?

아 빠　그렇지만 실제로 세종대왕릉을 여주로 천장하고 나서 조선은, 조
　　선전기 기간 중에 최고 전성기인 성종의 치세가 시작되었어. 그만
　　큼 명당자리라는 말이 설득력을 얻게 되었지. 결과가 그렇게 나오
　　니 누군들 안믿겠니? 아무튼 그런 이유를 들어 조선왕릉 최고의
　　명당은 세종대왕릉이라고 해. 효종대왕릉도 원래는 동구릉 자리
　　에 있었는데 워낙 여주가 명당이라서 세종대왕릉의 산줄기 옆쪽
　　으로 옮겼어.

아 름　그렇지만 법을 어긴 것은 분명하잖아요?

아 빠  그렇지. 특히나 명분을 중요시 여기던 조선에서 그 부분을 그냥 넘어갈 리가 없었지. 하지만 여주가 너무 명당자리라서 그 곳을 포기하기는 싫었던 거야. 그래서 여주는 뱃길로는 하루면 도성에 닿을 수 있다는 논리로 정당화했어.

호 림  꼼수는 예나 지금이나 똑같아. 이제 더 이상의 예외는 없죠?

## 풍수지리설을 좇아 옮긴 수원의 융건릉

아 빠  마지막 예외가 되는 왕릉이 수원에 있는데 정조의 아버지인 사도세자(장조)의 무덤인 융릉과 정조의 무덤인 건릉이야. 둘을 묶어서 융건릉이라고 해.

엄 마  수원정도면 80리 안에 들어가지 않나요?

아 빠  수원은 도성인 한양에서 88리야. 조선시대 때 왕들은 풍수에 사활을 걸었어. 그런 왕들 중에서 음택(무덤)풍수에 대한 지식이 최고인 두 사람이 있었는데 그것이 세조와 정조야. 특히 정조는 뒤주에 갇혀서 비명에 간 생부인 사도세자를 위해서 조선 최고의 명당을 찾았는데 그곳이 수원화성의 융릉자리야. 하지만 문제는 거리가 88리 였던 거야.

호 림  아깝다. 명당자리이긴 한데 8리 차이로 규정을 벗어났구나!

아 빠  그렇지만, 정조는 그 자리에 융릉을 만들었어.

아 름  아니, 분명 88리 라서 안되는 곳인데... 정조는 도대체 어떤 논리로 80리 규정위반을 정당화 했죠?

아 빠  그것은 바로 "어명"이야. 즉 정조는 "지금부터 수원은 80 리로 한다"라는 왕명을 내렸어. 융릉을 그곳에 만들기 위한 정조의 억지였

융릉(추존 장조와 헌경왕후릉)

건릉(정조와 효의왕후릉)

지만 그만큼 융릉이 명당자리였다는 반증이기도 해. 그래서 그 이후로 말도 않되는 억지를 부리는 것을 가리켜 '수원80리'라는 말이 생겨났어.

---

지금 여주의 세종왕릉인 영릉자리는 원래 이계전의 묏자리였다. 이계전은 조선 전기의 문신으로 1453년 계유정난에 공을 세워 정난공신1등, 1455년 좌익공신 2등에 오르고, 한성부원군에 봉해졌으며 대제학, 중추원영사 등을 지냈다.

여주의 영릉은 워낙 조선최고의 명당인지라 터에 얽힌 이야기도 전한다. 지관 안효례와 정승들이 세종의 이장 터를 구하려고 여주 북성산에 이르니, 갑자기 소낙비가 내렸다. 비를 피하기 위해 사방을 바라보니 멀리서 연기가 피어오르는 곳이 있어 급히 가 보니 이계전의 묘였다. 비가 갠 후, 안효례는 그곳이 천하의 명당임을 단번에 알아차리고 그곳을 능 터로 잡았다. 그런데 이계전을 장사지낼 때에 지관이 이런 말을 했다고 전한다. "어떤 일이 있어도 봉분이나 비각을 만들지 말라." 그렇지만 세도가였던 한산 이씨 집안에서는 그 말을 어기고 봉분을 만들고 큰 비석을 세웠는데, 그 바람에 안효례의 눈에 발각된 것이다.

예종실록 2권, 즉위년(1468 무자 / 명 성화(成化) 4년) 12월 27일(계축) 2번째기사
천릉할 땅을 여흥 성산의 이계전의 분묘로 정하고 술자리를 베풀다

선정전(宣政殿)에 나아가서 하동군(河東君)정인지(鄭麟趾), 봉원군(蓬原君)정창손(鄭昌孫), 고령군(高靈君) 신숙주(申叔舟), 상당군(上黨君)한명회(韓明澮), 인산군(仁山君)홍윤성(洪允成), 좌의정(左議政)김질(金礩)과 육조 참판(六曹參判) 이상과 승지(承旨) 등을 불러 보고, 천릉(遷陵)할 땅을 의논하여 정하였다. 또 상지관(相地官) 안효례(安孝禮) 등을 불러서 각각 여흥 성산(驪興城山)의 이계전(李季甸) 분묘(墳墓)와 강금산(剛金山)과 용인(龍仁)의 금령산(金嶺山)의 길흉(吉凶)을 각각 진달(陳達)하게 하고, 이계전(李季甸)의 분묘(墳墓)의 땅으로써 정하였다.

# 조선 왕릉이 명당임에도
# 조선 왕실이 불행했던 이유

조선 왕릉은 모두 명당자리에 위치한다. 그러나...

호 림  풍수지리설은 근거가 없는 미신이야.

아 름  지금까지 아빠가 자세히 설명했잖아? 풍수지리설은 오랜 시간에
      걸쳐서 수많은 사람들의 공통된 경험에서 나온 이론이야. 미신이
      절대 아니라구!

호 림  그건 풍수지리설을 믿는 사람들이나 하는 뻔한 소리야. 풍수지리설
      이 근거가 전혀 없다는 것은 얼마든지 증명이 가능해.

아 름  오빠, 풍수지리설이 근거가 없다면 풍수이론이 왜 우리나라뿐만 아
      니라 그 넓은 중국대륙까지 널리 퍼져있겠어? 그리고 풍수에 관련
      된 수많은 서적들도 있고, 심지어 조선시대에는 나라 일을 위한 풍
      수 전문가를 뽑는 음양과 라는 과거시험까지 있다고 아빠에게서 설
      명도 들었잖아!

호 림  너 말 잘했다. 이왕에 조선 이야기가 나와서 말인데, 조선 왕릉은

모두 풍수지리설에 따라서 조선 최고의 명당자리만을 찾아다니면서 만들었다고 했잖아?

아 름  그야 당연하지.

호 림  만약 풍수지리설이 사실에 근거를 하고 있다면, 조선왕실의 자손들이 엄청난 복을 많이 받아야 해. 하지만 우리가 역사책에서도 배웠듯이 태종 이방원은 형제 간에 피바람이 부는 살육을 자행했고, 세조는 어린 조카인 단종을 죽였고, 연산군과 같은 희대의 폭군이 나왔어. 그리고... 또 없나? 아, 생각났다. 인조는 자신의 아들 소현세자를 독살했고, 영조도 자신의 아들인 사도세자를 뒤주에 가둬 죽였어. 조상의 묘를 조선 최고의 명당자리에만 만든 조선왕실은 왜 그렇게 되는 일이 하나도 없는 콩가루 집안이었을까?

아 름  듣고 보니 오빠 말도 일리가 있네! 조선왕릉이 풍수에서 말하는 진짜 명당자리 였으면 그런 일은 전혀 없었어야 하는데... 아빠, 풍수지리설은 정말 미신에 불과한 건가요?

## 제대로 된 고급풍수는 사대부 풍수이다

아 빠  음... 사람에 따라서는 호림이처럼 충분히 그렇게 생각할 수도 있을 거야. 하지만 그런 결론은 풍수지리의 한쪽 측면 만을 보고 섣부르게 판단하는 것이야. 지금은 전통의 맥이 끊어졌지만 역사상 제대로 된 풍수는 사대부풍수라고도 하는데, 미신의 요소가 많고 기복신앙의 성격이 강한 무덤풍수, 발복풍수 와는 완전히 다른 개념이었어.

호 림  사대부풍수요? 사대부라고 하면 조선의 선비들을 말씀하시는 건가요?

아 빠  맞아. 원래 풍수지리는 인간세상에서 보편적으로 널리 쓰였기 때문에, 심지어는 한 나라의 왕실에서도 국가의 안녕을 위해 산천에 대하여 제사를 지내거나 도읍지를 선정하는 등의 목적으로도 사용을 했어. 그러다보니 풍수이론은 종류도 매우 많아지고, 복잡해졌어. 하지만 체계적인 논리와 학문의 뼈대를 갖춘 고급풍수이론은 한자를 자유자재로 사용할 줄 알았던 지배계층이 독점을 했지.

엄 마  글자를 모르면 복잡한 이론을 정리할 수 있는 방법이 없었을거야.

아 빠  그런 고급풍수이론은 고려시대에는 귀족과 승려계급이 주로 사용을 했고, 조선시대로 와서는 일반 사대부들의 교양이 되었어. 그래서 제대로 된 고급풍수를 사대부풍수라고도 부르는 거야. 그리고 사대부풍수 에서 말하는 명당의 조건은 우리가 흔히 아는 것처럼 단순히 좋은 형태의 좌청룡, 우백호 산줄기만 찾고, 남향을 한다고 해서 명당이 되는 것은 아니라고 해.

호 림  좌청룡, 우백호보다 더 중요한 것이 있어요?

아 빠  그럼. 풍수지리는 그 분야가 매우 넓어. 따라서 풍수지리에는 여러 가지 많고 다양한 이론들이 있는데, 그 중에서도 논란이 많이 되는 이론 중에 동기감응(同氣感應) 이라는 것과 소주길흉론(所主吉凶論)이 있어. 특히 나는 소주길흉론에 후한 점수를 주고 싶어.

아 름  동기감응과 소주길흉론? 하나씩 설명해 주세요.

## 미신의 성격이 강한 동기감응

아 빠  '동기감응'은 조상으로부터 가문의 혈통이 몇 대를 이어서 내려오든 간에, 조상으로부터 후대 현시점의 자손에 이르기까지 그 전체호 림  줄줄이 사탕처럼요?

아 빠  재미있는 비유구나. 그런데 풍수적으로 명당 혈자리에 모셔진 조상의 유골은, 혈통으로 이어진 후손들에 대해서는 마치 단일 생명체인 것처럼 계속해서 좋은 기운이 내리 이어진다고 하는데, 이것을 동기감응, 또는 친자감응(親子感應)이라고 해.

엄 마  쉽게 말해서 조상의 묏자리가 명당 혈을 차지한다면 그 후손들은 2~3대까지 그 명당의 기운을 받는다는 거야. 그래서 눈에 불을 켜고 명당 혈자리를 찾아다니는 거야.

호 림  조상의 묏자리가 명당이면, 나는 놀고 먹어도 된다? 그런 결론인가요?

아 빠  심하게 표현을 하자면 그렇게도 말할 수 있지. 하지만 나는 개인적으로 동기감응론을 그다지 믿지는 않아. 그 대신 충분히 공감이 가는 다른 풍수사상들도 있어. 예를 들면, 소주길흉론이야. 소주길흉론에서 소주는 장소의 주인, 즉 쉽게 말해 땅주인을 뜻하는데, 그 땅주인의 길하고 흉함은 단순하게 위치적으로 명당 혈자리를 찾았다고 해서 모든 것이 끝난 것이 아니라는 거야.

## 소주길흉론은 하드웨어보다 소프트웨어를 더 중요시한다

아 름  그럼 뭐가 더 필요하죠?

아 빠  우리말에 조상의 '음덕(蔭德)'이라는 말이 있지? 조상이 덕을 쌓으면 후손이 그 혜택을 입는다는 뜻인데, 이것은 곧 조상이 덕을 쌓으라는 말이야.

엄 마  그것을 적덕사상 또는 적선사상이라고 해.

아 빠  소주길흉론 역시 적덕사상을 아주 중요하게 여기기 때문에 명당의
       기운이 자손들에게 전해지기 위해서는 지리적으로 명당 혈자리를
       찾는 것만으로는 충분하지 못하고 그 위에 충분히 덕을 쌓는 두가
       지 조건을 모두 만족시켜야 후손에게 복이 돌아가게 된다는 거야.

아 름  조상들이 오랫동안 주변사람들에게 덕이나 선을 베풀고 쌓으면 동
       네 인심이 좋아져서 결국 자손들은 복을 받을 수 밖에 없네요. 이
       건 뭐 너무나도 당연한 것 아니에요? 소주길흉론! 저도 참 마음에
       드는 이론이에요.

엄 마  그런데도 사람들은 눈에 보이는 명당 혈자리를 찾는 것에는 모두 혈안
       이 되어 있고, 눈에 보이지 않는 덕을 쌓는 일에는 다들 관심이 없단다.

아 빠  눈에 보이는 하드웨어보다는 보이지 않는 소프트웨어가 더 중요하
       다는 것을 잊어버린 게지.

호 림  역시 우리 아빠는 컴퓨터 엔지니어인 것이 확실해.

아 름  오빠, 소주길흉론에서 적덕사상이 얼마나 중요한 지 잘 들었지? 정
       치싸움이 끊이지 않는 조선의 왕실에서 덕이나 선을 쌓아봐야 얼마
       나 쌓았겠어? 그런 이유 때문에 조선왕실이 아무리 명당자리를 차
       지하고 있어도 콩가루 집안이 될 수 밖에 없었던 거야.

엄 마  저 유명한 경주의 최부잣집이 10대 이상에 걸쳐 부의 명맥을 유지
       하고 있었다는 것도 대대로 적덕(積德)을 소홀히 하지 않았기 때문
       이라고 전해지고 있단다.


## 훈요십조에 등장하는 풍수지리


아 름  아빠, 지금은 맥이 끊어졌다는 옛날 사대부 풍수에 대해서 조금 더

자세히 말씀해 주세요.

아빠 응, 우리나라의 풍수는 삼국시대부터 자생적인 풍수가 발생을 했는데, 신라가 삼국을 통칠할 즈음, 당나라 등 중국으로부터 영향을 받아서 자체적으로 진화를 거듭한 뒤에, 도선국사에 의해 1차로 집대성 되었어. 고려 태조 왕건이 자손들을 훈계하기 위해 942년에 몸소 지은 열 가지 유훈(遺訓)인 훈요십조에도 제2훈, 제5훈, 제8훈에 각각 풍수와 밀접히 관련된 부분이 보여.

호림 어떤 내용이죠? 궁금해요.

아빠 제2훈의 내용은 다음과 같아.

신설한 사원은 도선국사가 산수의 순(順)과 역(逆)을 점쳐놓은 데 따라 세운 것이다. 그의 말에, "정해놓은 이외의 땅에 함부로 절을 세우면 지덕(지력)을 손상하고 왕업이 깊지 못하리라."고 하였다. 후세의 국왕, 공후(公侯), 후비(后妃), 조신 들이 각기 원당(願堂)을 세운다면 큰 걱정이다. 신라 말에 사탑을 다투어 세워 지덕을 손상하여 나라가 망한 것이니, 어찌 경계하지 아니하랴.

아름 풍수지리설을 직접 언급했군요!

아빠 이번에는 제5훈의 내용이야.

나는 우리 나라 산천의 신비력에 의해 통일의 대업을 이룩하였다. 서경(西京, 지금의 평양)의 수덕(水德)은 순조로워 우리나라 지맥의 근본을 이루고 있어 길이 대업을 누릴 만한 곳이니, 사중(四仲:子, 吾, 卯, 酉가 있는 해)마다 순수(巡狩)하여 100일을 머물러 안녕(태평)을 이루게 하라.

호림 평양이 명당이라는 뜻이군요!

아 빠  마지막으로 제8훈이야.

> 차현(車峴) 이남, 공주강(公州江: 금강) 외(外)의 산형지세가
> 모두 본주(本主)를 배역(背逆: 남에서 북으로 역류함)해 인심
> 도 또한 그러하니, 저 아랫녘의 군민이 조정에 참여해 왕후(王
> 侯), 국척(國戚)과 혼인을 맺고 정권을 잡으면 혹 나라를 어지
> 럽히거나, 혹 통합(후백제의 합병)의 원한을 품고 반역을 감
> 행할 것이니, 비록 양민이라도 벼슬자리에 있어 용사하지 못
> 하게 하라.

엄 마  아, 이 대목은 어디선가 많이 듣던 이야기인데...

## 풍수지리설 때문에 정권이 뒤바뀌기도 했다

아 빠  제8훈은 지금도 호남사람들을 차별하려는 사람들이 악용하는 구절
이야. 아무튼 고려시대의 풍수는 주로 지식계층인 귀족과 승려들이
주도를 했어. 이것이 조선에 이르러서는 정권찬탈의 당위성과 민
심수습을 위해서 조선 왕실에서 정치적인 목적을 가지고서 적극적
으로 풍수지리설을 이용했어. 그래서 한양에 있는 모든 궁궐의 자
리를 잡을 때나 왕릉의 위치를 잡을 때도 매번 풍수지리를 사용했
어. 이 때문에 풍수에 대한 관심이 더욱 높아져서 사대부가 풍수지
리학을 모르고서는 제대로 행세할 수가 없었을 정도야. 심지어 조
선왕릉에 대한 음택풍수 때문에 멀쩡한 정권이 바뀌는 일까지 생
길 정도였어.

아 름  풍수 때문에 정권이 바뀌었다구요? 어떻게 그런 일이...

아 빠  중종때 장경왕후 왕릉택지를 문제삼아 김안로가 옥사를 일으켜서

정권을 잡게 된 경우가 대표적이야.

풍수지리는 사대부 뿐만 아니라 역대 조선의 모든 왕들까지도 철저히 신봉했어. 예를 들어 새 국왕이 즉위할 때, 새 국왕은 돌아가신 선왕을 명당에 묻어야 새 국왕에게 좋은 일이 생길 것으로 굳게 믿었어. 이때 선왕을 모실 명당을 누가 찾느냐에 따라 정권이 좌우되고, 심지어 흉당을 명당으로 잘못 상소하면 새 왕조의 역적이 되어 유배길을 떠나거나, 심할 경우 사사되는 일도 있었어.

호 림   그 정도라고 한다면 조선의 사대부들은 목숨을 걸고라도 풍수 공부를 했겠네요?

아 빠   당연하지. 정조의 즉위 때도 풍수와 관련되어 비슷한 일이 있었어. 영조가 죽고 5일 후에 왕위에 오른 정조에게 황해도사인 이현모는 다음과 같이 상소했어. "선왕(영조)께서 이미 생전에 정성왕후께서

여주로 이장한 효종의 파묘 자리에 조성된 정조와 정순왕후릉인 원릉

묻힌 서오릉의 홍릉 옆에 신후지지(살아서 미리 봐둔 무덤자리)를 정해 두셨으니 선왕의 뜻을 따름이 옳은 줄 아뢰옵니다."

아 름  영조가 실제 그런 말을 했다면, 그 말대로 하는 것이 옳겠죠?

아 빠  영조는 분명 그런 말을 남겼어. 하지만 이현모는 새 국왕인 정조의 의중을 전혀 간파하지 못했어. 정조는 아버지인 사도세자를 죽인 할아버지 영조에 대해 철저히 복수를 하려고 마음먹었어. 그래서 정조는 할아버지의 시신을 100여년 전에 효종임금이 묻혔다가 여주로 천장하느라고 비워진 동구릉의 파묘 자리에 영조를 묻어 버렸어.

엄 마  남이 쓰던 파묘 자리에 무덤을 쓰는 것은 흉당 중에 흉당이잖아요?

아 빠  정조의 복수심이 어느 정도였는지 충분히 짐작이 가는 대목이지. 그리고 이현모는 삭탈관직을 당해. 그러니 조선의 사대부들은 목숨

---

### 뱀의 발

희릉은 조선 제11대 왕 중종의 두번째 왕비인 장경왕후 윤씨의 무덤이다. 현재는 고양시 서삼릉 경내에 있지만, 원래 희릉은 서울시 서초구 내곡동에 있는 태종왕릉인 헌릉(獻陵) 서쪽 언덕에 조성되었었다. 그런데 중종의 부마가 된 김안로(金安老)가 희릉 밑에 큰 돌이 깔려 있어 풍수상 불길하다고 주장하여 1537년에 현재의 서삼릉 경내로 옮겼다. 김안로는 당시 세자였던 인종을 보호한다는 구실로 자신의 정적을 제거하기 위해 일을 벌여 당시 능을 조성하는 데 관련된 자들을 처벌하였다.

중종실록 84권, 32년(1537 정유 / 명 가정(嘉靖) 16년) 4월 23일(신미) 2번째기사
삭공과 예관에게 희릉 문제를 묻도록 하다

정원에 전교하였다. "이 문건이 아뢴 희릉(禧陵)의 장지에 돌이 있다는 말은, 당초 산릉을 쓸 때에도 돌이 있다고 와서 아뢰는 자가 있었으므로 의금부를 시켜 추고하게 했었다. 당시의 석공들을 다시 찾아서 물어보고, 또 산릉 때의 장인(匠人) 및 관원들도 추고하라. 20여 년이나 오래된 능을 옮기기는 어려울 듯한데, 만일 옮길 수 없다면 추고하더라도 무슨 소용이 있겠는가. 이런 뜻으로 사관을 보내어 삼공 및 예관에게 물어보라."

을 걸고, 열심히 풍수지리를 공부할 수 밖에 없었던 거야.

호 림  그럼 조선의 선비들이 치렀던 과거시험 과목에 풍수지리가 들어
가 있었나요?

아 빠  아니야. 조선의 사대부들은 풍수지리를 드러내놓고 공부할 수가 없
었어. 왜냐하면 풍수지리설을 신랄하게 비판했던 사람 중에는 성리
학을 집대성한 중국 송나라의 주희(朱熹)도 포함되어 있었거든. 따
라서 성리학의 나라인 조선에서 유학자인 사대부가 대놓고 주희의
가르침을 어길 수는 없었지. 그렇지만 현실세계에서 정치권력을 잡
기 위해서는 풍수는 꼭 필요했어. 그런 이유 때문에 남의 눈을 의식
해서 낮에는 유학을 공부하고 밤에는 풍수를 공부한다는 뜻의 주유
야풍(晝儒夜風)이라는 말이 생겨났어.

아 름  아무리 그렇다고 해도 유학자인 사대부가 직접 왕릉자리를 찾아내
지는 않겠죠?

아 빠  그렇지. 사대부는 대강의 위치만 골라내는 정도에서 그치고 실제
왕릉자리를 찾아내는 것은 상지관(相地官)이라는 관상감(觀象監)
소속의 관원이 담당해. 상지관이 최종적으로 왕릉자리를 골라내면
주변의 나무를 베어내고 산세를 살핀 다음, 왕릉후보지의 그림을
그려서 왕에게 보고를 하게 돼. 그럼 왕은 본인이 직접 답사를 하거
나 아니면 올라온 도면을 보고 최종 확정을 하게 되는 거야.

# 조선시대에도 냉동영안실이 있었다?

## 왕은 죽어서도 특별한 존재이다

아 름   아빠, 임금님에게 쓰는 말과 일반인들에게 쓰는 말은 다른 것이 많잖
        아요? 임금님의 밥상은 수라상이라고 하고, 임금님의 얼굴은 용안
        이라고 하잖아요? 임금님의 죽음과 관련된 말도 당연히 다르겠죠?

아 빠   동양의 봉건사회에서는 신분의 구별이 매우 엄격해서 죽어서까지
        도 등급을 나누었는데, 예를 들어 고대중국의 예기(禮記)라는 책의
        곡례(曲禮)편에서는, 천자(天子) 즉 황제가 죽는 것을 붕(崩)이라
        고 하고, 제후(諸侯)는 훙(薨), 대부(大夫)는 졸(卒), 사(士)는 불
        록(不祿)이라고 했어. 불록이란 죽으면 국가에서 주는 녹을 받지 못
        한데서 나온 말이야. 일반 서민들에게는 사(死)라고 했어. '몰(歿)'
        이란 표현도 죽음을 가리키는 표현이야.

아 름   아, 현충일 때 자주 듣던 전몰장병 이란 말이 전쟁에서 죽은 장병
        이란 뜻이구나!

아 빠 그런데 우리나라 특히 조선의 경우에는, 조선왕조실록의 기록에 통상 "상(上)이 승하(昇遐)했다"고 표현되어 있어. 아무튼 국왕이나, 왕비, 세자나 세자빈이 사망하면 그 장례는 국상(國喪)으로 치렀어. 그렇지만 국상(國喪)에 대한 표현 역시 대상자에 따라 약간씩 다른데, 황제의 장례는 어장(御葬), 국왕과 왕비의 장례는 국장(國葬), 그리고 세자와 세자빈의 장례는 예장(禮葬) 이라고 했어.

호 림 왜 그렇게 복잡해요?

아 빠 그래서 조선을 예법의 나라라고 하는거야. 그런 예법이 국가적으로 잘 지켜졌기 때문에 오랜 기간동안 왕조가 유지된 것이기도 하지. 또 다른 용어도 있는데, 일반인이 죽으면 빈소에 모시지만, 왕은 빈전을 설치해서 그곳에 모셔. 일반인이 죽으면 무덤을 "묘"라고 하지만 왕은 "릉"이라고 해.

엄 마 사람은 죽어서 이름을 남기고, 호랑이는 죽어서 가죽을 남긴다고 하지? 일반인이 죽으면 자기이름을 하나만 남기지만, 왕이 죽으면 자기 이름을 남기는 것은 물론, 새로운 이름이 두 개나 더 생긴단다.

호 림 아무리 왕이라도 죽은 사람에게 새로운 이름을, 그것도 두 개씩이나 붙여요?

아 빠 그래서 왕인 거야. 두 개의 이름은 종묘에 모실 "묘호(廟號)"와 왕릉의 문패인 "능호(陵號)"인데, 묘호는 우리가 익히 들어서 잘알고 있는 왕들의 이름이야. 태정태세문단세, 예성연중인명선, 광인효현숙경영, 정순헌철고순 알지? 묘호는 모두 조, 종으로 끝나는데 옛날 시법(諡法)에 의하면, 왕조를 개창하거나 고쳐 열면 조(祖)라고 하고, 이어 받으면 종(宗)이라 한댔어.

엄 마 여보, 고려의 경우에는 태조 왕건만 조(祖)고, 나머지는 모두 종(宗)

또는 왕인데, 조선의 경우에는 태조 이성계 이외에도 조(祖)로 끝나는 왕이 세조, 선조, 인조, 영조, 정조, 순조 가 있어요. 세조야 왕위를 찬탈하고 왕의 계통을 다시 만들었으니 조(祖)를 붙였다고 해도, 나머지 왕들은 왕조를 고쳐 연 것도 아닌데, 왜 조(祖)를 붙였죠?

아 빠  조선왕조실록을 보면, 선조의 원래 묘호는 선종, 인조는 열조, 영조는 영종, 정조는 정종, 순조는 순종 이라고 되어 있어. 인조는 세조와 마찬가지로 반정으로 정권을 찬탈했기 때문에 처음부터 조(祖)를 붙였지만, 나머지 왕들은 사실 처음에는 종(宗)이라 했다가 훗날 다시 조(祖)로 변경했어. 그런데 묘호를 변경한 왕의 경우에 대해 공통되는 점을 살펴보니, 대부분 왕의 신분이 적자출신이 아닌, 서자 출신 왕들이라는 공통점이 있어. 그래서 왕위 계승에 대한 부족한 정통성을 조(祖)라는 이름으로 보충하려 한 것이라는 추정이 가능해.

아 름  능호는 얼마 전에 아빠가 설명한 적이 있어요. 능호는 왕릉에 붙이는 이름인데, 예를 들어 태조는 건원릉, 세종은 영릉, 문정왕후는 태릉 이런 식이라구요.


## 국상이 발생하면 지금의 계엄령에 해당하는 계령이 선포된다

엄 마  잘 기억하고 있구나. 태조 건원릉을 제외하고는 조선왕릉의 능호는 모두 외자란다. 왕이름(묘호) 외우기도 어렵기 때문에 일반인들은 굳이 능호까지 외울 필요는 없다고도 했지?

아 빠  국상이 발생하거나 또는 미리 예견이 되면 국가는 비상사태에 돌입하게 되면서 지금의 계엄령에 해당하는 "계령"이 선포되고, 병권을 가진 병조에서는 군사들을 총동원해서 왕궁을 겹겹이 둘러싸.

호 림  국상이 발생했다고 국가 비상사태까지 선포해요?

엄 마  지금은 일반 국민이 나라의 주인이기 때문에 국민이 주인인 나라,
즉 민주국가라고 부르지만, 옛날은 임금, 즉 군주가 나라의 주인이
었기 때문에 군주국가라고 불렀어.

아 빠  그런 군사적인 조치가 취해지고 나면, 유교예제에 밝은 예조의 주관으
로 돌아가신 왕의 시신을 모시는 빈전이 설치되는 거야. 그리고 즉시
빈전도감, 국장도감, 산릉도감 이라는 세 개의 임시관청이 만들어져.

호 림  도감? 식물도감, 곤충도감의 도감은 아니겠죠?

## 국상이 발생하면 지금의 계엄령에 해당하는 계령이 선포된다

아 빠  도감은 국장(國葬)이나 국혼(國婚), 또는 궁궐의 영건(營建)이나
도성(都城)의 수축(修築) 등 국가의 중대사를 관장할 목적으로 수
시로 설치한 임시 관청을 가리키는 말이야. 임시적인 관청이기 때
문에 비상설직(非常設職)이지만 선조때에 설치한 조선후기의 중앙
군인 훈련도감(訓鍊都監)은 무려 228년간이나 존속하기도 했어.
그리고 도감에 속한 관원과 품계는 도감의 성격에 따라 다르지만
주로 겸직이나 임시직의 성격을 가지는 것이 일반적이야.

아 름  왜 하나의 관청에서 국상을 처리하지 않고 여러 개를 만들죠?

아 빠  그것은 하는 일의 성격이 다르기 때문이야. 우선 빈전도감은 빈전
(빈소)과 직접 관련된 일은 하는 곳이기 때문에 수의, 관, 상복 등
의 일을 맡아.

엄 마  오늘날 빈소를 차린 장례식장에서 하는 일과 비슷한 거야.

아 빠  그리고 국장도감은 왕릉에 묻을 부장품, 국장행렬 등 전체 국장에

필요한 모든 일을 주관하는 곳이야. 산릉도감은 국장과 관련된 임시관청 중에서도 가장 고된 일을 하는 곳인데 공조에서 주관해서 왕릉조성에 관련한 모든 일을 맡아. 그리고 이 3도감의 총지휘는 의정부 좌의정이 담당해.

엄 마 혼전도감이라고도 들어본 적이 있는데 그건 뭐하는 거죠?

아 빠 혼전도감(魂殿都監)은 혼전과 관련된 일을 맡아보던 임시관청이야. 혼전은 임금이나 왕비의 국상 중에 장사를 마치고 종묘(宗廟)에 입향할 때까지 신위를 모시는 곳이야. 일반 가정에서는 빈소 안에 혼백을 함께 모시지만 왕실에서는 빈청과 혼전이 각각 따로 있었어. 그래서 혼은 종묘에 모시고, 백은 왕릉에 모시는 거야. 그리고 왕이 죽으면 3년상이 끝날 때까지만 혼전에 모셨다가 종묘에 다시 모시지만, 왕비가 죽으면 왕이 죽어 종묘에 배향될 때까지 혼전에 모셨어.

아 름 결국 국상이 발생하면, 단기적으로는 국장도감, 빈전도감, 산릉도감의 3도감, 장기적으로는 혼전도감까지 네개의 임시관청이 운용된다는 말씀이죠?

## 왕의 염습과정에서는 무려 90벌의 수의와 겹이불을 입혔다

아 빠 정리를 잘 했구나. 일단, 왕이나 왕비가 승하하면 일반인처럼 죽은 사람의 몸을 씻기고 옷을 입힌 뒤 염포로 묶는 염습(殮襲)과정을 거치는데, 이 과정도 만만치가 않아. 왕의 수의는 흰 비단으로 만드는데 염습과정에서 처음에는 9벌을 입히고, 승하한지 2~3일 내에 하는 소렴에는 겹옷, 겹이불을 합쳐 19겹을 입히고, 승하한지 5일 후의 대렴에는 무려 90겹을 입힌다고 해.

호 림  90겹을 입힌다구요? 그것이 어떻게 가능해요?

아 빠  우리집 뒷산의 교하 파평윤씨 정정공파 종중묘역 알지?

엄 마  아, 윤원형과 정난정의 무덤이 있는 곳 말이죠?

아 빠  그래. 그곳에서 지난 2002년 파평윤씨 문중에서 무연고 묘역을 정
       리하던 중에 출산과정에서 사망한 모자(母子)의 미라가 발견되었
       는데 그 미라와 함께 발견된 의복도 무려 66점이나 돼.

아 름  조선의 국상에서는 도대체 왜 그렇게 많은 옷을 입혔죠?

아 빠  통상 조선의 국장기간은 약 5개월이 소요된다고 해.

호 림  예? 5개월씩이나? 그럼 냉동고도 없었던 그 옛날에 시신을 어떻게
       5개월씩이나 보관을 해요?

아 빠  그렇기 때문에 옷과 겹이불을 무려 90벌씩이나 입힌거야. 그래야
       만 나중에 시신을 옮길 때 최소한 잡을 수 있는 부분이라도 있고 시
       신의 형태라도 어느 정도는 온전히 유지 되는 거야.

아 름  그래도 5개월씩이나 시신을 보존하려면 뭔가 조치를 취했을 것 같
       아요. 혹시 이집트처럼 미라를 만들거나 아니면 방부제를 많이 사
       용했나요?

## 조선의 냉동 영안실, 설빙

아 빠  조선의 방식은 이집트와는 달랐어. 냉동고가 없었던 그 시절에 왕
       의 시신을 무려 5개월간이나 보관하기 위해서 조선이 만들어 낸 것
       은 냉동영안실이었어. 한자로 설빙이라고 해.

호 림  예? 조선시대에 냉동영안실이 있었다구요? 말도 안돼!

엄 마  왜, 말이 안되니? 우리가 보았던 '바람과 함께 사라지다'라는 영

화에도 조선시대의 얼음창고인 석빙고가 나왔잖아? 기억 안나니?

아 빠 엄마 말이 맞아. 우리나라는 조선시대뿐만 아니라 훨씬 더 옛날인 삼국시대부터 얼음 창고라는 뜻의 빙고를 만들고 일 년 내내 얼음을 사용한 기록과 그 유물이 남아있어. 빙고는 나무로도 만들기도 했고 돌로도 만들기도 했지만 나무는 모두 썩어서 없어지고 지금 남아있는 것은 모두 돌로 만든 석빙고야. 문화재로 지정된 석빙고만 해도 경주 석빙고(보물 제66호), 안동석빙고(보물 제305호), 창녕석빙고(보물 제310호), 청도석빙고(보물 제323호), 현풍석빙고(보물 제673호), 영산석빙고(사적 제169호) 이렇게 6개나 돼.

엄 마 서울 용산에도 동빙고동, 서빙고동 이라는 동네가 있는데, 그 지명을 통해서도 한양의 석빙고는 용산에 있었다는 것을 알 수 있단다.

아 름 석빙고를 궁궐 옆에 만들지 않고, 용산에 만든 이유는 뭐예요?

아 빠 용산의 석빙고뿐만 아니라 전국의 모든 석빙고는 바로 옆에 강이나 하천을 끼고 있어. 왜냐하면 얼음을 인공적으로 만드는 것이 아니라 한겨울에 자연적으로 얼어붙은 강의 얼음을 잘라내서 석빙고에 보관했기 때문이야. 다른 곳과는 달리 용산의 석빙고는 동빙고와 서빙고, 이렇게 두 개로 운용이 되었는데, 하나는 국상을 포함해서 왕실의 제사전용으로 사용을 했고, 나머지 하나는 대장금이 활약했던 수라간에서 사용을 하거나 여름에 임금이 신하들에게 포상으로 나눠줄 때도 사용했어.

엄 마 쉽게 말해 하나는 죽은 사람을 위해서 얼음을 사용했고, 나머지 하나는 산 사람들을 위해서 얼음을 사용했다고 할 수 있어.


**국상이나 왕실제사전용 얼음은 동빙고의 얼음을 썼다**

호 림  동빙고와 서빙고 중에서 어느 쪽이 죽은 사람을 위해서 얼음을 사용했나요?

아 빠  조선이 어떤 사회였는지를 잘 생각해 봐.

아 름  조선에서는 산 사람보다는 죽은 사람이 더 대접을 받았어요. 그래서 조상을 극진히 모셨어요. 한양을 도읍으로 정할 때도 왕실의 조상을 모신 종묘를 왼쪽에, 그리고 땅의 신과 곡식의 신을 모신 사직단을 오른쪽에 만들었어요.

호 림  동빙고와 서빙고는 동쪽과 서쪽으로 나뉘는데, 어느 것이 오른쪽이고 어느 것이 왼쪽이지?

엄 마  옛날 사람들의 방향의 중심은 항상 군주남면이라는 원칙에서 출발해. 따라서 왼쪽이 동쪽, 오른쪽이 서쪽이야. 궁궐의 조정마당에서 문관들을 동반이라고 부르고, 무관들을 서반이라고 부르는 것 기억나지?

아 빠  맞았어. 동빙고가 서빙고 보다는 서열이 높기 때문에 동빙고가 국상을 포함하여 왕실제사전용의 얼음창고였어.

호 림  그럼, 국상이 나면, 돌아가신 왕의 시신을 동빙고에 모시나요?

---

### 뱀의 발

세조실록 44권, 13년(1467 정해 / 명 성화(成化) 3년) 11월 28일(경인) 4번째기사
날씨가 따뜻하여 얼음을 저장하는 역사를 할 수 있는 가를 살펴보게 하다

빙고 관원(氷庫官員)이 와서 아뢰기를, "근자에 날씨가 따뜻하여 얼음이 단단하게 얼지 않으니, 청컨대 장빙(藏氷)의 역사(役事)를 정지하소서."하니, 임금이 명하여 주서(注書) 조익정(趙益貞)을 서빙고(西氷庫)에 보내고, 병조 정랑(兵曹正郞) 박숙진(朴叔蓁)을 동빙고(東氷庫)에 보내어 살펴보게 하여, 만약 얼음이 단단하게 얼지 않았으면 역사(役事)를 파(罷)하게 하였다. 조익정(趙益貞) 등이 복명(復命)하기를, "신 등이 마땅히 밤에 얼음에 보니, 얼음이 단단하였으나, 다만 대낮이 되어서 따뜻해지면 얼음이 녹을까 두렵습니다. 그러므로 '오전(吾前)에 장빙(藏氷)하고 오후(吾後)에는 역사(役事)를 정지(停止)하라.'고 시켰습니다."하니, 또 임금이 예조(禮曹)로 하여금 대낮이 되거든 다시 이를 살펴보게 하였다.

---

## 설빙의 구조

**아 빠** 아니야, 왕의 시신은 빈전에 모셔둔다고 했잖아. 빈전 안에는 시신을 서늘하게 보존하기 위해서 얼음을 이용해서 설빙을 설치해. 설빙을 만드는 요령은 우선 길이는 3m 정도, 폭은 1.6m 정도, 그리고 높이는 90cm가 되도록 얼음을 쌓아서 빙반을 만들어. 그리고 이 빙반을 바닥에 놓은 다음에 그 위에 찬 성질을 가진 대나무를 이용해서 평상을 설치해. 이것이 설빙이야. 국조상례보편이라는 책에 보면 설빙의 그림이 잘 나와있어.

**아 름** 바닥에 얼음을 설치하고 대나무 평상을 그 위에 설치하는 것만으로 시신을 오래 보존할 수 있나요?

**아 빠** 물론 그것만으로는 부족하지. 그래서 사면에 대나무로 만든 잔방을 둘러싸서 얼음을 쌓아 올려. 그렇게 되면 마치 얼음으로 된 상자속에 시신을 둔 것과 같은 효과가 있지.

**엄 마** 아무리 그렇게해도 얼음은 계속 녹을텐데, 그 습기는 어떻게 해요?

**아 빠** 시신이 누워 있는 대나무 평상의 사방에는 습기를 흡수하기 위해서 마른 미역을 쌓아놓고 계속 교체를 하는 거야. 그런데 내시나 궁녀들이 무려 5개월 가까이 죽은 왕의 시신 옆에서 계속 미역을 갈아줘야 했으니 아마도 그때만큼은 물먹은 미역의 양이 엄청나게 많았을 거야. 그래서 평소에는 비싼 미역이었지만 국장 때만큼은 습기 먹은 미역이 시중에 많이 흘러나와서 싼 값에 유통이 되었기 때문에, 국장의 미역 값이란 유행어가 생겨나기도 했어.

**호 림** 갑자기 미역국이 먹기 싫어진다.

# 조선 왕릉의 비밀은 깊이에 있다!

**아 름** 아빠, 지난번 학교에서 서오릉으로 소풍을 갔었는데요, 왕릉들이 대부분 똑같아 보였어요. 서오릉처럼 여러 개의 왕릉이 한 곳에 몰려 있는 곳에서는 왕릉을 어떻게 구분하죠?

**아 빠** 조선 왕릉은 대부분 '사초지' 또는 '강(岡)'이라고도 부르는 높은 언덕 위에 있기 때문에 사람들이 왕래하는 길에서는 봉분과 주변 석물들이 잘 보이지 않아. 게다가 동구릉의 선조왕릉(목릉)이나, 여주의 세종왕릉(영릉), 서오릉의 숙종왕릉(명릉)처럼 봉분이 있는 능상까지 일반에 개방된 몇몇 왕릉을 제외하고는 대부분 정자각까지만 일반인들의 출입이 허용되고 그 뒤쪽으로는 출입을 제한하고 있지. 그래서 어느 왕릉이든지 모습이 다 똑같다고 불평하는 사람들이 많아. 어쩌면 당연한 결과인지도 모르지요.

**엄 마** 그렇다고 봉분이 있는 능상까지 결코 올라가지 못하는 것은 아니란다. 각 왕릉에는 문화재청 산하의 관리사무소가 있는데 그곳에 사전 신청하면 문화해설사가 동행하여 능상까지 올라갈 수가 있단다.

홍살문에서 본 명릉

아 빠   조선 왕릉을 높은 곳에 만든 이유는 두 가지 인데, 첫 번째는 풍수적인 이유이고, 두 번째는 왕릉의 비밀을 지키기 위함이야. 풍수적인 이유는 차차 설명을 하고 조선 왕릉에 대한 비밀을 지금부터 말해줄게.

호 림   조선 왕릉의 비밀? 혹시 보물이라도 숨겨 두었나요?

아 빠   각종 자료를 찾아볼 때, 왕릉의 하관시각은 대부분 한밤중이었어. 그리고 왕릉의 봉분이 있는 곳에는 움집형태의 커다란 가건물을 세웠기 때문에 그 안에서 무슨 일이 벌어지고 있는지 밖에서는 전혀 알 수 없었어.

서오릉의 명릉(숙종과 인현왕후 쌍릉) 및 위쪽 인원왕후단능

조선 왕릉의 비밀을 지키기 위해
무덤 위에는 움집 형태의 가건물을 세웠다


호 림  역시 보물을 숨겨 두었군요!

아 빠  호림아, 너의 예상과는 달리, 조선 왕릉에 묻은 부장품은 모두 기록
       에 남겨 두었는데 값나가는 것은 거의 없어.

호 림  그럼 왜 가건물을 지어서 밖에서는 보이지 않게 했어요?

아 빠  그것은 조선 왕릉의 비밀을 철저히 지키기 위함인데, 그 핵심내용
       은 왕릉의 깊이야.

아 름  예? 왕릉의 비밀이 겨우 왕릉의 깊이라구요?

조선왕릉에서 장례절차와 탈상까지 3년에 걸친 기간동안 사용하는 건물이 지금 왕릉에 딸려있는 정자
각이나 재실 말고도 또다른 임시건물들이 있었다. 그것이 영악전(靈幄殿), 가정자각(假丁字閣), 가재
실(假齋室), 이며 그 외에도 나인가가(內人假家)가 있었다.

이런 임시 건물이 있었던 것은 당연한 것이라 생각한다. 국장이라는 것이 기간이 정해져 있는 일시적
인 행사이기 때문에 당연히 그에 따른 가건물이 필요했을 것이다. 그러나 왕릉의 가건물들에 대해서 잘
알려지지 않은 것은 임시 건물이기 때문에 현재 왕릉에는 남아 있지 않기 때문이다. 이 세 건물은 모두
임시 건물로서 영악전과 가재실은 초석을 설치하지 않고 땅에 기둥을 박는 굴립주 형태로 지어지고, 지
붕도 기와를 사용하지 않고 초가로 지어진 건물이다.

우선 영악전은 왕이 모셔진 관인 재궁(梓宮)을 임시로 모셔두기 위한 곳이다. 영악전은 재궁이 이동하
는 동안 멈출 때 모시기 위한 곳으로서 노제소(路祭所), 주정소(晝停所), 능소(陵所)에 만들어지는데
노제소와 주정소는 국장도감에서 준비하고 능소는 산릉도감에서 준비한다고 한다. 효종이 돌아가신 후
숭릉을 조성할 때부터 사라졌다. 이것이 사라진 것은 숙종의 전교로 없어진 것이라 한다.
(조선시대 능제에서의 영악전의 기능과 건축형태/신지혜)

숙종실록 1권, 즉위년(1674 갑인 / 청 강희(康熙) 13년) 9월 17일(무인) 1번째기사
산릉에 영악전을 짓지 말도록 명하다
명하여, 산릉(山陵)에 영악전(靈幄殿)을 짓지 말고, 잠시 재궁(梓宮)을 정자각(丁字閣)에 봉안(奉安)
하게 하였으니, 역사(役事)가 커서 백성을 수고롭게 하기 때문이었다.

영악전은 극히 짧은 기간만 존재하는 건물이기 때문에 매우 단순하게 지어졌을 것이다. 여주 영릉英
陵 재실에서 기획전으로 하고 있는 '조선시대 왕의 탄생과 죽음'이라는 전람회에서 순종의 장례식 사
진을 보면 능에 초가로 지붕과 벽을 감싼 가건물이 있는데 이것은 능상각으로 추정된다. 이 재료와 지
붕 엮은 모습이 영악전의 모습과 비슷하지 않을까 한다. 이 사진에는 동그란 건물에 앞으로 건물일부
가 정자각처럼 돌출한 모습인데, 신지혜는 영악전의 형태를 정자각과는 대칭되는 형태 즉 뒤쪽으로
재궁이 설치되어 공간이 돌출되는 형태로 추정하고 있다. (조선시대 능제에서의 영악전의 기능과 건
축형태/신지혜)

다음은 가정자각이다. 가정자각은 그야말로 가설시설물이다. 원래 왕이나 왕비의 관이 하관하고 나
면 삼년상 동안 정자각에서 모든 제례가 행해진다. 그러나 합장릉이거나 한 능역에 두 분을 모신 동원
이강릉(同原異岡陵(ex: 세조광릉)) 또는 동원상하릉(同原上下陵(ex: 여주 효종 영릉(寧陵))의 경우
정자각은 하나 밖에 만들지 않는다. 이 경우 먼저 모신 분과 나중 모신 분과의 제례문제가 발생한다.
국조오례의에서 사망한 후 3년 상까지는 흉례(凶禮)로, 일반적인 제사는 길례(吉禮)로 분류하고 있
다. 따라서 합장의 경우는 먼저 돌아가신 분에게는 길례로 모시고 나중 돌아가신 분에게는 흉례로 모

서야 하기 때문에 성격상 같은 정자각을 쓴다는 것이 맞지 않아 나중 모신 분을 위한 흉례를 위해 임시 정자각을 짓는데 이것이 가정자각이다. 가정자각은 단기간을 쓰고 해체하는 영악전과는 달리 25개월 이상을 사용하여야 하는 만큼 정자각과 비슷한 수순을 만들고 있다. (정자각과 가정자각의 조성 원칙에 관한 연구/홍석주)

다음 가재실은 가정자각과는 다른 원칙에서 세워지고 있었다. 가재실 역시 흉례를 위한 건물이라는 점에서는 같지만 기본적으로 능을 조성할 때 같이 세워진다. 흉례기간 동안 조석으로 제를 올리는데 이때 장만하는 음식이 길례 때와 비교할 수 없을 만큼 많고 준비하는 사람이 많아 3년상 기간 동안 저례를 준비하는 사람과 음식을 준비하는 공간으로 지어지는 것이다. 준비하는 사람과 물목이 많기 때문에 재실의 거의 두 배 이상의 규모로 지어지고 또한 나인들도 있기 때문에 별도로 나인을 위한 가건물도 같이 지어진다는 것이 특징이다. 나인 건물까지 고려하면 지금 재실의 3배 정도 되는 규모가 된다. 이 건물은 임시건물이므로 가구를 짜지 않고 초가로 지어진다고 한다. 가재실이 건물규모가 매우 크므로 경제적 어려움이 많아 숙종 때 만들어진 현종왕릉 조성시부터 가재실 기능 일부를 3년간 비워두는 정재실을 활용하는 것으로 하여 원래 90여 칸 규모였던 것을 40여칸 만 가재실로 짓도록 하였다고 한다. (조선시대 산릉의 가재실과 정재실의 운영/정정남)

또한 정자각의 형태에 대해서는 고려시대 유습이라고 한다. 고려시대 왕릉의 유구를 살펴보면 정자각 형태의 건물이 왕릉 앞에 있었다고 한다. 그러나 지금과 같이 강岡 아래 있는 것은 아니고 왕릉과 거의 붙어있는 형식이었다고 한다.(조선조 산릉 정자각 연원 소고/김동욱) 언급한 김동욱의 논문을 보면 정자각은 기본적으로 제례를 위해 특별히 만들어진 건물로 앞으로 돌출한 부분은 제사를 위해 기능적으로 필요해 돌출되었던 것이 아닌가 생각한다.

아 빠  응, 일반인들은 보통 3자~5자(1m~1.5m) 정도로 무덤을 파는 것이 보통이지만, 조선왕릉은 특히 조선전기에는 철저히 10자 깊이로 왕릉을 팠어. 그 이유는 풍수에서 왕기는 10자(3m) 깊이에 있다고 믿었기 때문이야.

호 림  그럼, 만약 일반인이 10자 깊이로 무덤을 파면 어떻게 되나요?

아 빠  그런 것을 쉽게 알 수도 없었을뿐더러, 만약 그런 사실이 알려지면 그 사람은 왕권찬탈의 음모를 가진 것으로 간주되어서 역모죄의 중죄인으로 다스려 지게 돼. 또 그 무덤을 완전히 파내서 그 자리에는 연못을 만들어 버리고, 파낸 무덤은 조상의 묏자리 바로 위에다 다시 파묻어 버리는 거야. 조선시대중에서도 특히 조선후기에는 조상의 묏자리 위쪽에다 후손의 묏자리를 만들면, 이는 민간에서는 "역장"이라 하여 금기시 하는 행위야. 즉, 풍수로 몰래 덕을 보려다가 가문도 멸문지화를 당하고 엄청난 해를 입게 되는 결과를 당하는 거야.

## 역장을 금기시 하는 이유는 풍수가 아니라 유교적인 전통 때문이다

엄 마  역장을 민간에서는 금기시 하는 거라고 했는데, 실제 역장을 한 무덤들도 여럿 본 것 같아요.

아 빠  원래 무덤이라는 것은 조상이 위쪽에 그리고 후손이 아래쪽에 순차적으로 쓰는 것이 자연스럽지. 그리고 풍수책에도 역장에 대한 직접적인 금기내용은 없다고 해. 조선 전기에는 오히려 풍수에 따라 좋은 무덤자리로 판명이 될 경우에 후손이라 할 지라도 역장을 한 사례가 여럿 있어. 대표적인 것이 율곡 이이의 무덤이야. 하지만 조선후기가 되면서 상황은 달라졌어.

엄 마 　조선 후기라면 혹시 예학의 영향인가요?

아 빠 　그렇지. 조선 후기의 사회는 성리학적 질서를 극도로 강조하는 예
학이 주도를 하게 돼. 임진왜란 이후에 무너진 사회지배계층의 자
존심을 예학으로 만회하려 한 것이지. 따라서 선산에 한 가족의 묘
를 쓰게 되면서 예학 중심의 유교적 관념에 따라 후손이 조상의 묘
위에 묘를 쓰는 것이 불경스럽다는 생각을 하게 된 것이야.

아 름 　결국 역장을 금기시하는 것은 풍수적인 이론에 의한 것이 아니라
조선 후기의 유교사상 때문이라는 말씀이시네요?

아 빠 　정답이야. 하지만 풍수에서, 특히 음택풍수에서 금기시 하는 대표
적인 5가지 흉당지가 있어. 첫 번째로 수맥이 흐르는 곳인데, 수렴
이라고 해. 물이 나오는 무덤이 좋지 않은 것은 상식이지.
　두 번째로 뱀이나 전갈, 각종 벌레들이 나오는 곳인데, 충렴이라고
해. 세 번째로 시신이 감쪽같이 사라진다는 곳인데, 도시혈이라고
해. 시신이 도둑맞는 혈자리라는 뜻이야.

호 림 　땅속에 묻어둔 시신이 어떻게 감쪽같이 사라질 수가 있죠? 진짜 귀
신이 있나?

엄 마 　과학적으로 설명을 하자면, 단층운동의 일종이야. 즉 땅의 표면은
그대로 있지만, 땅의 아래쪽이 움직이는 현상이지. 이런 단층운동
이 짧은 시간에 심하게 일어나면 그것이 바로 지진이야.

아 빠 　네 번째로는 살기가 모여있는 군영자리이고, 마지막 다섯 번째로는
남이 이전에 묘를 썼다가 이장한 파묘 자리야. 그런데 재미있는 것
은 분명히 남의 파묘 자리는 흉당이라고 했지만 몇몇 왕릉은 실제
일반인의 묘를 파내고 그 자리에 왕릉을 만들기도 했어. 대표적인

것이 조선 최고의 명당으로 간주되는 여주의 세종왕릉(영릉)이야.

파묘 자리는 흉당이라고 하셨잖아요? 그런데도 명당이 된다구요?

아 름   왜 그렇죠?

아 빠   이미 정답은 앞에서 미리 말해 줬는데.

엄 마   아, 조선 왕릉의 비밀! 왕릉의 깊이!

아 빠   맞았어. 바로 왕릉의 깊이에 비밀이 숨어 있는 거야. 일반인들이 이
전에 묘를 썼던 곳이라 하더라도 대부분 5자 이내로 땅을 팠기 때
문에 10자 깊이로 흘러다니는 왕기는 전혀 건드리지 않았다는 논
리야. 왕릉 때문에 쫓겨난 일반인의 입장에서 보면 너무 명당자리
에다 묘를 써서 결국 쫓겨난 꼴이 된 셈이지. 그래서 너무 지나친
복이 굴러오면 아니온만 못하다고 해.

호 림   로또로 인생망친 경우와 비슷하네요.

## 조선 왕릉 주변은 약 24만평 규모의 접근금지 구역을 설정한다

아 빠   그런데 왕릉이 들어설 바로 그 자리에 묘를 썼던 무덤만 피해를 보
는 것이 아니야. 일단 왕릉지가 조성되면 왕릉 주변은 화소지역이
라는 일종의 접근금지 구역을 설정하는데 그 목적은 첫째, 산불을
막기위해 풀과 잡목들을 불살라 버리고, 둘째 신성한 지역임을 선
포해서 일반인들이 접근하는 것을 금지하는 거야. 화소지역 안의
모든 무덤은 물론, 민가와 마을까지도 강제로 철거되고, 심지어 아
무리 권문세가의 선산이 있다 하더라도 예외없이 몽땅 이주해야
해. 그런 이유 때문에 새로운 왕릉 후보지를 물색할 때가 되면 양반
들은 모두 초긴장 상태가 되지.

아 름  그 구역의 크기는 어느정도 인가요?

아 빠  대략적인 평균크기는 80결 정도인데, 1결이 대략 3천평 정도 되니 깐 약 24만평의 땅이 왕릉주변에 들어서는 거야. 그렇지만 이것은 말 그대로 평균일 뿐이고, 세조왕릉인 광릉 주변에는 무려 75만평 이 초토화되었어.

호 림  그렇게나 큰 땅을 왕릉을 위해 내버려두다니 너무 멍청한 짓을 한 것 같아요.

아 빠  아니야. 그 땅은 그냥 버려두는 것이 아니라 농사를 짓고 거기서 나 온 농산물로 왕릉을 유지하는 경비로 사용하는 거야. 왕릉에는 때 마다 제사도 지내야 되고, 왕릉을 지키는 군사들과 일꾼들도 있기 때문에 그 사람들을 먹여살려야 하는 거야.

엄 마  여보, 왕릉에 소속된 땅이 그렇게 많고, 또 왕릉은 도성에서 80리 안에 만들어져야 한다는 규정 때문에 대부분 한양근처에 몰려 있 을 텐데, 그렇다면 왕릉 때문에 선산이 강제로 철거된 양반들의 불 만은 대단했겠지요?

아 빠  그래도 어쩌겠어? 나랏님이 하는 일인데... 그래서 양반들은 우리

---

**뱀의 발**

명종실록 2권, 즉위년(1545 을사 / 명 가정(嘉靖) 24년) 9월 26일(병술) 1번째기사
이기 등이 산릉에서 돌아와 상사에 관한 일에 대해서 아뢰다

우의정 이기, 예조 판서 윤개, 도승지 최연(崔演) 등이 산릉(山陵)에서 와서 산릉의 형세를 도식(圖式) 으로 그려 올리고 이어 아뢰기를, "어제 예문(禮文)에 의하여 금정(金井)186)을 파니 흙이 두껍고 물 기가 없어 참으로 좋았습니다. 다만 10척을 파야 되는데 술가(術家)가 일시에 다 파면 기운이 새나간 다고 하고 세속(世俗)에서도 꺼리므로 8척만 파고 2척은 임시하여 다 파려고 합니다. 그리고 산릉의 화소(火巢) 근처의 민가 및 여러 무덤들도 아울러 옮기게 하는 것이 어떻겠습니까?"

집 뒷산의 파평윤씨 종중묘역 처럼 왕릉이 근처에 들어서지 못하게 끔 최대한의 정치적인 노력을 하거나 아니면 80리를 벗어난 안전 지역에 자신들의 선산을 만들려고 했던거야. 그래서 양반들의 선산 명소로 각광을 받기 시작한 곳이 용인이야.

호 림   쉽게 말해서 용인은 왕릉의 사정거리 밖에 있다는 말씀이죠?

아 빠   녀석, 비유도 참 그럴 듯 하게 하는구나. 그런데 용인의 땅도 양반 들의 선산으로 포화상태에 이르게 되자, 이번에는 용인을 넘어 진 천으로까지 양반들의 무덤들이 몰려들게 되었어. 일설에 의하면 진 천현감의 입장에서는 자기의 관할지역에 무덤들이 늘어나는 것을 탐탁치 않게 여겼다고 해.

아 름   충분히 그랬을 것 같아요. 예나 지금이나 무덤은 그리 선호할 만한 시설은 아니죠.

아 빠   조정에서 막강한 실력을 행사하던 권문세가들의 무덤이라서 일개 진천의 현감으로서는 어쩔 수 없는 노릇이기는 했지만 그래도 무 덤들이 너무 몰려드는 것에 고민하던 진천사 또는 묘안을 하나 떠 올렸어.

엄 마   요즘도 화장장 때문에 사회적으로 갈등이 심한데, 그 묘안이 궁금 하네요.

아 빠   직접적인 수단으로는 해결이 불가능했기 때문에 진천사또는 간접 수단을 동원했는데, "생거진천, 사후용인"이라는 말을 퍼뜨려서 용 인은 음택, 즉 무덤의 명당이고, 진천은 양택, 즉 집터의 명당이라 는 여론몰이를 한 거야. 그래서 무덤의 집중화도 막고 진천 땅은 살 기좋은 곳이라는 이미지도 부각시켰어.

아 름   일석이조로군요.

엄 마 내가 알고 있는 생거진천 사후용인 의 유래와는 좀 차이가 있네요.

호 림 엄마가 알고 있는 내용은 뭐예요?

엄 마 옛날에 한 여자가 용인으로 시집을 가서 아들을 낳고 잘 살았는데, 남편이 갑자기 이 세상을 떠나자 아들을 용인의 시집에 남겨두고 진천으로 가서 재혼을 했고, 거기서도 아들을 낳고 잘 살았다고 해. 그런데 나중에 용인의 아들이 성장해서 진천의 생모를 모시고자 했지만, 이번에는 진천의 아들이 극구 반대해서 결국 관가에 소장(訴狀)을 내었지.

아 름 어째, 솔로몬의 판결과 비슷한 분위기가...

엄 마 관가에서 진천사또가 판결하기를 "너의 어머니가 살아 있는 동안에는 진천에서 모시고 살고, 죽은 후에는 용인에서 모시고 제사도 모시도록 하라"고 했대. 그래서 살아서는 진천에서 살고, 죽은 후에는 용인으로 간다는 전설이 생겼다는 거야.

아 빠 생거진천 사후용인에 얽힌 이야기는 그 외에도 여럿이 있어.

# 신라 왕릉, 백제 왕릉, 고려 왕릉에는 없는 조선 왕릉의 특징은?

조선 왕릉은 예외없이 둥근 언덕 위에 올라가 있고,
봉분 뒤쪽에 땅이 부풀어 오른 곳이 있다

서오릉 명릉(숙종과 인현왕후릉)정자각에서 본 높은 언덕인 강(岡)

아 름　아빠, 왕릉은 조선 왕릉 이외에도 무령왕릉이나 선덕여왕릉 처럼 삼국시대의 왕릉도 있고, 고려시대의 왕릉도 있잖아요? 조선왕릉을 다른 시기의 왕릉과 비교했을 때, 어떤 점이 다르죠?

아 빠　좋은 질문이구나. 조선왕릉은 다른 시기의 왕릉에서 찾아 볼 수 없는 독특한 특징이 두 가지가 있어. 한자로 쓰면 하나는 언덕 강(岡)이고 나머지 하나는 아이 밸 잉(孕)이야. 조선 왕릉은 반드시 언덕 위에 올라가 있고, 아이를 밴 것과 같이 배가 부른 형태의 잉 을 포함하고 있다는 거야.

엄 마　'새로운 생명을 잉태하다'라는 말의 잉과 같은 글자야.

아 빠　그리고 이 두 개의 글자가 조선 왕릉의 숨어있는 핵심 풍수 항목이야.

호 림　풍수에서 중요한 것은 좌청룡 우백호라고 하셨잖아요?

아 빠　물론 좌청룡 우백호도 중요하지만, 조선 왕릉에서는 좌청룡 우백

수원 건릉(영조와 효의왕후릉) 능침 뒤에 불쑥 솟은 잉(孕)

호에 우선하여 "강(岡)"과 "잉(孕)"을 더욱 중요시 했다는 말이야. 특히 잉(孕)의 경우에는 왕의 음택인 왕릉뿐만 아니라 왕의 양택인 궁궐에도 철저하게 적용을 했던 풍수 아이템이야.

**엄 마** 아이들이 이해하기 쉽게 하나씩 차근차근 설명해 줘요.

**아 빠** 좋아! 먼저 강(岡)부터 시작해 볼까? 왕릉은 지리적인 한계 때문에 고구려 왕릉은 대부분 북한이나 중국에 있고, 또 고려의 왕릉도 대부분 북한의 개성지방에 몰려있어. 따라서 우리가 직접 가 볼 수 있는 지역의 왕릉은 백제 왕릉, 신라 왕릉이 있고, 드물기는 하지만 강화도에는 몽고와 전쟁을 했던 시기의 고려왕릉도 있어. 그런데 다른 시기의 왕릉에는 없는데 모든 조선 왕릉에서 반드시 확인할 수 있는 것이 바로 이 강(岡)이야.

**엄 마** 강(岡)은 글자 그대로 해석을 하면 "언덕 강"이란다. 경주에 있는 신라왕릉이나 서울, 공주, 부여에 있는 백제 왕릉들과 잘 비교해 보렴! 뭐 생각나는 거 없어?

## 백제와 신라의 왕릉은 대부분 평지 또는 구릉지에 조성되어 있다

**아 름** 언덕? 음... 아, 알겠어요! 신라왕릉은 경주의 대릉원처럼 평지에 있거나 아니면 산기슭에 있어요. 그리고 백제왕릉도 평지에 있거나 아니면 구릉지나 얕은 산기슭에 있어요. 그에 비해서 조선왕릉은 모두 커다랗고 둥글게 생긴 언덕 위에 올라가 있어요.

**아 빠** 바로 그것이 조선왕릉만이 가지는 특징 중의 하나야. 조선왕릉이 열이면 열, 하나도 예외없이 모두 둥근 언덕 위에 올라가 있는 이유는 바로 풍수 때문이야. 풍수에서 중요하게 여기는 땅의 기운,

즉 생기로 가득찬 것이 조선 왕릉의 강(岡)이야. 너희들이 이해하기 쉽게 표현하자면, 조선 왕릉의 강(岡)은 모두 생기로 가득찬 생기저장탱크, 자동차에 비유하자면 휘발유가 가득한 연료탱크라고 생각하면 돼.

호 림  그럼 잉(孕)은 뭐예요?

아 빠  자동차의 연료탱크에도 연료 주입구가 있듯이 생기저장탱크인 강(岡)에는 생기를 주입시켜주는 전용 주입구가 따로 있어. 그것이 왕릉 봉분의 바로 뒤쪽에 있는 곡장과 산줄기가 이어진 곳에 마치 젖가슴처럼 땅이 부풀어 오른 부분인 잉(孕)이야.

아 름  그럼 잉이 없으면 생기를 주입시켜 주는 부분이 없기 때문에, 명당 혈자리가 아니라는 뜻인가요?

아 빠  그렇지. 잉(孕)이 혈을 만들기 때문에, 풍수에서는 '잉'을 혈증(穴證)이라고도 불러. 바꾸어 말하면, 잉(孕)이 없는 조선왕릉은 존재하지도 않는 거야. 생기 전용주입구인 잉(孕)은 왕릉에서는 봉분 뒤라고 했지만 좀 더 정확히 말하자면 혈(穴)자리 바로 뒤쪽이야. 잉은 무덤인 음택에서만 볼 수 있는 것이 아니고 사람이 사는 양택에도 있어. 궁궐에 가면 더 확실하게 우리 눈으로 확인할 수 있어. 경복궁의 강녕전과 교태전 뒤쪽에 땅이 부불어 오른 부분이 있는데 혹시 기억나니?

## 경복궁에서 잉(孕) 찾기

아 름  강녕전과 교태전의 뒤쪽에 땅이 부풀어 오른 곳? 음... 그런 곳이 있었나?

엄 마   교태전 뒷마당에서 아빠가 설명해 준 적이 있는데, 기억 안나니?

아 름   교태전 뒷마당에는 왕비의 휴식공간인 아미산 밖에 없는데... 아!
        아미산!

아 빠   아미산은 이름만 산이지 그저 작은 흙더미야. 원래 그 곳이 경복궁
        의 교태전과 강녕전으로 들어오는 잉이 있었던 자리인데, 그 위에
        다 경회루 연못을 파면서 나온 흙은 더 쌓아서 조금 더 크게 만든
        곳이야. 이제 다시 한번 정리를 해 볼까? 풍수에서 명당자리 뒤에
        는 혈(穴)이 있고, 혈 뒤에는 잉(孕)이 있어. 그리고 그 뒤에는 생
        기를 넣어주는 생기의 통로인 지맥선이 산줄기와 연결되어 있어.

경복궁 교태전 뒤 아미산

**뱀의 발**　경복궁의 진정한 혈자리는 어디인가?

경복궁에서 교태전, 강녕전, 그리고 근정전은 모두 혈자리에 해당이 된다. 혈자리는 반드시 하나만 있는 것은 아니기 때문이다. 그렇지만 가장 핵심이 되는 혈자리는 있다. 그렇다면 경복궁의 혈자리 중에서도 가장 핵심이 되는 혈자리는 어디일까? 일반적으로는 중궁전인 교태전일 것이라고 알고 있다. 왜냐하면 국본인 왕자를 생산하는 곳이며, 바로 뒤편에 혈증(穴證)이라고 불리는 아미산이 있기 때문이다. 하지만 조선왕조실록의 기사를 살펴보면 약간 다른 결론에 도달한다. 아미산은 태종12년 경회루 연못을 파면서 나온 흙을 쌓아서 만들었다고 기록에 나와 있다. 그런데 교태전은 아미산이 만들어진 28년 후인 1440년에 짓기 시작했기 때문에 아미산을 만들었을 때는 교태전은 없었고 강녕전만 있었다. 따라서 강녕전은 분명 혈자리에 들어서 있는데 그 혈자리에 생기를 넣어주는 전용주입구인 풍수 잉(孕)이 필요했고, 바로 그것이 아미산인 것이다. 이제 다시 한번 정리를 해 보면, 풍수에서 명당자리에는 혈(穴)이 있고, 혈 뒤에는 잉(孕)이 있다. 그리고 그 뒤에는 생기를 넣어주는 생기의 통로인 지맥선이 있다.

# 조선 왕릉은 모두 몇 개일까?

## 조선 왕릉의 갯수를 알기 전에 조선의 왕이 몇명인지 알아 보자

아 름  아빠, 조선 왕릉은 모두 몇 개죠?

아 빠  얘들아, 그 질문에 답하기 전에 우선 내 질문에 먼저 답을 해 봐. 조선의 왕은 몇 명일까?

아 름  그건 쉽죠. 태정태세문단세 예성연중인명선 광인효현숙경영 정순헌철고순 이렇게 모두 27명이죠.

호 림  아, 그럼 조선 왕릉도 모두 27개 구나! 아름아, 그렇게 쉬운 것을 아빠에게 왜 물어봤니?

아 름  참, 무식하긴! 오빠, 조선 왕릉은 왕의 무덤만 왕릉이 아니라 왕비의 무덤도 왕릉이야!

호 림  너도, 참 무식하구나! 그럼 27 곱하기 2 = 54 하면 간단하게 답이 나오잖아! 그럼 조선 왕릉은 모두 54개 군요. 맞죠?

엄 마  호림아, 왕비는 한 명일 수도 있고, 첫 번째 왕비가 왕보다 먼저 돌

아가시면 두 번째 왕비까지 합쳐서 모두 두 명일 수도 있고, 중종과
숙종임금의 경우에는 왕비가 심지어 세 명까지 있었단다.

호 림　예? 그럼... 도저히 계산이 안되네... 그래도 공식은 알 수 있을 것
같아요. 조선의 왕의 숫자와 모든 왕비의 숫자를 더하면 조선 왕릉
의 숫자가 나올 거예요. 맞죠?

엄 마　호림아, 미안하지만 그 공식도 틀렸어. 어떤 왕릉은 왕과 왕비가 함
께 묻혀서 하나의 왕릉으로 계산되지만, 또 다른 왕릉은 왕과 왕비
의 왕릉이 따로 되어 있는 경우도 많아.

아 빠　얘들아, 너무 앞서가려고 하지 말고 내가 일러주는 대로 하나씩 순
서대로 하면 돼. 먼저 조선의 왕이 몇 명인지를 알아야 조선왕릉
의 숫자를 알 수 있겠지? 왕이 몇명인지도 모르면서 왕릉의 숫자
를 알 수는 없잖아?

아 름　27명이라고 제가 미리 말씀 드렸잖아요!


## 조선의 왕은 연산군과 광해군을 빼고, 추존왕 5명을 보태야 한다

아 빠　그런데, 그 중에 연산군과 광해군은 왕에서 쫓겨나서 왕자신분으로
강등되었어. 그래서 조선왕조실록 가운데서 다른 왕들의 기록은 제
목에 ××대왕실록이라고 되어있지만 연산군과 광해군은 각각 연
산군일기와 광해군일기라고 되어 있어.

아 름　그렇게 따지면 27 빼기 2 = 25, 25명의 왕이 있었군요. 그런데 아
빠 표정을 보니 이것도 정답은 아닌 것 같아요.

아 빠　조선 왕릉에는 실제로 왕위에 올랐던 25명의 왕 이외에도 추존왕
이라고 불리는 5명의 왕들이 더 있어. 그 왕들은 실제 왕위에는 오

르지 못했지만 아들이 실제 왕위에 오른 덕분에 왕으로 대접받는 거야.

엄 마   5명의 추존왕은 첫째로 예종의 친형이자, 성종의 친아버지인 의경세자가 "덕종"이고, 둘째로 인조의 친아버지인 정원군이 "원종"이고, 셋째로 사도세자의 이복형이자, 정조의 양아버지인 효장세자가 "진종"이고, 넷째로 정조의 친아버지인 사도세자가 "장조"이고, 다섯째로 헌종의 친아버지인 효명세자가 "익종"이란다.

아 빠   따라서 조선의 왕은 총 30명이 되는 셈이지. 그럼 처음 질문으로 돌아가서 조선왕릉은 몇 개일까? 추존왕까지 합쳐서 30개가 맞을까? 아니야. 정답부터 말하자면 조선왕릉은 총42개 야. 보통의 경우에는, 왕과 왕비가 한 곳에 같이 묻혀 있지만, 왕과 왕비릉이 별도로 되어 있는 왕릉도 많이 있기 때문이지.

## 조선 왕릉은 모두 42개이다

호 림   아빠, 제가 알 수 있을 것 같아요. 왕과 왕비가 살아서 부부사이가 좋았으면 왕릉도 함께 쓰고, 부부사이가 나빴으면 왕릉을 따로 쓰고 있을 것 같아요. 요즘도 부부사이가 나쁘면 별거한다고 하잖아요? 어때요? 제 추리가?

아 빠   호림이가 재미있는 생각을 했지만, 사실은 그렇지 않아. 왕과 왕비가 같은 왕릉에 묻혀 있는지, 아니면 따로 따로 묻혀 있는지에 대해서는 여러가지 복잡한 이유가 있어. 정치적인 이유로 죽임을 당한 단종과 단종비(정순왕후 송씨)의 경우를 제외하고는 왕비가 한 명일 경우에는 대부분 부부가 같은 능에 묻히는 것이 일반적이야.

호 림  왕과 왕비가 아무리 사이가 나빠도요?

아 빠  그럼! 예를 들어줄까? 조선 초기 태종과 태종의 부인이었던 원경
왕후 민씨는 살아서는 서로 못잡아 먹어서 안달이었지만, 죽어서는
헌릉에 같이 묻혀 있어. 그렇지만 왕이 살아있을 때 제1왕비(원비)
가 죽어서 후비(계비)가 들어왔을 경우에는 제1왕비, 제2왕비가 같
이 묻힐 수도 있고, 아니면 따로 묻힐 수도 있어.

아 름  같이 묻힌다면 왕릉은 당연히 하나겠지만, 따로 묻힌다면 왕과 함
께 묻히는 왕비는 누구일까요?

아 빠  대부분 후비(계비)가 왕 같이 묻힐 가능성이 많지. 왜냐하면 마
지막까지 살아있는 권력이 무서운 법이거든. 이것도 예를 들어줄
까? 영조는 제1왕비였던 정성왕후 서씨가 먼저 세상을 뜨자 서오
릉의 홍릉에다 정성왕후를 묻었고, 자신도 조강지처였던 정성왕후
옆에 묻히려고 홍릉의 오른쪽을 비워두었어. 하지만 결국에는 동구
릉의 원릉에 제2왕비였던 정순왕후 김씨와 함께 묻혔어.

호 림  왕비가 세명이었던 왕들의 경우에는 어땠나요?

엄 마  중종과 숙종 말이구나!


**중종과 세 명의 왕비는 모두 따로 묻혔기 때문에**
**중종과 관련된 왕릉은 모두 4개이다**


아 빠  중종의 경우를 예를 들어 설명해 줄게. 중종과 세 명의 왕비는 의
외로 모두 각각 왕릉이 만들어졌어. 중종은 서울 강남의 정릉에,
첫 번째 왕비였던 단경왕후 신씨는 경기도 장흥의 온릉에, 두 번
째 왕비였던 장경왕후 윤씨는 서삼릉의 희릉에, 그리고 마지막 세

번째 왕비였던 문정왕후 윤씨는 국가대표선수촌으로 유명한 태릉
에 묻혀있어.

아 름  왜 그렇게 따로 묻혀 있죠? 참 이상하네요?


## 1. 따뜻한 중종의 사랑을 기다린다는 뜻의 온릉

아 빠  중종은 폭군이었던 연산군을 몰아내고 쿠데타인 반정으로 왕위에
올랐어. 그런데 중종의 첫번째 부인은 대군시절에 맞이한 단경왕후
신씨였는데, 그녀는 연산군의 처남이었던 신수근의 딸이었어. 그
래서 그녀는 중종이 왕위에 오르자마자 쫓겨나는 불운을 겪었어.

엄 마  단경왕후의 치마바위 전설이 생각나는 군요.

호 림  치마바위라뇨?

엄 마  응, 중종은 사실 단경왕후를 매우 아꼈다고 해. 그래서 중종은 그
녀가 보고 싶으면 종종 높은 누각에 올라가서 그녀가 있는 쪽을 바
라보곤 했다고 해. 단경왕후 신씨는 그 이야기를 전해듣고 집의 뒷
산이었던 인왕산에 올라가 큰 바위 위에 자신이 입던 치마를 펼쳐
놓았다고 해.

아 름  아, 생각나요. 경복궁에서 바라보면 인왕산의 큰 바위가 마치 주름
치마처럼 보였어요.

아 빠  아무튼 단경왕후 신씨는 죽을 때까지 중종을 잊지 못했다고 하는
데, 지아비를 향한 애틋한 정 때문인지 단경왕후릉에 붙은 이름도
따뜻한 온(溫)자를 쓰는 온릉이야. 따뜻한 중종의 사랑을 기다린다
는 뜻을 담고 있지.

아 름  무덤 이름도 아무렇게나 짓는 것이 아니라 그 사람의 일생을 엿볼

수 있는 뜻으로 짓는구나!

## 2. 풍수를 이용한 정권다툼 때문에
   서삼릉으로 옮기게 된 장경왕후릉(희릉)

아 빠 한편, 중종의 두 번째 왕비인 장경왕후 윤씨는 원래 후궁으로 있다
가 단경왕후가 쫓겨나는 덕분에 왕비자리에 오르는 행운을 잡았어.
하지만 훗날 인종임금이 되는 원자를 낳은 뒤에 산후병으로 돌아가
셨어. 장경왕후는 원래 서울 강남 헌릉의 오른쪽 산줄기에 장사를
지냈지만 우여곡절 끝에 현재 서삼릉의 희릉자리로 천장이 되었어.
호 림 우여곡절이요? 무슨 이유로 이미 정한 왕릉을 파내서 다른 곳으

희릉(중종의 계비 장경왕후릉) 능침

로 옮겼어요?

아 빠 중종 32년에 권신이었던 김안로가 정적들을 몰아내기 위해 이른바 '희릉천장사건'을 일으켰어. 희릉을 처음 조성할 당시에 무덤자리 밑에 큰 돌이 깔려 있었는데도 이를 보고하지 않고 무덤을 조성해 왕릉이 현재 물이 차있을 가능성이 많으니 천장을 해야 한다는 상소문을 올린 것이야.

아 름 돌이 있는 것과 무덤에 물이 차는 것과 무슨 상관이 있어요?

아 빠 돌은 흙에 비해서 성질이 차가워. 그래서 공기 중의 수분이 차가운 돌에 부딪히면 물방울이 되는 거야. 따라서 무덤 근처에 큰 돌이나 바위가 있으면 그 근처는 상대적으로 물이 많이 고이게 되는 원리야. 풍수에서는 이 정도는 상식에 속해.

호 림 아, 그래서 풍수를 경험과학이라고 하는구나!

아 빠 아무튼 이 사건으로 인해서 결국 김안로의 뜻대로 정적들이 모두 쫓겨나고, 그 당시 희릉조성에 참가했던 상지관들은 매를 맞아 죽거나, 이미 죽은 지관은 부관참시를 당했어.

엄 마 풍수를 이용해서 정권을 잡은 대표적인 사례군요. 그래서 조선의 사대부들은 풍수를 중요시 했구나!

아 빠 아무튼 장경왕후의 무덤은 현재의 서삼릉으로 천장을 하게 되었고 능호를 희릉이라고 했는데, 7년 후에 중종이 승하하자 중종의 유언에 따라서 중종왕릉을 희릉 옆에다 만들고 희릉과 묶어서 하나의 왕릉으로 만들면서 능호를 왕릉의 것을 따라서 정릉이라고 고쳐 불렀어.

아 름 아, 남편의 능과 합쳐지면 부인의 왕릉이름도 남편의 왕릉이름을 따라가는구나!

### 3. 중종 곁에 머물지 못한 채 결국 홀로 묻힌 문정왕후릉(태릉)

아 빠  그랬는데, 두 번째 부인인 장경왕후와 중종이 나란히 묻혀 있는 꼴
       을 보지못한 세 번째 부인인 문정왕후 윤씨에 의해서 중종왕릉은
       다시 서울 강남 선정릉의 정릉으로 옮겨가게 돼. 따라서 서오릉에
       홀로 남게된 장경왕후의 릉은 다시 옛날 이름인 '희릉'으로 불리게
       되었어. 정릉을 옮긴 이유도 풍수지리상 더 좋은 명당자리로 옮긴
       다는 것이었지만 문정왕후의 속셈은 자신이 사후에 중종 곁에 묻
       히고 싶어서 였지.

호 림  역시 살아있는 권력이 무섭구나!

아 빠  하지만 문정왕후가 무리하게 옮긴 강남의 정릉은 해마다 정자각 바
       로 앞까지 물에 잠기는 통에 정작 문정왕후 자신도 죽어서는 중종
       곁에 묻히지 못한 채 지금의 국가대표 선수촌으로 유명한 태릉에
       홀로 묻히고 말았어.

엄 마  결국 중종과 세 명의 부인이 모두 제각각 홀로 묻힌 이유는 문정왕
       후의 질투심이 원인이었군요!

태릉(문정왕후 단릉)

# 유네스코 세계문화유산 목록에서 누락된 2개의 조선 왕릉은
# 제릉과 후릉이다

아 름 지금까지 배운 것을 요점정리하자면 조선 왕릉은 모두 42개이고,
이 42개의 조선 왕릉은 유네스코 세계문화유산 목록에 등재된 자
랑스런 우리의 문화재라는 말이죠?

호 림 그리고 42개의 조선 왕릉은 유네스코 세계문화유산 목록에 등재된
자랑스런 우리의 문화재이다!

아 빠 잠깐만, 조선 왕릉이 42개인 것은 분명 맞지만, 세계문화유산에 등
재된 것은 40개뿐이야.

호 림 뭐라구요? 어째서 그렇죠?

아 름 그리고 유네스코 세계문화유산 목록에 누락된 2개의 조선 왕릉은
어느 것이죠?

아 빠 태조 이성계의 첫 번째 부인이었던 신의왕후 한씨의 릉인 '제릉'
과, 조선 제2대 임금인 정종과 그의 부인이었던 정안왕후 김씨의
릉인 '후릉'이 지금은 우리가 갈 수 없는 북녘의 땅 개성에 있기 때
문이야.

명종실록 25권, 14년(1559 기미 / 명 가정(嘉靖) 38년) 4월 23일(갑자) 2번째기사
<u>빈청에 정릉을 천릉할 뜻을 전교하다</u>

빈청(賓廳)에 전교하기를, 분묘를 구함에는 일반 백성들도 그 땅을 신중히 가려서 장사지내고 만일 불길함이 있으면 곧바로 장지를 옮기는데, 더구나 나라의 왕릉이겠는가. 정릉(靖陵)은 처음부터 불길하다는 의논이 분분하였으므로 자성(慈聖)께서 미안하게 생각하여 곧 다시 천릉(遷陵)을 심의(審議)하려 하였으나, 당시 심의하여 정할 때에 결점이 없는 자리라는 말이 있었고 또 국사의 어려웠던 일이 겨우 안정되었기에 감히 천릉의 일을 가벼이 발설하지 못하였다. (중략) 좋은 날짜를 가려 천릉할 일을 결정하라. (중략) "경들은 알고 있으라." 하니, 상진 등이 아뢰기를, "풍수설은 후세에 나왔으므로 그 길흉을 논한 것은 참으로 믿을 만한 것이 못되는 데다가 근래의 지리술(地理術)을 하는 자들이 서로 배척하니, 믿기가 어렵습니다. 다만 상(上)께서 이미 미안하게 여긴다면 아래에 있는 사람은 감히 그 사이에 여러 말이 있을 수 없으나 천릉하는 것은 사체가 지극히 중대하니 다시 생각을 더하소서." 하였는데, 답하기를, "예로부터 천릉한 일이 없지 않고, 고양(高陽)의 능자리는 조종조로부터 여러 차례 의논되었는데도 쓰지 않았으니, 어찌 뜻이 없었겠는가. 사대부들도 부모를 장사지내는 땅은 반드시 지극히 좋은 곳을 가려 쓰고자 하는 것인데, 더구나 황고(皇考)의 능이겠는가. 조금이라도 불길하다는 의논이 있으면, 어찌 감히 태연히 옮기지 않고 있다가 평생의 한이 되게 하겠는가. 옮기지 않을 수 없는 형편이다. 풍수설을 믿기 어렵다 하여 길흉을 가리지 않을 수는 없다."

# 누가 삼릉공원이라 했는가?

**두 개 이상의 왕릉이 모여 있을 때 부르는 왕릉군(王陵群)의 이름이 있다**

아 름   아빠, 조금 전에 장경왕후의 희릉이 원래 서울 강남 헌릉의 오른쪽
　　　　산줄기에 장사를 지냈지만 우여곡절 끝에 현재 서삼릉의 희릉자리
　　　　로 옮겼다고 하셨잖아요? 그런데 언제부터 서삼릉이라는 이름이
　　　　붙었나요? 희릉이 그 자리에 만들어졌을 때는 분명 왕릉이 세 개가
　　　　아니었을 것 같아요.

아 빠   아름이의 추리력은 놀랍구나. 희릉이 처음 만들어졌을 때는 희릉
　　　　하나만 있었기 때문에 당연히 서삼릉이 아니었어. 서삼릉은 훗날
　　　　인종왕릉인 효릉과 철종왕릉인 예릉이 모두 들어서고 나서 붙여진
　　　　왕릉군(王陵群)의 이름이야.

호 림   숫자가 들어간 왕릉 이름이 다른 곳에도 있어요. 예를 들면 서오
　　　　릉도 있고...

엄 마   고양시에는 서삼릉과 서오릉이 있고, 파주시에는 파주삼릉, 그리고

구리시에는 동구릉이 있단다.

아 빠 그런 이름들은 집단적으로 몰려있는 왕릉들을 한꺼번에 부를 때 사용하는 이름이야.

아 름 그런데 재미있는 것은 이름의 숫자에 홀수만 있고 짝수는 없어요. 왜 그럴까요?

아 빠 그 이유는 짝수는 음수이기 때문에 부르기를 꺼린 탓이야. 그 대신 양수인 홀수를 선호했지. 동구릉을 예를 들면, 처음부터 동구릉이었을 리는 만무하고 하나씩 늘어나서 9개가 되었을 것인데 실록의 기록을 찾아보면 동오릉, 동칠릉은 나오는데, 동사릉, 동육릉은 없어.

호 림 그럼 짝수로 모여 있는 왕릉들은 어떻게 불러요?

아 빠 그럴 때는 두 개의 왕릉이름을 나란히 붙여서 불러. 예를 들면, 태종왕릉인 헌릉과 순조왕릉인 인릉을 묶어서 '헌인릉', 성종왕릉인 선릉과 그의 아들 중종왕릉인 정릉을 묶어서 '선정릉', 문정왕비릉인 태릉과 그녀의 아들 명종왕릉을 묶어서 '태강릉', 장조왕릉인 융릉과 그의 아들 정조왕릉인 건릉을 묶어서 '융건릉', 여주의 세종왕릉인 영릉과 효종왕릉인 영릉을 묶어서 '영녕릉', 고종왕릉인 홍릉과 순종왕릉인 유릉을 묶어서 '홍유릉'으로 불러.

## 서울의 지하철 2호선 선릉역은 선정릉역으로 바꾸는 것이 바람직하다

아 름 그렇다면 서울의 지하철 2호선 '선릉역'의 이름을 '선정릉역'으로 바꿔야 하지 않나요?

아 빠 그렇게만 된다면야 참 좋겠지. 하지만 그보다도 더 급하게 바꿔야 하는 이름이 있어. 지하철 2호선 선릉역에 내리면 북쪽으로 200미터 가량 떨어진 곳에 선정릉이 있는데, 이 곳 일대를 공원으로 꾸며 놨어. 그런데 이 공원의 이름이 뭔줄 아니?

호 림  선정릉이 있으니 당연히 선정릉 공원이겠죠. 아니면 지하철 역의 이름처럼 선릉공원 이라고 했겠죠.

아 빠  지금은 이름을 바꿨는지는 모르겠지만 최근까지 그 공원의 이름은 삼릉공원이었어.

아 름  선정릉이라면 왕릉이 선릉과 정릉 두 개뿐인데, 어째서 삼릉공원 이라고 불렀을까요?

아 빠  삼릉공원이라니! 누가 붙인 이름인지, 왜 삼릉공원이라고 이름을 붙였는지 내가 인터넷을 뒤져보니간 왕릉의 봉분이 3개가 보이기 때문이래. 나 참 어이가 없어서..

호 림  어? 봉분이 3개면 당연히 삼릉 아닌가요?

아 빠  모르는 소리! 선정릉은 봉분은 3개 일지라도 실제 왕릉은 2개야. 우선 "선릉"은 부부인 성종왕릉과 정현왕후릉 두개를 묶어 1개의 왕릉으로 계산하고, "정릉"은 봉분이 중종왕릉 하나뿐인 단릉이야.

아 름  선릉은 봉분이 두 개인데도 왕릉은 하나로 계산한다? 그게 무슨 뜻이죠?

아 빠  조선왕릉을 봉분의 숫자로 구분을 하면, 우선 동구릉의 태조왕릉인 건원릉 처럼 봉분이 하나인 것도 있고, 태종왕릉인 헌릉처럼 왕과 왕비의 봉분이 나란히 두 개인 것도 있고, 심지어 동구릉의 헌종왕릉인 경릉처럼 봉분이 세 개인 것도 있어.

호 림  봉분이 하나면 "단릉", 둘이면 "쌍릉", 셋이면 "세쌍릉" 이렇게 부를까요?

아 빠 아니야. 우선 쉬운 것부터 정리를 하자면, 봉분이 둘이면 "쌍릉"이
맞아. 쌍릉은 당연히 왕과 왕비가 나란히 묻힌 능이야. 그리고 우
리나라에 단 하나 밖에 없는 형식이지만, 봉분이 셋이 나란히 있으
면, "삼연릉"이라 불러. 글자 그대로 세봉분이 나란히 연이어 있는
왕릉이란 뜻이야.

호 림 이제 봉분이 하나인 것만 남았네요. 그렇게 쉬운 것을 왜 뜸을 들이
세요? 봉분이 하나 뿐이면 그냥 단릉이라고 하면 되잖아요?

엄 마 그게 그렇게 간단한 것이 아니란다. 만약 단 하나뿐인 봉분에 왕
또는 왕비가 혼자서 묻혀 있으면 당연히 "단릉"이 맞겠지만, 봉분
은 비록 하나뿐일 지라도 왕이나 왕비가 함께 묻혀 있는 경우도 있
단다.

아 빠 그런 왕릉을 부부를 합쳐서 묻은 왕릉이라는 뜻으로 "합장릉"이라
고 부르는데 대표적인 것이 여주에 있는 세종대왕릉인 영릉이야.

선릉

홍살문에서 본 정릉

## 합장릉은 혼유석이 두개이다

여주 영릉(세종대왕과 소헌왕후) 합장릉 혼유석이 둘이다

아 름 그럼, 단릉과 합장릉은 어떻게 구분하죠?

아 빠 거기에는 두 가지 방법이 있어. 우선 혼유석(魂遊石)의 숫자를 세어 보는 거야.

호 림 혼유석이요?

아 빠 응, 모든 왕릉의 봉분 앞에는 "혼유석"이라는 돌이 있어. 애들아, 우리가 성묘 갔을 때 조상의 묘 앞에는 뭐가 있었는지 기억나니?

아 름 평평하고 네모난 돌이 있었죠. 그 위에 음식을 차려놓고 절을 했잖아요!

엄 마 일반 무덤 앞의 그 돌을 "상석"이라고 한단다.

아 빠 혼유석은 그 상석과 모양은 비슷해. 하지만 크기는 일반 상석에 비해 엄청나게 커. 그리고 일반인들은 조상의 묘에 제사를 지낼 때 제수음식을 상석에 차려놓지만, 왕릉의 경우에는 왕릉 앞에 있는 정자각 이라는 건물에 제수음식을 차리고 능제사를 지내기 때문에 왕릉의 혼유석과 일반 무덤 앞의 상석은 용도가 다를 수 밖에 없어. 왕릉에서 제사를 지내면 왕과 왕비의 혼령은 무덤에서 나와 혼유석에 앉아서 그 제사를 지켜본다고 해. 그래서 영혼이 나와서 논다고 해서 영혼 혼, 놀 유, 돌 석이라는 이름이 붙게 된거야.

엄 마 따라서 단릉의 경우에는 혼유석이 1개, 합장릉의 경우에는 혼유석이 2개가 있단다.

수원 건릉(영조와 효의왕후) 합장릉이지만 혼유석은 한 개다

아 빠 혼유석이 2개면 당연히 합장릉이지만, 혼유석이 1개라도 영조임금 이후의 봉분이 하나 있는 왕릉은 합장릉이야. 조금 복잡하지? 그래서 좀 더 정확한 방법이 있어. 바로 정자각 옆에 있는 비각의 내용을 살펴보는 거야. 모든 조선 왕릉에는 왕릉에 누구를 모셨는지를 알려주는 비각이 있어. 비각은 비석이 있는 전각이란 뜻이야. 여주의 세종대왕릉(영릉)의 비각안의 비석에는 다음과 같은 내용이 쓰여있어.

　　　朝鮮國 世宗大王 英陵 昭憲王后 祔左

　　　조선국 세종대왕 영릉 소헌왕후 부좌

영릉비석

엄 마　이 비석을 해석하면 "조선이라는 나라의 세종대왕이 묻혀있는 영
　　　릉인데, 왕비인 소헌왕후를 왼쪽에 묻었다"라는 뜻이란다. 결국 봉
　　　분은 하나이지만 합장릉 이라는 것을 알려주는 거야.

## 동원이강릉은 자칫 2개의 왕릉으로 오해받기 쉽다

아 름　제 생각으로는 사람들이 선릉을 2개의 왕릉으로 오해할 만한 나름
　　　대로의 이유도 있었을 것 같아요.

아 빠　선릉의 양식은 지금까지 내가 설명한 단릉, 합장릉, 쌍릉, 삼연릉
　　　중 그 어디에도 포함되지 않는 독특한 양식의 왕릉이야.

호 림　봉분이 하나, 둘, 셋도 아니라면, 그럼 봉분이 넷이란 말인가요?

아 름　오빠, 선릉의 봉분은 둘이라고 이미 말했잖아! 정신을 어디다 두
　　　고 있는거야?

호 림　아차차, 그랬지! 그럼 도대체 어떻게 생겨 먹은 왕릉이길래 봉분은
　　　두 개인데, 왕릉은 두 개인거야?

아 빠　선릉은 동원이강릉(同原異岡陵)이라는 형식의 왕릉이야.

엄 마　동원이강릉의 한자 뜻은 같을 동(同), 벌판 원(原), 다를 이(異), 언
　　　덕 강(岡), 무덤 릉(陵)이야. 같은 벌판에 있지만, 서로 다른 언덕
　　　위에 올라간 무덤이라는 뜻이야.

아 빠　동원이강릉을 동역이강릉(同域異岡陵)이라고도 해. 같은 구역 안애
　　　있지만 서로 다른 언덕위에 올라간 무덤이란 뜻이야. 그래서 왕릉
　　　에 대한 사전 지식이 없다면 2개의 왕릉으로 충분히 오해받기 쉽지.

아 름　그럼 2개의 독립적인 왕릉인지, 동원이강릉 형식으로 된 1개의 왕
　　　릉인지를 어떻게 구별해요?

아 빠   그건 어렵지 않아. 왕릉 앞에 있는 정자각의 숫자만 세어보면 돼.
       정자각은 왕릉 1개당 반드시 1개씩만 있기 때문이야.

## 동원이강릉의 탄생에는 세조임금과 풍수가 있다

호 림   도대체 왜 동원이강릉이라는 헷갈리는 왕릉이 생겨났을까요?
아 빠   동원이강릉을 만든 이유도 풍수와 연관이 있어. 동원이강릉을 제일
       먼저 만들도록 한 사람이 바로 세조임금이야. 그리고 조선 최초로
       만들어진 동원이강릉이 세조왕릉인 "광릉"이야.
아 름   광릉 수목원이라고 할 때의 광릉이 세조임금의 왕릉 이름이었구나!
       저는 처음 알았어요.
엄 마   세조임금이라면 조선에서 가장 풍수지리에 뛰어났다던 두 임금 중
       의 한 사람 말이죠?

동원이강릉인 광릉(세조릉과 정희왕후릉)

아 빠  그렇지. 세조와 정조임금은 자타가 공인하는 풍수의 대가였어. 그런데 세조가 어떤 사람이야? 우리 모두가 다 잘 아는 것처럼 세조는 어린 조카 단종을 죽이고 왕위에 오른 사람이야. 그래서 비록 무력으로 왕위에는 올랐지만, 세조는 평생 심적부담감에서 벗어나지를 못했다고 해.

엄 마  정치적으로는 사육신과 생육신으로 대표되는 수많은 신하들의 집단적인 도전을 받았죠.

아 빠  게다가 개인적으로는 자신의 맏아들이던 의경세자가 왕위에 오르지도 못하고 만 19세로 요절을 했고 그리고 둘째 아들인 해양대군(훗날 예종)의 첫 번째 부인이던 장순왕후 한씨도 만 16세로 요절을 했어. 시아버지 입장에서 맏아들과 둘째 며느리가 자기보다 먼저 죽은 거야. 또한 세조 자신도 피부병으로 아주 고생을 많이 했는데, 민간에서는 문둥병이라고도 했어.

아 름  세조의 피부병 이야기는 유명해요. 오대산 상원사에는 세조대왕의 등을 밀어준 문수동자 이야기가 유명하잖아요?

아 빠  당시 민간에서는 세조에게 일어난 이런 모든 나쁜 일들이 어린 조

---

카를 죽인 죄값이라고 수근거렸어. 정치적으로도 신하들의 도전이 계속 이어졌고 민심도 흉흉했기 때문에 풍수의 전문가였던 세조는 이런 상황을 극복하려고 풍수필살기를 동원하기로 했어.

호 림  풍수필살기?

## 동원이강릉의 탄생에는 세조임금과 풍수가 있다

아 빠  세조가 생각하기에 자신의 왕위가 신하들로부터 계속 도전받는 것은 풍수적으로 자신에게 왕의 기운인 왕기가 부족했다고 판단한 것 같아. 그래서 왕의 기운을 집안 혈통으로 봤을 때, 큰 집인 문종의 가문으로 더 이상 넘어가지 못하게 하고, 작은 집인 자신의 가문 쪽으로만 왕기를 돌려서 자신의 후손들에서만 후대의 왕들이 나오게 한 거야.

아 름  눈에 보이지도 않는 왕기를 어떻게 조절했을까 궁금해요.

아 빠  세조가 살아있을 당시만 해도 지금의 동구릉은 9개의 왕릉이 아니라, 태조왕릉인 건원릉과 자신의 친형이 묻힌 문종왕릉(현릉) 이렇게 두 개의 왕릉만이 있었어. 이것을 족보로 따진다면 자신보다 큰집 혈통의 가족 무덤이 되는 것이지. 따라서 동구릉에 왕기가 계속 서려있다면 계속해서 사육신과 생육신과 같은 신하들의 도전이 계속될 것이라고 세조는 믿었어. 따라서 세조는 왕기의 흐름을 동구릉의 반대편인 한양 서쪽편으로 돌려서 자신의 혈통이 왕기를 독점하고자 그곳에 자신의 가족 무덤을 만들기로 했어.

아 름  한양의 서쪽편에 세조의 가족 무덤을 만들어요? 가만 있자, 한양 서쪽편의 왕릉이라면...

엄 마  물어볼 것도 없이 서오릉이지!

아 빠  서오릉에 조성된 세조의 가족 무덤을 찾아보면, 우선 맏아들인 의경세자(덕종으로 추존)와 세자빈이었던 소혜왕후(후일 인수대비)의 릉인 경릉이 있고, 둘째 아들 예종 및 둘째 부인 이었던 안순왕후 한씨의 릉인 창릉이 있어. 게다가 예종의 첫째부인 이였던 장순왕후 한씨는 좀 더 서쪽인 파주에 공릉이라는 이름으로 묻혔고, 손주 며느리였던 성종의 첫 번째 부인 공혜왕후 한씨도 파주에 순릉이라는 이름으로 묻혔어. 한마디로 왕기를 동쪽인 동구릉에서 반대편인 서쪽으로 돌린 것이지.

호 림  그런데 정작 세조 자신은 왜 서쪽에 묻히지 않고 동쪽인 광릉에 묻혔나요?

아 빠  좋은 질문이야. 축구에서 스트라이커가 골을 넣으려면 그 전에 어떤 일이 있어야 하지?

호 림  미드필더가 센터링을 해 줘야죠.

아 빠  바로 그거야. 세조는 자신이 왕기를 드리블해서 서오릉 쪽으로 센터링을 하기로 작정한거야. 즉, 세조는 백두산에서 발원해서 백두대간과 한북정맥을 타고 흘러 들어와 남양주를 거쳐 동구릉으로 들어가는 왕기를 사전에 먼저 차단하려고 자신의 무덤을 동구릉으로 들어오는 길목인 "광릉"에다 만들었어. 영어로 표현하자면 왕기를 중간에서 "인터셉트"한 셈이지.

아 름  왕기를 중간에서 인터셉트한 것은 이해를 하겠는데, 그것이 동원이 강릉 과는 무슨 상관이죠?

아 빠  내가 지난 번에 조선 왕릉은 강(岡)이라고 부르는 언덕 위에 올라가 있다고 했지? 그리고 강(岡)은 생기 즉 왕기가 모여있는 생기탱크라고 했던 것 기억나지? 만약 자동차에 연료탱크가 1개가 아닌 2개라면 어떻겠니?

호 림   훨씬 더 오래 달릴 수 있겠죠.

아 빠   이제, 결론에 도달한 셈이야. 세조는 생기탱크통을 1개가 아닌 2개로 만들면 왕기를 인터셉트하는 태클을 한번이 아니라 두번이나 할 수 있다는 계산으로 사초지인 강(岡)을 2개로 만든거야. 그래서 조선 최초로 왕릉은 하나인데 그 안에 서로 다른 언덕(岡)과 봉분이 2개인 동원이강릉이 탄생하게 된 거야.

호 림   만약 서로 다른 언덕과 봉분이 3개인 왕릉은 동원삼강릉 인가요?

아 빠   동원이강릉의 이는 두 개를 뜻하는 이(二)자가 아니라, 다름을 뜻하는 이(異)자야. 동구릉에 있는 선조왕릉인 목릉이 호림이가 말한 것처럼 서로 다른 언덕과 봉분이 3개인 능이지만, 왕릉형식은 여전히 동원이강릉(同原異岡陵)이라고 하는 거야.

# 왕릉에 가면 뭘 봐야 하지?

## 효율적인 조선 왕릉 답사방법 7가지

아 름  아빠, 조선 왕릉에 가면 구조나 모양이 대체로 비슷비슷해서 구분
       이 잘 안가요. 그래서 주변만 두리번 거리다가 그냥 오는 경우가 많
       은데 무엇을 어떻게 봐야 제대로 이해할 수 있나요?

호 림  그래도 소풍가서 도시락 까먹기는 왕릉만한 곳이 없지!

아 빠  아름이가 좋은 질문을 했구나. 내가 조선왕릉을 제대로 살펴보기
       위한 몇 가지 요령을 알려줄테니 앞으로는 왕릉에 갈 때 꼭 참고
       하도록 해.

### 1. 사전에 조선 왕릉 홈페이지를 참고하라.

아 빠  모든 문화재는 아는 만큼 보이는 것, 너희들도 잘 알지? 왕릉을 가
       기 전에는 문화재청에서 만든 조선 왕릉 홈페이지를 꼭 참고하도록

해. 최소한 왕릉에 묻힌 분과 능의 이름 정도는 알고 가야 하지 않겠니? 초상집에 가서 한참 곡을 하다가 "그런데 누가 죽은 거죠?" 하는 것과 같은 경우는 없어야지.

엄 마  그리고 서울시 노원구에 있는 태릉 안쪽의 조선 왕릉 전시관은 반드시 한 번 가 봐야해. 그곳에서는 조선시대 왕이 승하하신 후에 이루어지는 국장(國葬)절차를 시간 순으로 살펴볼 수 있도록 했고, 500년 넘게 조성한 조선 왕릉을 한 눈으로 볼 수 있도록 연표로 보여주고 있어.

아 빠  그 뿐만이 아니라 조선 왕릉 내부와 외부에 담긴 사상과 문화, 역사 내용을 전시하고 있고, 조선 왕릉을 조성한 후에 정자각에서 행해지는 산릉제례(山陵祭禮) 과정 등 능 관리에 필요한 각종 내용도 확인할 수 있어. 근처의 동구릉과 함께 묶어서 돌아보면 훨씬 효과적이야.

조선왕릉전시관 외부전경

2. 메모지, 필기구를 꼭 지참한다.

아 빠 너무나도 당연한 이야기이지만 다른 문화재답사와 마찬가지로 왕
릉에 갈 때는 간단한 수첩과 필기구는 꼭 가져가도록 해.

엄 마 휴대폰의 메모, 카메라, 녹음기능을 이용하는 것도 좋은 대안이 될
수 있단다.


3. 왕릉 입구의 대형안내도를 주의깊게 살핀다.

아 빠 또, 어떤 조선 왕릉이든 왕릉입구에는 대형안내도가 걸려 있는데
특히 동구릉이나 서오릉, 서삼릉, 파주삼릉 등 여러 왕릉들이 모여
있는 왕릉군의 경우에는 그 안내도를 꼼꼼히 살펴 보고 가야해. 그
래야 빠짐없이 왕릉을 살펴볼 수가 있어.

엄 마 혹시 사진기를 준비했다면 대형 안내도를 꼭 찍어두는 것이 좋아.
나중에 유용한 자료가 된단다.

아 빠 최소한 능 이름 정도는 한번씩 소리내서 읽어 보는 것이 좋고, 왕
릉뿐만 아니라 같은 공간 내에 있는 "원, 묘" 등도 관심있게 돌아
보는 것이 필요해.


4. 왕릉 입구의 문화해설사를 찾는다.

아 빠 그리고 또 한 가지! 어느 조선 왕릉이든지 입구에는 문화해설사 대
기소가 있어. 대개 시간을 정해놓고 활동하고 있기 때문에, 홈페이
지를 통해 사전에 미리 확인하는 것이 필요해.

엄 마 답사인원이 많을 경우에는 사전 예약을 하고 가면 더욱 편리하단
다. 우리처럼 가족 단위의 답사도 문화해설사들은 흔쾌히 안내를
해준단다.

호 림 ·아빠는 문화해설사보다 더 많이 알고, 문화해설 책까지 만드셨는데
굳이 문화해설사의 도움을 받을 필요가 있으세요?

아 빠 그렇지 않아. 아빠는 전반적인 내용을 많이 알고 있지만, 문화해설
사 분들은 담당하고 있는 왕릉을 집중적으로 공부하시기 때문에 아
빠도 그분들께 배우는 것이 많아.


5. 왕릉 입구의 왕릉 해설자료를 꼭 챙긴다.


아 빠 조선 왕릉은 대개의 경우 저렴하지만 입장료를 받아. 따라서 입장
료를 낸 만큼 본전을 꼭 뽑아야지.

엄 마 만 18세 이하 청소년과 만65세 이상 국민은 신분증만 지참하면 입
장이 무료에요. 그리고 왕릉은 월요일마다 휴무에요.

아 빠 대개의 경우 매표소에서 표를 산 다음, 검표소에서 표를 확인할 때
표만 보여주고 그냥 지나치는 경우가 많아. 이때 검표소 앞에 있
는 왕릉 자료가 있다면 꼭 챙겨가도록 해. 추가요금이 없어서 운
이 좋으면 시중에서 3천원 정도하는 조선 왕릉 전체안내지도를 얻
을 수도 있어.


6. 왕릉 주변의 안내판, 비문 등을 소리내서 천천히 읽어본다.


아 빠 왕릉 주변에는 각종 안내판이 많이 있어. 안내판은 아주 좋은 선생

님이야. 그러니깐 대강 눈으로 훑어보는 선에서 끝내지 말고, 소리 내서 천천히 읽어 보도록 해. 좀 더 추천하고 싶은 방법은 안내문을 수첩에 한 번 옮겨 적어 보라는 거야. 옮겨 적으면서 자연스럽게 내 것이 되는 것을 알 수 있을거야.

엄 마 안내판뿐만 아니라 비각 안에 있는 비석의 비문도 소리내서 한번 읽어 보렴. 몇 글자 되지는 않지만 읽어내는 재미도 제법 쏠쏠하단다. 특히 전서체로 되어 있는 비문을 읽을 때는 또 다른 재미가 있단다.

## 7. 주변에서 왕릉 주인공의 가족무덤을 찾아본다.

아 빠 동구릉, 서오릉, 서삼릉, 파주삼릉, 태강릉, 융건릉, 선정릉. 홍유릉과 같이 여러 개의 왕릉이 한 곳에 몰려있는 왕릉군의 경우에, 왕릉을 독립적으로 하나 하나 분리해서 볼 것이 아니라, 주변에 왕릉 주인공의 부모, 배우자, 형제, 그리고 자녀들의 왕릉이 어디 있는지를 종합적으로 알아 보면, 다른 왕릉과의 연결고리를 찾을 수 있어.

형제 지간: 서오릉의 경릉, 창릉
자매 지간: 파주삼릉의 공릉, 순릉
모자 지간: 서삼릉의 희릉, 효릉 / 태릉, 강릉
부자 지간: 동구릉의 수릉, 경릉 / 융릉, 건릉 / 선릉,
　　　　　정릉 / 홍릉, 유릉
부부 지간: 서오릉의 익릉, 명릉, 대빈묘

# 조선 왕릉의 기본구조 - 진입 공간

**조선 왕릉의 기본적인 틀은 진입 공간, 제향 공간, 그리고 능침 공간이다**

아 름 아빠는 평소에 어떤 문화재든 '기본적인 틀'을 이해해야만 한다고
강조하셨잖아요! 조선왕릉도 분명히 기본적인 틀이 있을 것 같은
데 그것을 알려주세요.

아 빠 문화재를 이해하는 데 기본적인 틀을 아는 것은 매우 중요해. 기본
적인 틀을 이해해야만 문화재를 구조적으로 파악할 수 있기 때문이
야. 궁궐의 경우에는 기능적으로 궐내관청의 공간인 외조, 임금이
신하들과 정치를 하는 공간인 치조, 임금을 포함한 왕실 가족의 일
상생활 공간이 되는 연조, 이렇게 크게 3부분으로 나눌 수 있고, 모
든 궁궐에는 이 틀이 그대로 적용돼.

엄 마 불교 사찰의 경우에는 부처와 보살의 신앙공간인 상단신앙영역, 불
교 수호신중의 공간인 중단신앙영역, 그리고 불교가 수용한 토속신
또는 고승이나 조사들에 대한 신앙 공간인 하단신앙영역, 이렇게 3

부분으로 나눌 수 있단다.

아 빠 　조선 왕릉의 경우도 3부분으로 나눠지는 기본적인 틀이 있는데, 죽은 자의 영역인 '능침 공간'과 참배하러 온 산 자의 영역인 '진입 공간', 그리고 그 두 영역이 만나는 '제향 공간'이야.

아 름 　구체적인 사물을 예를 들어서 설명해 주세요.

아 빠 　우선 참배자의 입장에서 봤을 때 왕릉의 금천교와 홍살문까지가 진입공간이야. 그리고 봉분을 중심으로 하는 큰 언덕 위쪽의 공간이 죽은 자의 공간인 능침 공간이야. 진입 공간과 능침 공간 사이에는 정자각을 중심으로 하는 중립 지대인 제향 공간이 있어. 시각적으로 확실히 구분이 되기 때문에 헛갈릴 염려는 하지 않아도 돼.

아 름 　우선 진입 공간부터 설명해 주세요.

| 진입 공간 | 왕릉관리처 | (1) 재실 | |
|---|---|---|---|
| | 속세와의 구분점 | (2) 금천 및 금천교 | (3) 홍살문 |

**조선 왕릉의 진입 공간에는 재실, 금천교, 그리고 홍살문이 포함된다**

아 빠 　좋아. 이제 시작한다. 진입 공간에 속하는 시설물로는 재실, 홍살문, 그리고 금천교를 들 수 있어. 우선, 조선 왕릉의 재실은 왕릉을 지키고 관리하는 사람들이 거처하던 곳이야. 특히 왕릉의 제례가 있을 때에는 제관들이 머물면서 목욕재계를 했고, 제수를 미리 마련하여 갖추어 두는 곳인데, 세부적으로는 제례에 사용할 축문과 향을 보관하면서 친제(親祭)시 왕이 대기하던 건물인 안향청(安香廳), 나라의 제사를 맡아보던 관리인 전사관(典祀官)이 집무하면서

여주 효종대왕릉 영릉 재실, 보물 제 1532호

제사준비에 소홀함이 없도록 점검하던 건물인 전사청(典祀廳), 제
사에 쓰이는 집기들을 보관하던 제기고와 기타 행랑채 등이 있어.
그런데 최근에는 왕릉의 관리사무소 용도로 쓰고 있지.

엄 마  재실은 옛날에도 종9품인 능참봉이 거처하면서 왕릉을 관리했던
곳이었으니, 지금의 관리 사무소도 결국은 같은 목적으로 사용하
고 있는 셈이네요. 다만 능참봉이 문화재청 직원으로 바뀌었다는
것만 다를 뿐...

아 빠  조선 왕릉의 재실은 일제강점기와 6.25전쟁을 거치면서 대부분 훼
손이 되어서 원형이 남아 있는 곳이 거의 없는데, 경기도 여주의
효종대왕릉인 영릉의 재실은 다행히도 기본형태가 잘 남아 있어서
보물 제1532호로 지정되었어. 그 다음 진입 공간의 시설물로는 홍
살문이 있어.

엄 마  여보, 홍살문이라는 단어는 모두 한자 표현인가요? 뭔가 좀 이상해요.

금천과 홍살문구역(여주 세종대왕릉)

| 진입 공간 | 왕릉관리처 | (1) 재실 | |
|---|---|---|---|
| | 속세와의 구분점 | (2) 금천 및 금천교 | (3) 홍살문 |

## 홍살문의 붉은 색은 벽사의 의미이다

아 빠  홍살문은 왕릉이나 관아, 그리고 서원이나 향교 따위의 앞쪽에 세우는 붉은 칠을 한 지붕 없는 문인데, 한 마디로 나쁜 기운을 물리치려는 벽사의 의미를 담고 있어. 생긴 모양이 붉은 화살과 같다고 해서 원래는 붉을 홍, 화살 전자를 써서 홍전문(紅箭門) 또는 홍문(紅門)이라고 했는데, 언제부터인지 민간에서는 홍살문으로 불리고 있어. 그리고 왕릉이 여럿 모여있는 왕릉군의 경우에는 각각의 왕릉마다 초입에 홍살문을 세우지만, 전체 왕릉지의 입구에도 별도로 외홍살문을 세워.

아 름   왕릉은 신성한 구역임을 금방 알 수 있지만, 서원이나 향교, 그리고
        관아는 왜 신성한 구역에 해당되나요?

아 빠   모든 서원이나 향교의 공간은 크게 학문을 연마하는 강학 공간과
        유교의 성현을 모시는 제향 공간으로 구성되어 있어. 따라서 전체
        공간이 아니라 제향 공간이 신성한 구역에 해당되기 때문에 홍살문
        을 세우는 거야. 그리고 관아도 수령이 거주하는 동헌의 맞은 편에
        왕의 전궐패를 모신 객사가 있기 때문에 신성한 구역임을 나타내기
        위해서 홍살문을 세워.

호 림   왜 군이 붉은 색을 쓰나요?

아 빠   고대인들은 붉은 색이 주술적인 위력을 지닌 것으로 믿었어. 그래서
        태양, 불, 피 같은 붉은 색을 생명과 힘의 표식으로 삼았고 이를 숭
        상한 것이지. 잡귀를 물리치는 부적이 붉은 색인 것도 같은 이유야.

엄 마   붉은 동지팥죽을 귀신 쫓는 용도로 쓰는 것도 같은 이유인가요?

**크리스마스는 아기예수의 탄생일이 아니라 이교도의 축제일이었다**

아 빠   맞아. 동지는 해가 가장 짧은 날이기 때문에 음(陰)의 기운이 극에
        달한 날이어서 음성인 귀신이 극성을 떠는 날이야. 이를 물리치기
        위해 상대적인 양(陽)의 기운이 필요하게 되었고, 그래서 양을 상
        징하는 붉은 팥죽이 음의 기운을 물리친다고 생각했던 거야. 이는
        크리스마스가 원래 예수님의 탄생일이 아니라 12월 25일로 지정
        된 것과 같은 이치야.

호 림   예? 예수님이 태어난 날이 12월 25일이 아니라구요?

아 빠   응, 기독교 성경책의 어디를 찾아봐도 12월 25일에 아기 예수가 탄

생했다는 기록을 찾을 수는 없어. 교황 율리오 1세가 12월 25일을 아기예수의 탄생일로 선포한 기원 350년 이전에는 크리스마스의 날짜가 일정하지 않아서 1월 6일, 3월 21일, 12월 25일 가운데 하나로 지켜졌던 역사도 있어.

아 름 그럼 그 중에서 12월 25일이 크리스마스가 된 것은 어떤 이유인가요?

아 빠 기원전 고대로마 및 이집트, 이교도 지역에서는 태양숭배의 의미로 12월 25일을 축제일로 기념하고 있었어. 왜냐하면 일년 중에 해가 가장 짧아지는 동지 이후부터는 해가 조금씩 길어지기 때문에 어둠이 물러나고 빛이 세력을 얻어 만물이 소생해 나갈 수 있음을 기념하기 위함이었어. 따라서 당시의 이교도적 풍습이 기독교와 만나 결합하면서 12월 25일이 예수 탄생일로 굳어진 것이라고 볼 수 있지.

엄 마 아하! 이제 알겠어요. 그런 이유 때문에 크리스마스에는 기독교 교리와는 그다지 상관없는 산타클로스가 등장을 하는거군요!

아 름 다른 나라에도 홍살문과 비슷한 것이 있나요?

아 빠 가까운 일본에는 신사마다 우리의 홍살문과 비슷하게 생긴 것을 세워 놓았어. '도리이'라고 부르는데 기능은 우리의 홍살문과 같다고 보면 돼. 한편 인도에도 비슷한 것이 있어. 특히 스투파의 대명사인 산치대탑의 경우 동서남북 네 방향으로 돌로 조각한 입구를 보면 홍살문과 흡사한 구조를 발견할 수 있어. 그것의 기능도 역시 홍살문과 같다고 볼 수 있어.

## 금천교는 사악한 기운과 명당기운이 만나는 곳이다

아 빠 진입 공간에서 마지막으로 남은 것이 금천교야.

아 름  금천교라면 궁궐에도 있잖아요?

아 빠  그렇지. 금천교는 풍수적인 의미에서 사악한 기운이 물을 넘어오
지 못하게 만드는 금천 물줄기를 사람이 쉽게 넘을 수 있도록 만들
어 준 인공적인 구조물이야. 또한 금천교가 궁궐에도 있고, 왕릉에
도 있다는 것은 궁궐과 왕릉의 특수한 관계를 잘 설명하고 있어. 즉
왕의 양택은 궁궐이고, 왕의 음택은 왕릉이라는 사실이야. 사실 금
천 물줄기는 홍살문과 의미상으로 봤을 때 같은 역할을 수행하고
있다고 볼 수 있어. 다만 홍살문과 다른 점은 좀 더 풍수적인 면이
강하다는 점이야.

호 림  금천 물줄기는 사악한 것을 막는 것외에 다른 의미는 없나요?

아 빠  금천의 바깥 쪽은 왕릉 쪽으로 들어오지 못하는 사악한 기운이 있
지만, 거꾸로 왕릉 쪽에는 봉분이 있는 명당혈자리에서 펑펑 솟아
나는 명당기운이 가득차 있어. 그래서 금천 물줄기는 왕릉 쪽에 가
득한 명당기운이 금천 밖으로 새어나가지 못하도록 하는 명당수가
되는 거야. 그런 의미에서 금천교를 중심으로 동쪽 물줄기와 서쪽
물줄기를 각각 왕릉의 동쪽과 서쪽을 윤택하게 만든다는 의미로 동
윤(東潤)과 서윤(西潤)이라고 불러.

엄 마  결국 금천교는 왕릉 바깥 쪽의 사악한 기운과 왕릉 안쪽의 명당기
운이 서로 만나는 구분점이 되는 셈이군요!

아 빠  금천교는 또 다른 구분점이 되기도 해. 즉 왕이 왕릉에 참배를 왔
을 때 금천교 밖 까지는 가마를 타고 오지만, 금천교부터는 가마에
서 내려서 걸어가야 해.

# 조선 왕릉의 기본구조 – 제향 공간

**조선 왕릉의 제향 공간에는**
**판위와 참도, 정자각을 포함하는 건물들과 약간의 석물들이 포함된다**

아 빠  진입공간인 홍살문을 지나면 이제는 제향공간으로 들어오게 돼.

엄 마  홍살문은 진입 공간과 제향 공간의 경계가 되는 셈이군요.

아 빠  그렇지. 제향 공간의 한 가운데에는 공식적인 제례의 시작점인 판
위(혹은 배위)에서 시작해서 왕릉쪽으로 죽 이어지는 참도(參道)
라고 불리는 박석으로 포장된 길이 있고, 참도의 주변으로는 몇몇
의 건물들이 한 눈에 들어오는데 크게 네 종류의 건물들이 있어. 우
선, 참도의 좌우측에는 각각 하나씩 조그만 건물이 있는데 홍살문
쪽에서 보았을 때, 좌측의 건물이 수라간, 우측의 건물이 수복방이
야. 그리고 참도의 끝쪽 정중앙에는 왕릉에서 가장 큰 건물인 정자
각이 있고, 정자각의 약간 뒤쪽으로 동쪽 끝에는 왕릉의 주인을 알
려주는 비각이 있어.

아 름    모든 왕릉에는 네 종류의 건물이 항상 있나요?

아 빠    어느 왕릉이든 정자각과 비각은 반드시 있지만, 수라간과 수복방은
         없는 왕릉이 꽤 많아. 그리고 정자각의 옆과 뒤쪽으로도 세 가지 석
         물들이 있는데, 소전대, 예감 그리고 산신석이 있어. 그런데 제향공
         간의 건조물들을 따로 따로 보지말고 비슷한것 끼리 묶어서 한 묶
         음으로 보면 좀 더 체계적으로 이해가 될 거야.

아 름    잠깐만요! 지금까지 메모한 것을 묶음으로 세어볼게요. 첫번째 묶
         음으로 제향 공간이 시작하는 지점의 '배위'와 '참도', 두번째 묶음
         으로 네 종류의 건물인 '정자각', '수라간', '수복방', '비각', 세번째
         묶음으로 작은 석물들인 '소전대', '예감', '산신석'! 모두 9 종류에
         요. 진입 공간에 비해서 제향공간의 구성요소는 꽤나 많고 복잡하
         네요. 알기 쉽게 하나씩 말씀해 주세요.

| 제향 공간 | 제향공간이 시작하는 지점 | (1) 배위    (2) 참도 |
| | 네 종류의 건물들 | (3) 정자각  (4) 수라간  (5) 수복방  (6) 비각 |
| | 정자각 주변 작은 석물들 | (7) 소전대  (8) 예감    (9) 산신석 |

## 제향 공간의 시작 지점: 배위

아 빠    좋아, 그럼 제향 공간이 시작하는 지점의 배위(拜位)와 참도(參道)
         부터 시작을 할까?

아 름    참도가 시작하는 지점에 있는 저 네모난 모양의 시설물의 용도는
         뭐죠?

아 빠    저것을 간단히는 판위, 또는 배위라고 하는데, 정식명칭은 망릉위,

알릉위, 어배위라고 해.

호 림  말이 너무 어려워요.

엄 마  한자의 뜻만 알면 금방 용도를 알 수 있을거야. 먼저 망릉위(望陵位)는 바라볼 망, 묘 릉, 자리 위, 그리고 알릉위(謁陵位)는 인사할 알, 묘 릉, 자리 위, 마지막으로 어배위(御拜位)는 임금 어, 절 배, 자리 위야.

아 름  알겠다. 임금이 왕릉을 바라보면서 서 있는 자리이기도 하고, 돌아가신 선대왕께 인사를 드리는 자리이기도 하고, 절을 하는 자리이기도 하네요. 한자의 뜻을 알고 나니, 별 거 아니네요.

배위(여주 세종대왕릉)

## 제향 공간의 시작 지점:
## 참도(參道)는 신로(神路)와 어로(御路)로 구성된다

아 빠 다음으로 참도는 쉽게 말해서 참배하는 길이란 뜻인데, 홍살문에
서 정자각까지 이르는 두 개의 폭이 좁은 길이야. 그래서 참도를
이도(二道)라고도 해. 그런데 참도는 한쪽이 상대적으로 폭이 조
금 넓고 높이가 높은 반면에, 다른 쪽은 폭이 좁고 높이가 낮아. 이
는 길을 걷는 이의 지위가 높고 낮음을 구분하기 위해서 일부러 만
들어 놓은 거야.

엄 마 넓고 높은 길은 돌아가신 선왕의 혼령을 위한 신로(神路)이고, 좁
고 낮은 길은 왕을 위한 어로(御路)란다. 아무리 왕이라 하더라도
돌아가신 선대왕 보다는 높을 수가 없기 때문이지.

호 림 그런데, 신은 눈에 보이지도 않는데 왜 길을 만들어 두었나요?

아 빠 신로 위를 실제로 걷는 사람은 따로 있어. 눈에 보이지 않는 신이
걸어가는 것이 아니라 돌아가신 선왕의 신위를 모신 제관이 걸어가
는 거야. 그리고 좁은 어로를 따라서 왕이 걸어가지.

아 름 그럼 나머지 신하들은 어디로 걸어가나요?

엄 마 절대로 참도를 밟으면 안되고, 그냥 옆의 흙길로 가야한단다. 다시
정리를 하자면, 참도는 무조건 왕의 길이야. 신로는 돌아가신 왕이
걸어가는 길이고, 어로는 살아 있는 왕이 걸어가는 길이야.

아 름 신로와 어로는 어떻게 배치를 하나요?

아 빠 음양오행에 따라서 산 사람의 세계에서는 왼쪽이 오른쪽 보다는 서
열이 높아. 이것을 '좌상우하'라고해. 하지만 죽은 사람의 세계에서
는 음양이 바뀌기 때문에 우상좌하 법칙이 적용돼. 따라서 방향의

기준이 되는 왕릉쪽에서 홍살문 쪽을 바라보았을 때, 서열이 높은 오른쪽이 신로, 서열이 낮은 왼쪽이 어로가 되는 거야.

아 름  어떤 왕릉의 참도는 시작점부터 정자각까지 일직선으로 되어 있는 곳도 있고, 또 어떤 왕릉의 경우는 한두번 꺾여서 정자각까지 이어지는 곳도 있어요. 꺾여지는 참도는 이유가 있나요?

아 빠  참도가 꺾여지는 것은 대부분 지형 때문이야. 또 추존왕릉의 경우처럼 처음 조성할 당시에는 왕릉급이 아닌 소규모의 '원'의 규모였다가, 후대에 왕과 왕비로 추존됨과 동시에 '원'을 '릉'으로 격상하는 작업을 하게 되는 경우에도 참도가 꺾이는 경우가 많아. 쉽게 말해서 설계변경 때문이지.

엄 마  내 기억으로는 여주의 세종대왕릉의 참도는 이도가 아닌 삼도였던 것 같아요.

아 빠  모든 유교 예법이 다 그렇듯이 황제릉은 제후릉과는 격차가 있어. 철저히 제후국의 예법을 충실히 따른 조선은 왕릉의 참도 역시 이도(二道)를 따랐지만, 대한제국이 선포되면서 고종황제와 순종황제의 릉은 황제릉의 예를 따라서 참도가 이도(二道)가 아닌 삼도(三道)로 조성이 되었어.

여주 세종대왕릉 삼도로 구성된 참도

호 림  황제릉은 왜 삼도로 만들어야 하죠?

아 빠  황제릉의 참도 통행방법은 제후국인 조선과는 조금 달라. 가운데

태릉(문정왕후릉) 참도

조선왕릉 연구가인 김병헌 님은 자신의 글에서 조선 왕릉과 관련된 용어와 설명이 부족하거나 부적절한 것이 많으며 심지어 문화재청 홈페이지와 자료에서도 부정확한 것이 적지않다고 밝혔다.

대표적인 예가 참도(參道), 신도(神道), 어도(御道)인데, 조선왕릉의 안내서에는 홍살문에서 정자각 월대까지 이어지는 길은 참도라고 하고, 홍살문에서 왕릉쪽을 보았을 때 참도 중에서도 왼쪽의 약간 높은 길은 신이 다니는 신도, 오른쪽의 낮고 좁은 길은 임금이 다니는 어도라고 되어 있다.

하지만 각종 의궤(儀軌)와 왕조실록을 살펴보면 참도, 신도, 어도는 그 근거를 찾을 수 없거나 부정확한 용어라고 한다. 신도니 어도니 하는 용어가 조선왕릉에 쓰일 수 없는 근본적인 이유는 도(道)와 로(路)의 쓰임이 다르다고 하는데, 두 글자 모두 '길'이라는 뜻을 가지고는 있지만 그 쓰임에 분명한 차이가 있다고 한다. 좀 더 구체적으로는 로(路)가 구체적인 개념이라면, 도(道)는 추상적인 개념이다. 따라서 '어로'와 '어도' 둘 다 '임금이 걸어가는 길'이란 뜻이 되지만, 눈 앞의 가시적인 시설물을 두고 '어도'라고 쓴 사료는 없다. 신로와 신도의 경우도 마찬가지이다.

물론 세종오례의에 신도가 두세 번 등장을 하지만 구체적으로 어떤 길인지를 적시하지 않았으며, 이후 문헌에는 줄곧 '신로'만 등장한다. 즉 정자각 뒤쪽 신문(神門)에서 능상(陵上)으로 이어지는 길을 가리키는 것으로 동구릉의 목릉(穆陵)처럼 수십미터를 이어놓은 곳도 있다. 의궤에는 향어로(香御路) 또는 향로(香路)로 기록하고 있다. 재실(齋室) 향대청(香大廳)에서 출발한 향과 축문이 정자각으로 가는 신성한 길인 탓이다. 그 옆 낮은 길이 바로 어로다. 의궤에는 산릉을 조영할 때 이 향어로와 어로에 쓰이는 석재(石材)의 크기 · 수량까지 자세히 기록돼 있다.

더 큰 문제는 '참도'다. 지금까지 조선왕릉과 종묘에서 아무 의심 없이 쓰던 이 용어의 출처가 일본의 신사(神社)라는 사실을 아는 사람은 드물다. 일제강점기때 전국 신사와 신궁에는 '신궁을 참배하는 도로'라는 뜻의 참궁도로(參宮道路), 즉 참도(參道)가 있었는데, 이것이 조선왕릉에 들어와 '참배하는 길'이란 뜻으로 쓰이게 된 것이라고 한다. 1930년대 신문 기사에는 신사 참도가 심심찮게 등장하는데 지금도 일본의 신사 안내도에는 참도가 명시되어 있다. 왕릉의 홍살문에서 월대까지 이르는 소위 참도라는 길을 의궤에서는 정로(正路)라고 적고 있다.

넓고 높은 신로(神路)는 그대로 두고, 어로(御路)를 양쪽에 두개 설치했는데, 돌아가신 황제의 신위는 가운데의 신로(神路) 위로 가고 양옆의 어로(御路) 중에서 서열이 높은 서쪽 어로(御路)는 살아 있는 황제가 걸어가고, 나머지 서열이 낮은 동쪽 어로(御路)는 제후들이 걸어가도록 했어. 그런데 여주의 세종대왕릉의 참도가 이도(二道)가 아닌 삼도(三道)로 된 것은 물론 잘못 복원한 것인데, 몰라서 잘못 복원한 것이 아니라 의도적으로 잘못 복원한 것으로 보여져.

아 름 의도적으로 잘못 복원을 했다고요? 그게 무슨 말이죠?

아 빠 조선 왕릉 40기 중에서 가장 잘 관리되고 있고 심지어 성역화 수준까지 끌어 올려진 왕릉이 바로 세종대왕릉(영릉)이야. 그런데 누가 이렇게 했을까? 그것은 바로 박정희 대통령이야. 쿠데타로 집권한 박정희 정권은 쉽게 말해서 정통성이 부족한 무신정권이야. 그래서 자신의 부족한 정통성을 만회하기 위해 먼저 이순신 장군을 의도적으로 부각시켜서 자신을 구국의 영웅인 이순신의 이미지로 덧칠하는 작업을 시작했어. 그 결과가 우리나라에서 가장 큰 사당인 현충사를 만들고 학생들의 수학여행 코스에 필수코스로 집어넣는 것이었어.

호 림 그것과 세종대왕릉의 복원과는 전혀 상관이 없잖아요?

아 빠 그렇지만 무신 출신인 이순신 장군만을 의도적으로 이용하는 것이 너무 속보이는 것임을 인식한 박정희 정권은 이번에는 세종대왕을 이용하기로 결정했어. 특히 세종대왕은 한글 창제의 주역이었기 때문에 한자로 대표되는 기존의 지식 기득권층을 견제하는 일석이조 효과도 있었지. 그래서 경복궁의 정문인 광화문을 콘크리트로 복원

할 당시, 여론을 무시하고 광화문 현판을 한글로 쓰는 등 지나친 한
글 우선정책도 지원을 하게 되었어.

엄 마  맞아요. 그 당시 중고등학교를 다닌 세대는 한자를 거의 몰라요.

아 빠  그런 의도 때문에 여주의 세종대왕릉(영릉)도 성역화 작업대상에
포함되었고 따라서 현재 조선 왕릉 중 가장 큰 능역을 그대로 유지
한 왕릉이 된거야. 그렇지만 너무 세종대왕을 치켜세우다보니 참도
를 황제릉의 예제에 따라 만드는 어처구니 없는 짓을 하게 된 것이
지! 세종대왕이 우리민족에게 가장 위대한 업적을 남긴 왕임을 부
정하는 것은 아니지만 그래도 세종대왕을 왕이 아닌 황제로 만든
것은 분명 잘못된 거야.

| 제향 공간 | 제향공간이 시작하는 지점 | (1) 배위　(2) 참도 | | |
|---|---|---|---|---|
| | 네 종류의 건물들 | (3) 정자각　(4) 수라간　(5) 수복방　(6) 비각 | | |
| | 정자각 주변 작은 석물들 | (7) 소전대　(8) 예감　　(9) 산신석 | | |

## 제향 공간의 건물: 우리가 보는 정자각은 정면이 아닌 뒷면이다

엄 마  여보, 조선 왕릉을 일반 민묘와 비교했을 때 가장 두드러진 차이점
을 하나만 고르라면 뭐가 있을까요?

아 빠  그건 바로 정자각이지. 정자각은 조선 왕릉하면 제일 먼저 떠오르
는 이미지 이면서도, 조선왕릉을 다른 민묘와 차별화 시켜주는 대
표적인 구조물이기 때문이야. 예를 들어 일부 사대부들의 묘를 아
무리 왕릉처럼 크게 만들어도 정자각은 절대로 만들 수 없었어. 대
표적인 예가 고양시 덕양구 지축동에 있는 황희정승의 장남 "황치

신"의 묘야.

엄 마   아, 북한산 온천 앞쪽에 있던 그 무덤!

아 빠   그래 바로 그 무덤이야. 황치신의 묘는 규모가 거의 웬만한 왕릉급
으로 풍수상 조선왕릉의 특징인 '강과 잉'까지 제대로 갖추고 있지
만 정자각은 없어.

아 름   왜 이름이 정자각인가요?

아 빠   그 건물을 하늘에서 내려다 보면 마치 그 형태가 '고무래 정(丁)'자
의 모양을 하고 있어서 정자각이라고 불러. 정자각은 능에서 제례
를 지낼때 정자각 내부에 제례 음식을 차리고 모든 의식을 진행하
는 곳인데, 일반 묘의 상석(床石)과 같은 기능을 담당하고 있는 곳
이야. 재미있는 것은 홍살문 쪽에서 우리가 바라보는 정자각은 정

황치신의 묘

정자각(여주 세종대왕릉)

면이 아닌 뒷면이라는 거야.

호 림 그럼 정면이 왕릉 쪽이라는 뜻인가요?

아 빠 그렇지. 정자각의 정면은 왕릉 쪽인데, 그 이유는 왕릉의 주인이 왕
(또는 왕비)이기 때문이야. 대부분의 우리 문화재는 손님의 시각이
아닌, 주인의 시각에서 봐야 한다는 점을 잊어서는 안 돼. 그래서 참
도의 배치가 왕릉 쪽에서 봤을 때, 우상좌하의 법칙을 따르는 거야.

## 제향 공간의 건물: 수라간과 수복방을 손쉽게 구분하는 방법

아 름 우리가 정자각에 올라서 홍살문 쪽을 바라보면 좌우측에 비슷하게
생긴 작은 건물이 하나씩 있어요. 용도가 궁금해요.

아 빠 우선 좌측의 건물은 수복방(수직방)이고, 우측의 건물은 수라간인
데, 정자각이나 비각과는 달리 수복방과 수라간은 왕릉에 따라서

수라간, 정자각, 비각, 수복방(여주 세종대왕릉)

둘 다 있는 경우도 있고, 둘 중 하나만 있는 경우도 있고, 심지어
둘 다 없는 경우도 있어. 우선 수복방은 왕릉을 가장 가까이서 감
시하는 능수복(능지기)들의 관리초소야. 그리고 맞은편의 수라간
은 능에서 제사를 지낼 때 정자각에 차릴 음식을 준비하는 곳이야.

엄 마 수복의 한자는 지킬 수(守), 종 복(僕)자야. 한자 뜻을 알면 수복방
의 용도는 금방 알 수 있지.

호 림 수라간이라면 궁궐에서처럼 제사음식을 만들 던 곳인가요?

아 빠 아니야. 수라간이라는 이름과는 달리 이곳에서 직접 음식을 만들지
는 않아. 그 대신 미리 만들어 온 제사음식을 대기시켜 놓는 곳이야.
종묘에 가보면 정전의 동문 바로 앞쪽에 "찬막단"이라고 하는 판위
모양의 큰 시설물이 있어. 이 찬막단의 용도가 종묘제례 때 제사상
에 올리기 전에 만들어진 음식을 올려 놓고 위생상태 등을 검사하던
것인데, 왕릉 수라간과 종묘 찬막단의 용도는 거의 같다고 보면 돼.

아 름 　수라간과 수복방은 언뜻 보기에는 건물 규모가 비슷해서 구분이 잘 안가는데 쉽게 구분할 수 있는 방법이 있나요?

아 빠 　그럼, 물론이지. 두 건물은 구조적으로는 큰 차이가 있어. 수복방은 능수복이 항상 거처하면서 왕릉을 관리하는 곳이지만 수라간은 사람이 거처하는 곳이 아니라 왕릉제례 때 제사 음식을 검수하던 곳이야. 따라서 수복방은 온돌이 설치되어 있고 수라간은 온돌이 없는 것으로 쉽게 구분이 가능해.

호 림 　아, 이제부터는 온돌설치 유무로 수복방과 수라간을 구분하면 되는구나!

아 빠 　원칙이 그렇다는 뜻이야. 예외없는 규칙은 없지. 조선 후기로 내려오면서 엄격한 예법이 무너지고 재정적으로 압박을 받으면서 수복방과 수라간을 같이 쓰는 왕릉도 생겨났어. 무조건적인 암기는 금물이야.

## 제향 공간의 건물: 왕릉 정자각이 좌우대칭이 아닌 증거

아 름 　참도는 왜 정자각으로 바로 올라가도록 만들지 않고 오른쪽으로 꺾여서 올라가게 했나요?

아 빠 　그건 유교예법에 따른 것이야. 조선시대 모든 건물에 출입을 할 때는 반드시 동입서출 하는 것이 원칙이라고 설명한 적이 있지? 그런데 언뜻 보기에 왕릉 정자각은 좌우대칭인 것처럼 보이지만 자세히 보면 좌우대칭이 아니야. 정자각은 높은 기단위에 만들어져 있기 때문에 정자각에 올라가려면 계단이 필요해. 그런데 정자각의 동쪽에는 계단이 2개인데, 반대편인 서쪽에는 계단이 하나뿐이야.

아 름 　정자각 동쪽에 계단이 2개인 이유는 알 것 같아요. 왜냐하면 정자각의 동쪽으로 꺾여서 이어지는 참도는 신로와 어로, 이렇게 두개의 길로 이루어져 있기 때문에 계단을 따로 만든 것이에요!

아 빠 맞았어. 참도(參道)의 신로(神路)는 정자각의 동쪽편으로 올라가는 2개의 계단 중에서도 우리가 보기에 왼쪽 계단인 신계(神階)로 이어지고, 어로(御路)는 오른쪽 계단인 동계(東階)로 이어져. 신계(神階)는 말 그대로 왕릉의 주인인 왕과 왕비의 혼령(神)이 오르는 계단이고, 동계와는 달리 계단의 소맷돌에 화려한 장식이 되어 있어서 누구나 쉽게 구분할 수 있어. 동계(東階)는 참배를 하러온 왕을 포함하여 제관들이 오르내리는 계단이야.

아 름 아빠, 왕이 신하들과 같은 계단을 쓴다는 게 좀 이상하지 않으세요?

아 빠 좋은 지적이구나! 지금은 석조 계단만 남아있지만, 숙종왕릉인 명릉지에 보면 제신목계(諸臣木階)라는 말이 나와. 왕릉에서 제사를 지낼 때 왕이 다니는 돌계단 옆에 임시나무계단인 제신목계를 덧대어서 신하들이 다니게 했다는 내용이지. 아마도 시기에 따라서 계단을 사용하는 방식이 조금씩 달랐나봐.

홍릉(영조비 정성왕후릉) 정자각 동쪽계단

## 제향 공간의 건물:
## 정자각의 서쪽편에 내려가는 계단이 하나 뿐인 이유는 신교(神橋) 때문이다

호 림　정자각의 동쪽으로 올라갈 때는 계단이 2개인데, 왜 반대쪽으로 내려갈 때는 계단이 하나뿐이죠?

아 빠　국상이 나면 돌아가신 왕의 위패를 모시고 여기 왕릉까지 와서 정자각에서 제사를 지내겠지? 제사가 끝나면 제관들은 다시 궁궐로 돌아가겠지만 돌아가신 왕의 혼령은 어디로 갈까?

아 름　당연히 왕릉 속으로 들어가겠죠.

아 빠　그래서 정자각에서 내려가는 서쪽 편의 계단은 제례를 마친 제관들을 위해 서계(西階) 하나만 설치하고, 대신 왕의 혼령은 왕릉 속으로 들어갈 수 있도록 정자각에서 왕릉으로 이어지는 곳에 작은 돌다리인 신교(神橋)를 설치하는 거야. 그래서 동계와는 달리 서계(西階)의 옆에는 신계가 없어.

정자각과 능침을 이어주는 신교(건원릉)

엄 마　요약하자면 왕릉제례 때 제관들은 정자각의 동계로 올라가서 서계로 내려오지만, 돌아가신 왕의 혼령은 신계로 올라갔다가 신교를 통해 왕릉 속으로 들어가는 거야.

아 빠　또 정자각의 계단을 오르내릴 때도 아무렇게나 오르내리는 것이 아니야. 정자각에서의 행보법(行步法)은 연보합보(連步合步)라고 해서, 올라갈 때는 오른쪽 발을 먼저 내디딘 후에, 그 옆에 왼발을 합쳐. 반대로 계단을 내려올 때는 왼발을 먼저 내딛고 오른발을 합치

정자각 서쪽에 하나만 설치된 계단(광릉)

는 자세로 내려와.

호 림 한 계단에 한 발씩 올라가면 편할텐데, 왜 그렇게 복잡하게 걸어요?

아 빠 계단을 그렇게 걷는 이유는 예법도 예법이지만 옛날사람들의 옷자락이 길기 때문에 자칫 잘못하면 계단에서 옷자락을 밟아 넘어지는 것을 미리 예방하는 조상의 지혜가 숨어있는 거야.

## 제향 공간의 건물: 여자가 팔자(八字)를 고쳤다는 말의 유래

아 름 제향 공간에서 아직 설명이 안된 건물이 하나가 남아 있어요.

아 빠 그건 비각인데 정자각의 동쪽편에 있는 조그만 전각이야. 비석을 보관하는 전각이어서 비각이라고 불리는데 글자 그대로 무덤의 주인공을 나타내 주는 역할을 하지. 그런데 우리 말에 "팔자(八字)를 고쳤다"는 말이 있지? 그 말의 뜻을 비각에서 확인할 수가 있어. 호림아, 너가 알고 있는 팔자를 고쳤다는 말의 뜻이 뭐지?

호 림 글쎄요. 뭐 갑작스럽게 부자가 되거나 아니면 신분이 높은 사람이 되는 것을 뜻하는 것 아닌가요?

아 빠 그래 바로 그런 뜻이지. 원래 팔자(八字)라는 말은 사주팔자(四柱八字)를 줄여서 쓰는 말인데, 사람의 태어난 연월일시(年月日時)를 간지(干支)로 계산해서 그사람의 길흉화복을 점치는 것을 말해. 사람을 하나의 집으로 비유하고 생년, 생월, 생일, 생시를 그 집의 네 기둥이라고 봐서 사주라고 했고, 사주는 각각 간지(干支) 두 글자씩 모두 여덟 글자로 나타내기 때문에 팔자라고도 하는 거야. 그래서 팔자를 고쳤다는 원래의 뜻은 그 사람의 길흉화복을 나쁜 것에서 좋은 것으로 바꾸었다는 뜻이야.

엄 마   그런데 비각 속에서 팔자 고친 것을 어떻게 확인한다는 거죠?

아 빠   팔자는 글자 그대로 사주팔자를 줄인 말이지만, 여자의 경우에는 비석에 새겨진 팔자, 즉 비석팔자(碑石八字)를 뜻한다고 보는 사람도 있어.

아 름   비석팔자라고 하면 비석에는 여덟개의 글자가 들어간다는 뜻인가요?

아 빠   그렇지. 여자가 팔자를 고쳤다는 말을 가장 많이 쓰는 경우가 언제지?

엄 마   보통은 '여자가 시집을 잘가서 팔자를 고쳤다'라고 하죠.

아 빠   바로 그거야. 조선시대 대부분의 여자는 죽은 후 비석에는 단 여덟개의 글자만이 새겨져. 그리고 여자는 이름을 새기지 않고 본관과 성만 표기를 하는데 예를 들어 돌아가신 여자분의 본관이 경주김씨라고 가정한다면, '孺人 경 주 김 氏之墓' 이런 식이야.

비각(여주 세종대왕릉)

## 제향 공간의 건물:
## 조선시대 여자의 비석은 대부분 유인(孺人)으로 시작한다

**아 름** 앞의 '유인(孺人)'과 뒤의 '지묘(之墓)'의 뜻만 알면 되네요?

**엄 마** 뒤의 지묘는 우리말로 하면 '**의 묘'라는 뜻이야.

**호 림** 경주김씨의 묘 라는 뜻이네. 참 쉽네요!

**아 름** 그럼 앞의 유인(孺人)을 설명해 주세요.

**아 빠** 음. 그게 좀 쉽지가 않은데... 이야기가 좀 길어지거든. 그래서 하나
씩 차근차근 설명해줄게. 우선, 조선시대 관직의 품계를 간단히 알
아야 해. 조선시대 관직은 1품 ~ 9품까지 있고, 각각은 정과 종으
로 나눠지는 것은 알지?

**아 름** 그 정도는 알죠.

**아 빠** 그런데 일반 민가의 여자의 경우에는, 남편이 벼슬을 하면 부인도
자동으로 남편의 벼슬에 해당되는 벼슬을 하게 되는데 그것을 '외
명부'라고 해. 지금까지 말한 것을 표로 정리하면 이렇게 되는 거야.

**아 름** 여자는 정1품에 해당하는 정경부인이 제일 서열이 높아요.

**아 빠** 정3품의 상계 이상은 당상관이라고 해서 최고위급 관리들의 집단
을 뜻해. 조선시대의 사극을 보면 당상관들의 관복은 홍포(빨간
옷)이고 어전회의를 할 때는 왕의 바로 앞에 앉아.

**엄 마** 지금의 장차관급 고위 공무원들이지.

**아 빠** 당상관의 아래 계층인 종6품 이상은 당하관 중에서도 참상관에 해
당하는데, 관복으로는 청포(푸른 옷)를 입고, 홍포를 입은 당상관
의 뒷줄에 앉아 있기 때문에 당상관에 이어 두 번째 서열이라는 것
을 알 수 있어. 그리고 마지막 서열 집단인 정7품 이하는 당하관 중

| 품계 | 문반계 | 文班階 | 무반계 | 武班階 | 외명부 | 外命婦 |
|---|---|---|---|---|---|---|
| 정1품 | 대광보국<br>숭록대부 | 大匡輔國<br>崇祿大夫 | 대광보국<br>숭록대부 | 大匡輔國<br>崇祿大夫 | 정경부인 | 貞敬夫人 |
| | 보국<br>숭록대부 | 輔國<br>崇祿大夫 | 보국<br>숭록대부 | 輔國<br>崇祿大夫 | | |
| 종1품 | 숭록대부 | 崇祿大夫 | 숭록대부 | 崇祿大夫 | | |
| | 숭정대부 | 崇政大夫 | 숭정대부 | 崇政大夫 | | |
| 정2품 | 정헌대부 | 正憲大夫 | 정헌대부 | 正憲大夫 | 정부인 | 貞夫人 |
| | 자헌대부 | 資憲大夫 | 자헌대부 | 資憲大夫 | | |
| 종2품 | 가정대부 | 嘉靖大夫 | 가정대부 | 嘉靖大夫 | | |
| | 가선대부 | 嘉善大夫 | 가선대부 | 嘉善大夫 | | |
| 정3품 | 통정대부 | 通政大夫 | 절충장군 | 折衝將軍 | 숙부인 | 淑夫人 |
| | 통훈대부 | 通訓大夫 | 어모장군 | 禦侮將軍 | | |
| 종3품 | 중직대부 | 中直大夫 | 건공장군 | 建功將軍 | 숙인 | 淑人 |
| | 중훈대부 | 中訓大夫 | 보공장군 | 保功將軍 | | |
| 정4품 | 봉정대부 | 奉正大夫 | 진위장군 | 振威將軍 | 영인 | 令人 |
| | 봉렬대부 | 奉列大夫 | 소위장군 | 昭威將軍 | | |
| 종4품 | 조산대부 | 朝散大夫 | 정략장군 | 定略將軍 | | |
| | 조봉대부 | 朝奉大夫 | 선략장군 | 宣略將軍 | | |
| 정5품 | 통덕랑 | 通德郞 | 과의교위 | 果毅校尉 | 공인 | 恭人 |
| | 통선랑 | 通善郞 | 충의교위 | 忠毅校尉 | | |
| 종5품 | 봉직랑 | 奉直郞 | 현신교위 | 顯信校尉 | | |
| | 봉훈랑 | 奉訓郞 | 창신교위 | 彰信校尉 | | |
| 정6품 | 승의랑 | 承議郞 | 돈용교위 | 敦勇校尉 | 의인 | 宜人 |
| | 승훈랑 | 承訓郞 | 진용교위 | 進勇校尉 | | |
| 종6품 | 선교랑 | 宣敎郞 | 여절교위 | 勵節校尉 | | |
| | 선무랑 | 宣務郞 | 병절교위 | 秉節校尉 | | |
| 정7품 | 무공랑 | 務功郞 | 적순부위 | 迪順副尉 | 안인 | 安人 |
| 종7품 | 계공랑 | 啓功郞 | 분순부위 | 奮順副尉 | | |
| 정8품 | 통사랑 | 通仕郞 | 승의부위 | 承義副尉 | 단인 | 端人 |
| 종8품 | 승사랑 | 承仕郞 | 수의부위 | 修義副尉 | | |
| 정9품 | 종사랑 | 從仕郞 | 효력부위 | 效力副尉 | 유인 | 孺人 |
| 종9품 | 장사랑 | 將仕郞 | 전력부위 | 展力副尉 | | |

에서도 참하관에 해당하는데, 이들은 녹포(녹색 옷)을 입고 가장 뒷줄에 서 있어.

아 름  이제는 사극을 볼 때 신하들의 옷 색깔만 봐도 지위를 충분히 구분할 수 있을 것 같아요!

아 빠  그런데 조선의 품계 중 가장 말단 벼슬이 종9품 "참봉"이야. 그리고 그의 부인에게 자동으로 주어지는 외명부 칭호가 유인(孺人)이야.


## 제향 공간의 건물:
## 조선시대에는 외명부 벼슬을 못한 여자에게도 유인(孺人) 칭호를 붙여줬다

호 림  그럼 남편이 벼슬을 못한 여자들에게는 뭐라고 붙여줘요?

아 빠  그때도 유인(孺人)이라고 붙여줘. 물론 남편이 벼슬을 하지 못했다면 부인도 당연히 벼슬이 없어야 정상이지. 하지만 그럼에도 유인이라고 불러주는 것은 죽은 사람를 우대하는 사회적으로 용인된 하나의 예법(禮法)이라고 보면 되는 거야.

엄 마  사회적으로 통용되는 또 다른 예법도 있나요?

아 빠  그럼. 우리의 전통 혼례시에 신랑이 입는 옷을 보면 머리에 사모를 쓰고 허리에 띠를 두르는데 그것은 벼슬아치의 복장이야. 우리 결혼식 때도 폐백을 드릴 때의 복장 생각나지?

호 림  저도 엄마 아빠의 결혼식 비디오에서 본 기억이 나요.

아 빠  또한 전통 혼례 때는 신부도 덮개가 있는 가마를 타는데, 그것은 원래 유옥교자(有屋轎子: 지붕있는 가마)라고 해서 정3품 당하관 이하의 부인이나 딸 등은 법으로 타지 못하게 되어 있던 거야. 그럼에

도 불구하고 조선에서는 신랑신부에게 이런 예외적인 것을 허락해
줬는데, 이것을 풀이하면 조선에서는 관습적으로 결혼식 날 하루만
큼은 신랑신부에게 가장 낮은 품계인 종9품 짜리 '1일 벼슬'을 내
려준 것이라고 볼 수 있어.

엄마 그래서 조선시대 대부분의 여자들의 비석에는 "유인***씨지묘"
여덟 글자가 새겨지는 군요!

아빠 하지만 벼슬이 높아지면 유인(孺人) 자리에 다른 벼슬이 들어가지.
예를 들어 정4품 "영인(令人)" 벼슬을 했다면 '令 人 경 주 김 氏
之 墓' 이렇게 되겠지?

호림 그래도 8자(八字)밖에 안돼요!

아빠 자, 이번에는 고위급 공무원인 당상관 벼슬을 했다면 어떻게 될까?
유인(孺人) 자리에 숙부인, 정부인, 정경부인 과 같이 비석의 글자
가 8자가 아닌 9자 이상이 되는 거야. 예를 들어 남편이 영의정이
면, '貞 敬 夫 人 경 주 김 氏 之 墓' 이렇게 되겠지. 그래서 '여자가
시집가서 팔자를 고쳤다'는 말은 비석팔자(碑石八字)를 아홉자나
열자로 고쳤다는 뜻이 되는 셈이야.

아름 만약 여자가 왕비라도 되어서 왕릉에 모셔졌다면 비석이 어떻게
되나요?

아빠 왕비의 경우에는 일반인들의 비석과는 내용이 완전히 달라. 우선
나라 이름이 먼저 나오고, 뒤를 이어 왕비의 묘호가 나오고, 마지막
에 능호가 붙어. 문정왕후릉인 태릉의 예를 들면, '朝 鮮 國 文 定
王 后 泰 陵' 이런 형식이 되는 거야.

호림 역시 9자 네요! 팔자를 고쳤습니다!

| | | | |
|---|---|---|---|
| 제향 공간 | 제향 공간이 시작하는 지점 | (1) 배위 (2) 참도 | |
| | 네 종류의 건물들 | (3) 정자각 (4) 수라간 (5) 수복방 (6) 비각 | |
| | 정자각 주변 작은 석물들 | (7) 소전대 (8) 예감 (9) 산신석 | |

## 제향 공간의 석물들: 무엇에 쓰는 물건인고?

아 빠  왕릉의 봉분이 있는 언덕(사초 지(莎草地) 또는 강(岡))이 시 작되는 지점에 돌로 만든 구조 물이 좌우편에 하나씩 모두 2개 가 있어. 관찰자 기준으로 보았

예감(광릉)

을 때, 왼쪽의 것은 사각형의 뚜껑이 없는 석함이고, 오른쪽의 것은 그냥 하나의 통돌로 만든 사각형의 돌덩어리야. 우선, 왼쪽 석함은 예감(瘞坎)이라고 불러.

호 림  예감? 내가 좋아하는 감자칩 이름과 똑같네...

아 빠  예감은 묻을 예(瘞), 구덩이 감(坎)자를 쓰는데 제사를 지낸 다음 축문을 불사르고 재를 묻는 장소야. 너희들도 우리 집에서 제사를 지낸 후 축문을 불사르는 것 봤지? 바로 그 용도야.

아 름  하지만 집에서 제사를 지낸 후 축문을 불사를 때 보면, 남는 재가 거의 없던데요?

아 빠  일반 가정에서는 쓰는 축문은 간단하기 때문에 남는 재가 거의 없 어. 하지만 왕실에서 쓰는 축문은 분량이 많아. 그리고 축문을 읽는 제관인 대축이 축문을 1자 틀리게 읽으면 파면, 2자 틀리면 귀양을

보내고, 3자 이상 틀리면 선대왕에게 씻을 수 없는 대죄를 지었다고 아예 참형에 처했다는 말이 있을 정도기 때문에 축문을 다루던 조상들의 정성을 우리가 짐작할 수 있지.

호 림 헉! 대축은 목숨걸고 축문을 읽었겠군요!

아 빠 그리고 또 축문과 관련된 시설이 있는데, 태조왕릉인 건원릉과 태종왕릉인 헌릉, 그리고 신덕왕후릉인 정릉에는 다른 왕릉에서는 볼 수 없는 소전대(燒錢臺)라는 석물이 예감이 바라보이는 정자각의 서쪽에 놓여 있어. 그리고 이 소전대의 용도는 바로 축문을 불사르는 곳이야.

아 름 예감도 축문을 불사르고 재를 묻는 장소라고 했는데, 그럼 소전대와 예감과는 어떤 차이가 있죠?

소전대(건원릉)

## 제향 공간의 석물들: 예감은 매장문화, 소전대를 화장문화를 상징한다

**엄 마** 예감은 묻을 예(瘞), 구덩이 감(坎)자를 쓰고, 소전대는 불사를 소(燒), 돈 전(錢), 받침 대(臺)자를 쓰는 것으로 봐서는 용도에 분명 차이가 있을 것 같아요.

**아 빠** 역시 당신의 추리력은 대단해. 당신의 글자 해석과 똑같이 조선 건국초기의 제례법에서는 소전대에서 축문을 불사르고, 예감에는 재를 묻었어. 그런데 조선이 제대로 체계가 잡히자 유교예제를 강화하기 시작했어. 그런 과정에서 불교문화를 하나씩 걷어 내기 시작한 거야. 우리가 잘 알다시피 불교의 장례문화는 화장문화이고, 유교의 장례문화는 매장문화야.

**엄 마** 아! 소전대는 태우는 곳이니깐 화장문화의 상징이구나!

**아 빠** 그렇지. 조선이 아무리 유교를 건국이념으로 삼았다 하더라도 고려의 불교 문화가 한 순간에 사라질 수가 없었기 때문에 조선 초기까지는 아직 그 잔재가 남아 있었는데 그것이 왕릉에서의 소전대와 정중석이야. 정중석은 능침 공간에 있는 것이라서 나중에 차차 설명하기로 하고, 소전대는 불교 문화를 없애는 차원에서 없애 버렸어. 그래서 예감에서 축문을 불사르고 재까지 묻어 버리도록 제도를 바꾼 거야.

**엄 마** 그래서 소전대가 조선 건국 초기인 태조와 태조의 왕비, 그리고 태종의 왕릉에서만 볼 수가 있구나!

**아 빠** 그런데 소전대에 돈 전(錢)자가 들어가는 것으로 봐서는 조선초기에는 축문과 함께 다른 무엇인가도 함께 태운 것 같아. 예를 들면 종이돈 같은 것 말이야. 그래서 소전대가 따로 필요하지 않았을까 생각을 해 보는데, 정확한 사료는 아직은 없어.

## 제향 공간의 석물들: 산신이나 토지신의 서열은 왕보다도 아래이다

아 빠   자, 이제 예감의 반대편에 있는 돌 구조물을 설명할 차례인데, 그
건 산신제를 지내는 산신석이야. 즉, 왕릉조성 이전에 산을 지키던
산신에게 왕릉으로 인해서 산을 해친 미안한 마음을 제사지낸 곳
이야.

엄 마   일반 민가의 종중 묘역에서도 제사를 지낼 때, 무덤 위쪽에 올라
가서 산신에게 먼저 제를 올린 뒤 조상들에게 제사를 지내는 것을
봤어요.

산신석(영조비 정성왕후 홍릉)

아 빠 일반 민묘에서는 조상신보다도 산신이 서열이 높기 때문에 산신에게 먼저 제사를 지내지만, 왕릉인 경우에는 왕이 이 땅의 주인이고 최고 지존이기 때문에 조선 팔도에 거주하는 산신들도 모두 왕의 지배 밑에 있다는 생각을 했어. 그래서 왕릉제례를 먼저 끝낸 뒤에 왕릉 밑 오른쪽에서 산신제를 지내지.

호 림 왕이 산신보다 서열이 더 높다는 것은 뜻밖이에요.

아 빠 이왕 내친 김에 다른 사례도 알려 줄게. 조선이 한양에 도읍을 정할 때 적용한 몇 가지 유교예법 중에 좌묘우사가 있어.

아 름 그건 잘 알죠. 도성의 좌측에는 종묘를 만들고, 우측에는 사직단을 만든다는 뜻이죠.

아 빠 그럼 좌측과 우측의 서열도 잘 알겠지?

호 림 당연하죠. 음양오행에서 좌측이 우측보다 서열이 높아요.


## 제향 공간의 석물들: 좌묘우사에서 확인할 수 있는 서열

아 빠 도성의 배치를 정리해 보면 좌측에 종묘, 가운데는 궁궐, 우측에는 사직단이 위치하는 거야. 그리고 이 배치는 곧 서열을 의미하기도 해. 종묘가 가장 높고, 다음이 궁궐, 마지막이 사직단이야.

엄 마 임금보다 임금의 조상신이 더 높다는 것은 왕릉의 참도에서도 우리가 확인했잖니?

아 빠 태조 이성계가 사직단에서 사직의 신령에게 고한 축문의 내용을 보면 이렇게 되어 있어.

> "나, 조선의 국왕은 이르노라! 백악과 목멱산의 신령과 한강신령과 여러 물귀신들아! …(중략)… 그러므로

이에 알리는 바이다."

호 림   아랫사람에게 하는 말투네요.

아 빠   하지만 종묘나 왕릉은 임금의 돌아가신 선대왕들을 모신 곳이기 때
문에 축문에서 말투는 사직단의 것과는 완전히 달라. 태조 이성계
의 종묘신령에게 바치는 고유제 축문은 이렇게 되어 있어.

> "조선국왕 신 이단(이성계의 아호)은 …
> 감히 밝게 황천후토에게 고하나이다. 엎드려 아뢰옵건데…"

그리고 최근 조선왕릉이 세계문화유산으로 등재되면서 건원릉 고
유제가 열렸었는데 이때의 축문내용은 이랬어.

> "조선 왕릉 사십 능침이 열성조(列聖朝)의 조종(祖宗)의 공과
> 덕이 대한제국까지 길게 이어왔으며 600여년 동안 의례에
> 따라 정성으로 제향을 받들었기에 세계의 문화유산에
> 등재되었습니다. 국가의 위상을 세계만방에 높였으니
> 영원한 세대에 길이 보전할 것입니다.
> 이에 민족이 화합하여 좋은 날을 택해 이 정사를 고하노니
> 삼가 맑은 술과 여러 제수를 차려 경건하고 정결하게 올리오니
> 바라건대 기쁨마음으로 흠향하소서"

---

### 뱀의 발

조선시대 생육신(生六臣)의 한 사람인 매월당(梅月堂) 김시습(金時習)이 지은 고대소설 만복사저포기
(萬福寺樗蒲記)에 등장하는 소전대의 역할 추정 부분

이튿날 양생은 주육(酒肉)을 갖추어 개념동 옛자취를 찾으니, 과연 새 무덤이 하나 있었다. 양생은 제
전(祭奠)을 차려 슬피 울면서 지전(紙錢)을 불사르고 정식으로 장례를 치른 뒤, 조문을 지어 읽었다.

# 조선 왕릉의 기본구조 – 능침 공간

## 왕릉은 3중의 경호를 받는다

아 빠   이제는 죽은 자의 공간인 능침공간을 설명할 차례야. 능침공간에는
        총 11종류의 구조물이 있는데 이것도 크게 네 묶음으로 분류해보
        면 이해하기 쉬워. 우선 왕릉을 앞쪽에서 호위하는 문무 신하들과
        석마를 한묶음으로 보고, 가운데 봉분 과 병풍석, 난간석과 같은 봉
        분의 부속물, 그리고 혼유석을 또 한묶음으로 쳐. 그리고 봉분을 둥
        글게 둘러싸며 수호하는 석호와 석양, 그리고 곡장을 세 번째 묶음
        으로 만들고, 나머지 석물들인 장명등과 망주석은 유교예제에 따라
        조성된 것이 아니라 풍수용도로 만들어진 묶음으로 분류하면 돼.

아 름   와! 왕릉은 3중의 경호팀이 물샐 틈 없이 왕릉을 호위하는 구나!

호 림   3중의 경호라니?

아 름   핵심 구조물인 봉분을 앞쪽에서 경호하는 팀, 봉분 주위를 밀착 경
        호하는 팀, 그리고 풍수로 경호하는 팀 이렇게 세 종류의 경호팀이

잖아? 이 정도면 완벽한 왕릉 경호팀이야!

엄 마 　내가 다시 정리해 줄게. 첫 번째로 전방호위팀 으로는 (1) 무석인 (2) 문석인 (3) 석마, 두 번째로 핵심구조물인 (4) 봉분, (5) 봉분 부속물, (6) 혼유석, 세 번째로 내부원형호위팀 으로는 (7) 석호 (8) 석양 (9) 곡장, 마지막으로 풍수석물팀 으로는 (10) 장명등 (11) 망주석이야.

| | 전방호위 | (1) 무석인 | (2) 문석인 | (3) 석마 |
|---|---|---|---|---|
| 능침 공간 | 핵심구조물 | (4) 봉분 | (5) 봉분부속물 | (6) 혼유석 |
| | 내부원형호위 | (7) 석호 | (8) 석양 | (9) 곡장 |
| | 풍수석물 | (10) 장명등 | (11) 망주석 | |

## 조선이 문치주의 나라임을 나타내는 왕릉의 석물

아 빠 　동서고금을 막론하고 지위의 높고 낮음을 표시하기 위해서 자주 사용되는 것이 뭔지 아니? 바로 "높이의 차이"야. 예를 들어, 향교 건축에서는 강학 공간인 "명륜당"보다는 제향 공간인 "대성전"의 지위가 높아. 그래서 땅의 높낮이가 차이가 없는 평지에서는 전묘후학이라는 배치법으로 대성전을 명륜당보다도 앞쪽에 자리를 잡아서 서열을 나타내지만, 경사지에서는 전학후묘라는 배치법으로 명륜당이 낮은 앞쪽에 오고 대성전이 뒤쪽 높은 곳에 자리를 잡아. 그런데 이곳 조선 왕릉 건축에 있어서도 높이의 차를 이용해서 지위의 높고 낮음을 나타낸 것이 있어.

아 름 　왕릉의 봉분이 높은 언덕 위에 있다는 말씀을 하시려는 건가요?

상계, 중계, 하계로 구성된 능침(여주 세종대왕릉)

아 빠   그건 기본이고, 이곳 능침공간을 봐도 기다란 장대석을 이용해서
       능역이 3등분되어 있다는 것을 알 수 있어. 왕릉마다 약간의 차이
       는 있지만, 일반적으로 가장 높은 상계(上階)에는 왕릉에서 핵심이
       되는 능침(봉분)과 석호와 석양, 망주석과 혼유석이 그 안에 들어
       있어. 그 다음으로 중계(中階)라 불리는 한 단 낮은 공간에는 문석
       인과 석마가 한 쌍 배치되어 있고, 장명등이 가운데에 자리를 잡고
       있지. 마지막으로 가장 낮은 공간인 하계(下階)에는 무석인이 석마
       와 함께 공간을 구성하고 있어.

호 림   킥킥. 서울의 상계동이 제일 좋고, 중계동이 그 다음이고, 하계동이
       제일 안좋은 동네라는 뜻인가요?

아 빠   녀석, 엉뚱하긴... 시대가 조선 후기로 내려가면서 왕릉에 따라서
       는 중계와 하계가 구분이 없는 곳도 일부 나타나기는 하지만 일반
       적인 구성은 아니야. 대체로 영조대를 지나면서 단이 없어지면서

무석인을 문석인과 같은 높이에 배치가 되는데, 이는 아마도 조선이 국난을 겪고 난 후에 무인의 지위향상이 어느 정도 반영된 것으로 해석하는 사람도 있어. 그래도 전체적인 조선왕조는 문신이 무신보다 우대를 받는 문치주의 나라임을 왕릉의 석물을 통해서도 알 수 있는거야.

## 문인석(文人石)보다는 문석인(文石人)으로 불러주세요

아 름  아빠, 문석인, 무석인이라는 말보다는 문인석, 무인석 이라는 말이 더 익숙한데 어느 것이 더 정확한 용어인가요?

아 빠  문인석(文人石), 무인석(武人石)은 "돌"이라는 느낌이 강하지만, 문석인(文石人), 무석인(武石人)은 "사람"이라는 느낌이 강하지. 그래서 앞으로는 문인석(文人石)보다는 문석인(文石人)으로 불러줘. 국조상례보편 등 옛 문헌에도 모두 문석인이라고 되어 있어.

엄 마  여보, 군이 왕릉이 아니어도 고관대작의 무덤앞에는 "문석인"이 대부분 놓여 있잖아요? 그런데 문석인은 많이 볼 수 있는데 왕릉을 제외하면 무석인(武石人)은 거의 볼 수가 없어요. 왜 그렇죠?

아 빠  그 이유는 무석인(武石人)은 국가의 병권(兵權)을 상징하기 때문이야. 그래서 아무나 함부로 세울 수가 없었지. 또 병권을 가졌다는 말의 의미는 실제 왕이나 왕비자리에 있었다는 것을 의미하기도 해. 그래서 실제 왕위에 오르지 않았던 추존왕이나 추존왕비의 무덤에는 무석인은 없는 경우가 많아.

아 름  실제 사례를 들어서 설명해 주실 수 있나요?

아 빠  그럼. 파주삼릉에는 예종의 첫 번째 부인이었던 장순왕후릉인 공

실제 왕비였던 성종비 공혜왕후 능침

추존된 예종비 장순왕후 공릉

조선왕릉 일반편

릉, 성종의 첫 번째 왕비였던 공혜왕후릉인 순릉, 그리고 사도세자의 이복동생이자 정조의 양아버지였던 효장세자가 추존된 진종왕릉인 영릉이 있어. 공릉의 주인공인 장순왕후도 세자빈 신분으로 돌아가셨다가 추존된 경우야. 따라서 실제 왕비였던 공혜왕후릉에는 무석인과 문석인이 함께 조성되어 있지만, 추존된 장순왕후릉과 진종왕릉은 무석인이 없고 문석인만 있어.

## 영조임금을 전후해서
## 문석인의 복색은 복두공복에서 금관조복으로 바뀐다

엄 마 여보, 그런데 어느 왕릉이든 무석인은 대체로 옷차림이 비슷한 것 같은데, 문석인의 옷차림은 많이 다른 경우를 보았어요.

아 빠 문석인의 복색은 영조임금 때를 전후해서 크게 달라져. 조선의 대표적인 관복으로는 공복(公服)과 조복(朝服)이 있었는데, 공복은 복두라는 관모와 한 세트를 이루어서 복두공복(幞頭公服)이라고 불렸고, 조복은 금관과 한 세트가 되어서 금관조복(金冠朝服)이라고 불렸어.

호 림 조선에서도 신라처럼 금으로 된 관을 썼어요?

아 빠 금으로 된 관이 아니라 금칠을 한 관이야. 우선 공복에 대해 알아보면 공복은 매일 아침 조례할 때나 공무에 참여할 때 등 평상시나 가벼운 의례 때에 입는 옷이었어. 요즘으로 치자면 남자들이 평소에 입는 비즈니스 정장과 같다고 볼 수 있어. 그런데 금관조복은 나라의 큰 제사가 있거나, 새해, 동지, 조칙을 반포할 때 등 큰 의례 때에 입는 관복이었어. 요즘으로 치자면 남자들이 결혼할 때 입는 예복과 같다고 할 수 있어.

복두공복인 문석인(여주 세종대왕릉)

아 름  그런데 돌로 만들어진 문석인의 옷차림에서 복두공복과 금관조복
       을 쉽게 구분할 수 있는 방법이 있나요?

아 빠  옷보다는 머리에 쓴 관의 모양으로 쉽게 구별이 가능해. 복두는 두
       단으로 되어 있으면서 각이 지고 위가 평평한 관모야. 대부분의 문
       석인은 복두를 쓰고 있는데 관의 표면에는 전혀 무늬가 없어. 반면
       에 금관은 금색으로 빛이 나서 금관이라고 불리게 된 것일 뿐이고
       원래는 양관(梁冠)이 정식명칭이야. 양관은 검은 비단으로 만든 타
       원형 모자에 금속으로 테를 두른 형태인데, 검은 비단 위에 세로로
       그은 줄을 양(梁)이라 했기 때문에 양관이라 불렸어. 원래 양(梁)
       은 계급을 나타내는 것인데 중국의 1품관이 7줄의 양관을 착용하
       였다면 우리는 5줄의 양관을 착용하였어.

호 림  문석인의 관모에 무늬가 없는지, 아니면 5개의 세로줄이 있는 지
       만 확인하면 되는구나!

금관조복인 문석인(수원 영조대왕릉)

| 능침 공간 | 전방호위 | (1) 무석인 | (2) 문석인 | (3) 석마 |
|---|---|---|---|---|
| | 핵심구조물 | (4) 봉분 | (5) 봉분부속물 | (6) 혼유석 |
| | 내부원형호위 | (7) 석호 | (8) 석양 | (9) 곡장 |
| | 풍수석물 | (10) 장명등 | (11) 망주석 | |

## 어느 쪽에 왕이 묻혀 있을까?

아 름  아빠, 쌍릉으로 된 왕릉이 있을 경우에 어느 쪽에 왕이 묻혀있고, 어느 쪽에 왕비가 묻혀있나요? 삼연릉의 경우에는 더 복잡하겠죠?

엄 마  그 문제는 쌍릉과 삼연릉에만 해당되는 것이 아니라 봉분은 하나일 뿐이지만 합장릉에도 해당되는 문제야.

호 림  각각의 경우를 모두 알려면 머리 꽤나 아프겠는데요?

아 빠  호림아, 무조건 외우려고 하지마. 우리 문화는 원리만 제대로 알면 모든 것이 자연스럽게 알게 돼. 지난번에 내가 유교를 기초로 한 동양사회는 모든 것에 질서와 서열을 부여했고 방향에도 서열이 있다고 설명했던 것 기억나지? 오른쪽과 왼쪽 중에서 어느 것이 서열이 더 높을까?

호 림  예, 왼쪽이 오른쪽보다 높다고 하셨어요

아 빠  잘 했다. 그런데 그런 '좌상우하'는 살아 있을 때 적용되는 규칙이야. 음양론에서는 모든 것을 음양으로 해석을 하는데, 생과 사 또한 음양에 속하기 때문에, 삶의 세계와 죽음의 세계는 음양이 서로 바뀌게 되고, 따라서 사후세계의 서열규칙은 '좌상우하'가 아닌 '우상좌하'가 되는 거야.

엄 마  음양론에서는 남자와 여자도 음양으로 해석을 하는데, 남자를 양

(+)으로 보고 여자는 음(-)으로 봐서 남자가 여자보다는 서열이 높다고 생각한단다.

호 림  그러면 남자인 왕이 오른쪽이고, 여자인 왕비가 왼쪽에 묻혀 있다는 결론이고, 따라서 왕릉에 가면 오른쪽에 보이는 봉분을 무조건 왕의 봉분으로 알면 되겠군요?

## 방향의 기준은 관찰자가 아니라 주인이다

아 빠  한 가지 조심할 것이 있어. 우리 전통문화에서 방향의 기준은 절대로 관찰자가 아니라 주인이야. 궁궐의 주인은 왕이고, 사찰의 주인은 절에 모셔진 부처님이고, 향교나 서원의 주인은 사당에 모셔진 공자님이나 선현들이야. 왕릉이나 일반 무덤도 돌아가신 분이 기준이 돼. 그래서 서오릉의 홍릉과 같은 우허제 왕릉이 생겨나는 거야.

아 름  우허제 왕릉이요?

엄 마  오른쪽 우(右), 빌 허(虛), 규정 제(制), 즉 왕릉의 오른쪽이 비었다는 뜻이란다.

아 빠  서오릉의 홍릉은 영조의 첫 번째 왕비인 정성왕후의 능인데, 왕비가 왕보다 먼저 돌아가시자 영조가 자신이 훗날 묻힐 곳을 조강지처였던 부인의 오른쪽이라고 미리 정해두었어. 그래서 정성왕후릉을 조성할 때 오른쪽을 비워두었는데, 정작 영조가 돌아가시자 영조 자신은 홍릉의 옆에 묻히지 못했어. 그런 이유 때문에 지금까지도 홍릉은 오른쪽이 비어있는 우허제 왕릉이 된 거야.

아 름  그럼 왕릉이 삼연릉인 경우에도 돌아가신 분을 기준으로 보았을 때 가장 오른쪽이 왕, 가운데가 첫 번째 왕비, 왼쪽이 두 번째 왕비 이

조선왕릉 일반편

우허제(영조비 정성왕후 홍릉)

런 순서겠네요?

엄 마 아름이가 응용을 잘 하는구나. 합장릉의 경우에도 돌아가신 왕이 오른쪽에 묻히고, 왼쪽에 왕비가 묻힌단다.

아 빠 그래서 여주에 있는 세종대왕릉의 경우, 비석에

朝鮮國 世宗大王 英陵 昭憲王后 祔左

조선국 세종대왕 영릉 소헌왕후 부좌

라고 새겨서 왕비가 왕의 왼쪽에 묻혔음을 알리고 있지.

엄 마 부좌는 합장할 부(祔), 왼쪽 좌(左)야. 세종대왕을 묻은 영릉인데 소헌왕후를 왼쪽에 묻었다는 뜻이야.

호 림 혹시 집에서 제사를 모실 때, 할아버지와 할머니의 지방의 위치도 같은 원리가 적용되나요?

아 빠 그렇지. 제사상을 받는 두 분을 기준으로 보았을 때, 오른쪽이 할아 버지, 왼쪽이 할머니야.


## 혼유석은 무덤의 입구를 뜻한다


엄 마 여보, 왕릉 봉분 앞에 있는 혼유석은 크기도 엄청나게 크지만, 규 격이 자로 잰 듯이 반듯하고 표면이 너무 매끄러워서 마치 요즘 기 계로 새로 만들어서 갖다 둔 것 같은데, 옛날 것이 정말 맞나요?

아 빠 그럼, 왕릉의 혼유석은 옛날 것이 맞아. 혼유석의 재료는 화강암인 데 그 단단한 화강암의 표면을 다듬어서 반짝반짝 광택을 내는 것 은 현대 기술로도 힘들다고 해. 옛날 기록에 의하면 왕릉 조성 과 정에서 석장 40명이 꼬박 열흘간 혼유석에만 매달렸다는 기록까지 있을 정도야. 그리고 혼유석을 받치고 있는 돌을 북처럼 생겼다고

해서 북석 또는 한자로 고석(鼓石)이라고도 하는데, 북석에는 도깨
비가 문고리를 물고 있는 모습이 새겨져 있어.

아 름  무서운 도깨비가 새겨져 있다면, 그것은 분명 무엇인가를 지킨다는
뜻인 것 같고, 게다가 문고리를 물고 있다면 그것은 …

아 빠  바로 혼유석의 바로 아래 쪽이 왕릉으로 들어가는 입구라는 것을
나타내는 거야. 봉분은 뒤쪽에 있는데 무덤의 입구가 봉분의 바로
앞쪽에 있다는 사실은 조선 왕릉이 수혈식(구덩식) 무덤이 아니라
횡혈식(굴식) 무덤이라는 것을 말해주고 있어. 이런 사실은 조선
왕릉전시관에서 동영상을 보면 한번에 이해가 돼.

| | | | | |
|---|---|---|---|---|
| 능침 공간 | 전방호위 | (1) 무석인 | (2) 문석인 | (3) 석마 |
| | 핵심구조물 | (4) 봉분 | (5) 봉분부속물 | (6) 혼유석 |
| | 내부원형호위 | (7) 석호 | (8) 석양 | (9) 곡장 |
| | 풍수석물 | (10) 장명등 | (11) 망주석 | |

## 왕릉의 석양(石羊), 석호(石虎)는 내시(內侍)다

아 름  아빠, 왕릉의 봉분을 둘러싸고 있는 동물조각은 왕릉을 수호한다는
의미잖아요? 그런데 많고 많은 동물들 중에서 왜 하필이면 호랑이
와 양을 수호동물로 삼았을까요?

아 빠  내가 궁궐은 살아있는 왕의 집(양택)이고, 왕릉은 죽은 왕의 집(음
택)이란 점이 다를 뿐, 왕의 집이라고 했던 말 기억나지? 따라서 궁
궐에서는 살아있는 왕을 바로 옆에서 보필하는 내시(환관)가 있듯
이, 왕릉에서도 죽은 왕을 바로 옆에서 보필하는 누군가가 필요해.

그것이 바로 왕릉의 석물 가운데서 봉분을 빙둘러 호위하고 있는 석양(石羊)과 석호(石虎)야.

**호 림** 석양과 석호가 내시라구요? 그런데 굳이 석양과 석호를 구분해서 만든 이유는 무엇이죠?

**아 빠** 그것은 바로 내시의 역할도 음과 양, 즉 문(文)과 무(武)로 나누어서 조형물을 만든 거야. 살아서든 죽어서든 음양은 조화로운 것이 최고거든. 그래서 문관내시를 상징하는 석양은 서있는 자세고, 무관호위내시를 상징하는 석호는 앉아있는 자세야

**아 름** 내시 중에서도 무관내시가 있어요?

**아 빠** 그럼. 내시는 문관 역할 뿐만 아니라 무관 역할을 하는 호위내시도 있었어. 내가 궁궐을 설명할 때 내전구역에는 원칙적으로 왕 이외에는 남자가 있어서는 안된다고 했지? 그렇지만 내전지역이라도 궁궐과 왕실가족을 호위하는 세력이 당연히 필요하겠지? 그런 것을 여자들에게 맡길 수는 없잖아? 그렇다고 내전지역에 남자를 들일 수도 없고 말이야... 진퇴양란이지.

**엄 마** 그럴 때 남자가 아니면서 무술에 능한 자가 필요했고, 그 역할을 호위내시가 담당한 거야.

**호 림** 석양과 석호는 숫자에도 규칙이 있나요?

**아 빠** 응, 일반적으로 석양과 석호가 교대로 해서 4쌍이 봉분 주위를 둘러싸. 하지만 2쌍인 경우도 있는데 이럴 경우에는 추존왕릉의 경우가 대부분이야. 그리고 무덤의 남쪽 면 만을 제외

무덤을 등지고 선 석양,
앉아 있는 석호(여주 세종대왕릉)

하고 동, 서, 북 3면을 둘러쌓은 담장인 곡장은 능침공간을 보호하기 위한 시설이지만 사실상 더 중요한 의미는 풍수에 있어.

아 름   아, 알 것 같아요. 풍수에서는 바람을 가두어야만 명당기운이 유지된다고 했어요.

아 빠   그래 맞았어. 그래서 왕릉에서는 기와를 올린 담장으로 곡장을 만들지만 일반 민묘에서는 그렇게까지는 하지 못하고, 대신 봉분의 동, 서, 북 3면에 흙으로 둔덕을 쌓아서 곡장의 효과를 내고 있지.

---

**뱀의 발**   내시(內侍)와 환관(宦官)

내시(內侍)는 조선 이후 환관(宦官)과 동일한 뜻으로 사용이 되고 있다. 여기서 환관(宦官)이란 남성의 고환을 적출함으로서 남성으로서 성기능을 하지 못하도록 거세당한 인물들로서, 주로 궁궐 내부의 여러 업무 가운데 궁녀들이 할 수 없는 일을 담당하고 있었다. 원래 환관은 사고나 형벌(생식기를 거세하는 궁형, 그러나 궁형은 중국의 형벌제도에는 있었지만 우리나라에는 없었음)로 인해 거세된 남성들을 선발하였으나, 환관의 수요가 증가하면서 일부러 거세를 하는 경우도 많았다고 한다. 거세한 남성만을 환관에 기용한 것은 함께 궁에서 생활하는 궁녀 뿐 아니라 왕실 여성들과 성적인 문제를 일으키는 것을 방지하기 위한 것이었다고 한다. 궁녀들과 왕실 여성들은 이 때문에 환관(宦官) 이외의 남자들(특히 금군별장 이나 왕실종친들)과 물의를 일으키거나(숙종때 홍수의 변) 동성애 사건(문종이 세자시절 세자빈 봉씨가 동성애로 폐위됨)으로 왕실을 뒤집어 놓았다는 기록이 조선왕조실록 여기저기에 보인다.

그런데 내시(內侍)는 원래 환관과 별개의 존재이다. 내시의 원래 의미는 궁궐에 숙직하면서 왕을 곁에서 보필하는 역할을 담당하고 있었다. 백과사전에서 내시의 뜻을 찾아보면 "고려시대 숙위(宿衛) 및 근시(近侍)의 일을 맡아본 관원"이라고 되어 있다. 이들은 젊은 관리들 중에서 실력이 뛰어난 인물들 가운데 뽑아서 임명하였다. 고려시대 요직을 차지한 인물들 중에는 내시 출신이 많았다. 따라서 내시는 정상적인 지배계층의 자제들이었다. 이들은 주로 왕위 친위세력으로서 왕권을 강화하는데 큰 역할을 했을 뿐 아니라 왕의 후원 아래 상당한 권력을 행사했다. 내시가 환관과 동일시 된 것은 조선시대부터 이다. 신권 중심의 정치를 지향하던 정도전 등은 왕의 측근세력으로, 왕권의 강화와 상당한 권력을 행사할 수 있는 내시의 존재를 없애야만 했다. 하지만 조선 건국 초기까지도 여전히 거세하지 않은 내시들이 남아있었던 것으로 본다면, 쉽게 없애지는 못했던 것으로 보인다. 대신 내시의 역할을 환관으로 하여금 대체하도록 변화시켰던 것으로 생각된다.

이후 조선시대 내내 내시의 존재는 환관과 동일시 되었고, 그 결과 오늘날 '내시=환관'이라는 생각이 상식처럼 되었다.

| 능침 공간 | 전방호위 | (1) 무석인　　(2) 문석인　　(3) 석마 |
|---|---|---|
| | 핵심구조물 | (4) 봉분　　(5) 봉분부속물　　(6) 혼유석 |
| | 내부원형호위 | (7) 석호　　(8) 석양　　(9) 곡장 |
| | 풍수석물 | (10) 장명등　(11) 망주석 |

## 초기 중국의 망주석은 비석의 기능을 갖고 있었다

엄 마 여보, 망주석의 정확한 용도는 뭐예요? 여러 책을 봐도 속시원하게
설명해 주는 곳이 없어요.

호 림 망주석이 뭐예요?

아 빠 응, 망주석은 무덤 앞에 있는 1쌍의 돌기둥을 말해. 예전에는 왕릉
급에만 있던 석물인데, 후세로 내려오면서 민묘에서도 등장하게 되
었지. 백과사전에는 이렇게 나와있어.

　　무덤 앞에 세우는 1쌍의 돌기둥인데 망두석(望頭石), 망주석
표(望柱石表), 화표주(華表柱)라고도 한다. 주로 돌받침 위에
8각기둥을 세우고, 맨 위에 둥근 머리를 얹었다. 중국의 진서
(陳書) 예의(禮儀)에 "507년 양나라의 묘제(墓制)를 바로 잡
았는데 석인(石人), 석수(石獸), 석비(石碑)의 건립을 금하고
석주(石柱)만을 세워 그 위에 이름, 지위를 적는 것을 허락했
다."라고 한 기록을 통해 망주석의 용도 및 기원이 오래 되었
음을 알 수 있다. 중국에서 전해진 망주석은 통일신라시대에
발전하기 시작하여 8세기경에 왕릉의 석물배치가 정비됨에 따
라 능묘조각의 하나로 자리를 굳혀 오늘에 이르고 있다. 가장
오래된 예는 괘릉(掛陵)과 흥덕왕릉의 것이며, 고려와 조선

시대를 거치면서 일반화되었고 다양한 모습으로 만들어졌다.

아 름  아, 망주석은 중국에서 비롯되었고, 처음에는 이름과 지위를 적어
묘의 주인을 나타낸 것이군요.

호 림  그런데 그런 것은 비석에 다 나오잖아요?

곡장 안에 한 쌍으로 설치된 망주석(숙종과 인현왕후 명릉)

## 우리나라의 망주석은 무덤수호신앙으로 변하게 되었다

**아 빠** 호림이 말대로 망주석의 기능은 중국에서 우리나라로 오면서 중국 본토의 것과 상당히 달라지게 돼. 우리나라에서는 묘의 주인에 대한 상세한 기록은 비석이 대신하게 됨에 따라서 망주석의 기능은 묘주(墓主)의 사회 신분을 나타냄과 동시에 무덤을 지키는 수호 신앙으로 변했어. 특히 무덤은 음택과 관련된 풍수사상에 영향을 많이 받게 되었는데, 조선시대로 내려오면서 망주석에 이상한 형상의 동물이 하나 붙게 되었어. 이름은 세호(細虎)라고 하는데 작은 호랑이라는 뜻이야.

**호 림** 작은 호랑이요? 다람쥐가 아니고요?

**아 빠** 이름은 작은 호랑이라는 뜻의 세호지만 그런데 생김새가 호랑이하고는 완전 딴판이지. 얼핏보면 마치 다람쥐와도 비슷해. 우선 태조왕릉인 건원릉의 망주석에는 귀모양의 세호가 붙어 있었어. 그러더니 연산군 때부터는 꼬리가 달리더니 중종왕릉인 정릉에는 몸통까지 뚜렷하게 새겨졌어. 그래서 다람쥐라고 오해를 받는거야.

망주석에 새겨진 세호(숙종과 인현왕후 명릉)

**아 름** 그럼, 왜 세호라고 이름을 붙

였나요? 호랑이와 무슨 연관이 있나요?

아 빠 　자, 세호의 주위를 한번 둘러봐. 세호와 이름이 비슷하면서 무덤을 지키는 동물이 또 하나 있지? 바로 석호야. 왕과 왕비의 능침을 지키는 수호동물이 바로 호랑이 형제인 석호와 세호인 셈이지.

호 림 　석호야 호랑이처럼 생겼으니 수호동물이라고 하지만, 저렇게 다람쥐처럼 생긴 조그만 호랑이가 어떻게 무덤을 수호해요? 말도 안돼!

아 빠 　세호가 지키는 것은 특수한 것이기 때문에 굳이 덩치가 클 필요가 전혀 없어.

아 름 　특수한 것을 지켜요?

## 망주석은 풍수적 기능을 하는 석물이다

아 빠 　풍수에서 말하는 명당기운인 생기를 지키는 거야. 내가 전에도 조선왕릉은 생기가 넘치는 생기탱크라고 말했잖아. 그리고 그 생기가 바깥으로 새어나가지 못하도록 좌청룡, 우백호로 바람도 가두고 심지어 봉분을 둘러싸고 곡장이라는 담까지 둘렀어. 그럼에도 불구하고 한쪽이 터져있지? 바로 남쪽이 터져 있어. 따라서 특별한 조치를 취하지 않으면 애써 모아둔 생기가 다 새어 나가 버리겠지?

엄 마 　그래서 생기를 빠져나가지 못하게 망주석을 세웠고, 거기다가 세호까지 새겨 넣은 거구나!

아 빠 　한방에서는 항문주위 괄약근의 역할 중의 하나에는 사람 몸 속의 살아있는 생기가 빠져나가지 못하게 막아주는 기능도 있다고 해. 따라서 사람이 죽으면 괄약근이 풀리고 변을 배출하게 되는데 이는 곧 생기가 몸에서 빠져 나가는 것이라고 보는거야. 따라서 망주석

곡장 밖에 설치된 망주석(숙종후궁 장희빈 대빈묘)

에 붙어있는 세호의 역할은 그런 풍수적인 기능이기 때문에 세호는 결국 생기를 보호하는 수호동물이야.

호 림  석호와는 이웃사촌쯤 되겠네요.

아 빠  그런 망주석이 생기를 잡아주는 풍수적인 기능을 제대로 하려면 망주석의 위치가 반드시 곡장 안쪽으로 들어와 있어야 해. 만약 망주석이 곡장 밖으로 빠져나가 있다면 제대로 기능을 못하겠지? 예를 들어, 연산군묘, 광해군묘 및 장희빈의 대빈묘의 망주석은 곡장 밖으로 빠져나가 있어. 왜일까? 풍수계에서 보는 견해는 연산군, 광해군을 쫓아낸 중종반정 및 인조반정세력과 장희빈을 몰아낸 서인정권이 연산군과 광해군, 그리고 장희빈의 묏자리를 명당 기운이 새어나가는 허혈자리를 만들기 위해 의도적으로 그렇게 만든 것이라고 해.

제 8 장

조선 왕릉 답사편

# 하루만에 끝내는 조선 왕릉 핵심 답사코스

태릉으로 가는 자동차 안

## 첫 조선 왕릉 답사는 태릉에서부터

아 름  아빠, 오늘 단 하루 동안에 조선 왕릉 중 중요한 것들은 모두 다 돌아본다고 하셨는데, 이렇게 이른 시각에 우리 지금 어디로 가고 있는 거죠?

아 빠  조선 왕릉을 처음으로 답사를 할 경우에는 태릉에서부터 시작하는 것이 좋아. 그래서 태릉으로 가고 있는 중이야. 태릉은 조선 제11대 왕인 중종의 세 번째 왕비였던 문정왕후의 릉이야. 우리가 태릉을 제일 먼저 가는 이유는 태릉 자체 보다는 태릉의 입구에 있는 조선 왕릉 전시관 때문이지. 그곳에서는 조선왕릉이 무엇이고, 어떻게 만들어졌고 또 지금은 어떻게 관리되는지를 시청각자료로 한눈에 알 수 있어.

호 림  백문이 불여일견이라는 말씀이군요.

아 름  어? 오빠가 어려운 문자를 쓰다니, 웬일이야?

호 림   나도 그 정도는 알아. 얼마 전에 학교에서 배웠어. 백번 문의하는
        것이 한번 눈으로 보는 것만 못하다는 뜻이야. 아빠도 우리가 왕릉
        에 대해 수백번 물어보면 대답하시기 힘들잖아? 그래서 눈으로 직
        접 보여주시려고 하는 거야!

아 름   오빠! 학교에서 깜빡 졸았구나! 알려면 제대로 알아야지. 백번 문
        의하는 것이 아니라 백번 듣는 것이야. 백번을 듣는 것 보다는 한번
        보는 것이 더 좋다는 뜻이라구!

호 림   어? 그런가?


## 서울 동쪽의 왕릉군 답사만으로
## 조선 왕릉에 대한 전반적인 파악이 가능하다


엄 마   여보, 아무리 중요한 것들만 골라본다고 해도 하루만에 조선왕릉을
        답사하고 전반적인 내용을 이해한다는 것은 우리 아이들에게 너무
        무리한 계획이 아닐까요?

아 빠   내 생각에는 큰 무리는 없을 것 같아. 조선왕릉은 단독으로 만들어
        진 것도 있고, 집단으로 모여있는 것도 있는데, 집단으로 만들어진

---

**뱀의 발**  태릉의 주소지는 서울특별시 노원구 공릉동(孔陵洞) 산223-19 이다.

주변에 공릉(孔陵)이라는 능이 없음에도 불구하고 '공릉동'이라는 지명이 생긴 유래는 다음과 같다.
공릉동은 원래부터 이 지역에 있던 자연촌락인 '공덕리(孔德里)'와 태릉 때문에 생긴 지명인 '능골'에
서 유래되었다. 1961년 이 지역이 서울시로 편입될 때 문정왕후의 능인 태릉이 있다 해서 '태릉동'
이라고 했었는데 이 지역 가운데 마을이 먼저 형성되었던 공덕리 주민들의 반발로 공식적인 태릉동
을 명칭으로 사용하지 못하였다가 공덕리와 능골 주민들이 모여 양쪽 마을의 첫글짜를 따서 공릉동
으로 확정되었다.

것 중에서도 가장 규모가 큰 것이 동구릉과 서오릉이야. 따라서 가장 규모가 큰 동구릉과 주변의 몇 군데를 더 집중적으로 답사를 하면, 굳이 40기나 되는 모든 조선 왕릉을 다 돌아보지 않더라도 다양한 종류의 조선 왕릉들을 비교 관찰하면서 조선 왕릉 전반에 대한 것을 종합적으로 이해할 수 있다고 생각해.

아 름  오늘 일정은 어떻게 되나요?

엄 마  오늘 답사계획은 아침 일찍 조선 왕릉 전시관과 태릉에서 시작한 뒤, 그 다음은 동구릉을 둘러보고, 마지막으로 홍유릉에 들릴 거야. 따라서 오늘 답사지역은 서울 동쪽지역의 왕릉들이야. 저 앞에 태릉 표지판이 보이네. 이제 다 왔어.

호 림  와, 바로 옆에는 육군사관학교도 있어요! 엄청나게 넓다.

아 빠  아빠가 주차할 동안 태릉 입장권을 사 둬. 조선 왕릉 전시관은 태릉 입장권만 있으면 무료로 관람할 수 있어.

# 태릉 조선 왕릉 전시관에서 꼭 봐야 할 것들

➜ 조선 왕릉 전시관 입구

조선 왕릉 전시관 관람은 금천교를 넘어야 시작된다

조선왕릉전시관 외부전경

아 름   아빠, 여기에 금천교를 만들어 놨어요.

엄 마   조선 왕릉은 항상 금천교를 건너야 한다는 것을 알려주기 위해서
일부러 만들어 놓은 것 같아.

아 빠   왕릉 뿐만 아니라 궁궐도 반드시 금천교를 건너야 해. 궁궐이 살
아있는 임금의 집(양택)이라면 왕릉은 죽은 임금의 집(음택)이라
고 할 수 있지. 그래서 양택이든 음택이든 임금의 집은 조선 최고
의 풍수명당자리이기 때문에 명당기운을 지키기 위해서 명당수가

---

**뱀의 발**   조선 왕릉 전시관 관람정보 (2012. 12. 30 기준)

○ 관람시간 (휴관일 : 매주 월요일)

| 2월 ~ 5월 / 9월 ~ 10월 | | 6월 ~ 8월 | | 11월 ~ 1월 | |
|---|---|---|---|---|---|
| 매표시간 | 관람시간 | 매표시간 | 관람시간 | 매표시간 | 관람시간 |
| 09:00~17:00 | 09:00~18:00 | 09:00~17:30 | 09:00~18:30 | 09:00~16:30 | 09:00~17:30 |

입장은 관람 종료 1시간 전까지 가능합니다.

○ 관람요금

| 대상 | 개인 | 단체(10인 이상) |
|---|---|---|
| 만 19세~64세 | 1,000원 | 800원 |

태릉 입장권으로 조선왕릉전시관도 관람가능

○ 무료 관람 대상자

만 18세 이하 청소년(학생증 또는 청소년증 지참) / 만 65세 이상 국민(신분증 지참) / 국 · 공립기관
에서 정양 중에 있는 상이군경 / 만 65세 이상 외국인 중 영주자격(F-5) 취득자 / 학생인솔 등 교육활
동을 위해 입장하는 교원 / 한복을 착용한자(신정 · 설날 및 추석연휴) / 「장애인복지법」상의 장애인
(1~3급은 돌봄이 1인 포함) / 국가유공자 및 배우자 / 5.18 민주유공자 및 배우자 / 참전유공자 및
배우자 / 차상위계층(자활근로자, 차상위본인부담경감대상자, 장애(아동)수당대상자, 한부모가족보
호대상자) / 병무청 발급 병역명문가증 소지자(본인) / 중요무형문화재 보유자 및 전수교육조교 / 문
화재청장 및 중부지구관리소장이 인정하는 자

※ 무료 관람 대상자는 반드시 관련 증빙을 제시하여야 함.

흐르는 금천으로 둘러싸고, 그 금천을 넘어가기 위해 금천교를 설
치하는 거야.

호 림  여기는 왜 이렇게 어둡게 만들어 두었을까요? 밝으면 관람하기에
편하고 좋으련만...

엄 마  이곳이 조선 왕릉 전시관이라는 사실을 잊었구나! 마치 왕릉에 들
어온 느낌이 나지 않니?

아 름  아빠, 이곳에는 국상이 발생하고나서 일어나는 일들이 순서대로 전
시되어 있어요.

아 빠  국장순서를 이곳, 전시관에서는 9개의 단계로 정리를 했어. 하나
씩 살펴볼까?

| (1) 왕의 승하(昇遐) | (2) 삼도감 설치(三都監 設置) | (3) 빈전에 안치(성빈成殯) |
|---|---|---|
| (4) 새로운 왕의 즉위(사왕嗣王) | (5) 시호를 올림(상시책보上諡 冊寶) | (6) 명당선정(明堂選定) |
| (7) 왕릉 조성(王陵造成) | (8) 왕릉으로 모심(발인發靷) | (9) 종묘에 안치(부묘祔廟) |

아 빠  일단 왕이 돌아가신 것을 뜻하는 단어로 '승하'라는 말이 있어. 그
렇지만 조선에서는 왕의 승하와 관련해서도 수많은 세부 상례절차
가 있었어. 이런 국상에 대한 예법을 정리해 둔 책이 〈국조오례의〉
의 흉례편과 나중에 그것을 보완한 〈국조상례보편〉이란 책이야. 책
마다 약간의 차이가 있지만 대체로 승하와 관련해서 당일에는 고명,
초종, 복, 역복불식, 계령, 목욕, 습, 위위곡, 거림, 함, 설빙, 영좌,
명정절차를, 3일째 날에는 고사묘, 소렴, 치벽절차를 그리고 5일째
날에는 대렴하는 절차가 있어.

호 림  아빠, 그렇게 복잡한 것을 어떻게 다 알고 계세요? 그리고 그 절차
가 3일째 날인지, 아니면 5일째 날인지는 어떻게 알아요?

아 빠  녀석, 내가 방금 국상에 대한 예법을 정리해둔 책이 있다고 말했잖
아. 책은 폼으로 갖고 다니는 게 아니야. 그 책 속에 있는 내용이 다
들어있어. 예를 들어 3일째 사직단과 종묘에 국상을 알리는 절차인
고사묘(告社廟) 부분을 내가 읽어줄게.

> 제3일에 사직(社稷), 영녕전(永寧殿), 종묘(宗廟)에
> 대신(大臣)을 보내어 상례(常例)와 같이 고한다.
> 고하는 의식에는 전(奠)이 없다. 사단(社壇)과
> 직단(稷檀)에는 각각 고문(告文) 하나씩을 쓰고,
> 영녕전에는 함께 고문 하나를 쓰고, 종묘에도 함께
> 고문 하나를 쓴다.

아 름  여기 전시된 내용에는 아빠가 말씀해 주신 내용이 다 있는 것은 아
니고 몇 가지만 골라서 써 있어요. 그렇지만 설명이 너무 짧아서 잘
모르겠어요. 아빠께서 좀 더 자세한 설명을 해 주세요.


## 승하당일 절차 1 : 초종

아 빠  전시된 내용을 보니 승하당일에는 초종, 복, 역복불식, 계령, 습, 위
위곡, 함, 설빙 절차를 3일째 날에는 고사묘, 소렴, 치벽 절차를, 그
리고 5일째 날에는 대렴, 성빈, 성복 절차를 써 놓았구나. 맨 먼저
초종(初終)이라는 것은 국왕의 임종을 뜻해. 만약 국왕의 병이 심하
면 내시가 부축하여 머리를 동쪽으로 하고 네 사람이 그 손발을 잡
아. 그리고 안팎을 조용하게 하고 내시가 새 솜으로 임금의 입과 코
위에 대어 움직이는가를 본 후에 숨이 끊어지면 곡을 하는 절차야.
엄 마  한자를 해석하면 임종[終]을 처음[初]으로 확인한다는 뜻이지.

호 림  사극에서 돌아가신 임금님의 코에 내시가 솜을 올려두는 장면을
     본 기억이 나요!

## 승하당일 절차 2 : 복

아 빠  두 번째로 나오는 복(復)이라는 것은 죽은 왕이나 왕비의 혼이 다
     시 돌아오라고 부르는 의식이야. 임종을 확인한 내시는 왕이 평소
     에 입던 웃옷을 가지고 지붕으로 올라가 왼손으로 옷깃을 잡고 오
     른손으로 허리 부분을 잡고 북쪽을 향해 '상위복(上位復)'을 세 번
     부르고 옷을 앞으로 던지면 다른 내시가 곁에서 받아서 함에 넣어
     가지고 들어와서 왕의 시신을 덮는 거야.
엄 마  궁궐에서 한자로 상(上)이라고 하면 그것은 주상, 곧 임금을 뜻해.
     주상전하라는 말 들어봤지? 따라서 상위복(上位復)이란 임금[上]
     이여, 다시 자리[位]로 돌아오소서[復]라고 해석할 수 있단다.
호 림  아, 사극에서 그 장면도 봤어요. 그러고 보니 사극도 공부가 되는 구나.
아 름  만약 왕이 아니라 왕비가 돌아가시면 뭐라고 불러요?
아 빠  좋은 질문이구나. 왕이 돌아가시면 상위복(上位復)이라고 부르지

---

### 뱀의 발

순조실록 34권, 34년(1834 갑오 / 청 도광(道光) 14년) 11월 13일(갑술) 12번째기사
복(復)을 행하다

내시(內侍)가 상시에 입고 있는 상의(上衣)를 왼쪽에 메고 앞 동류(東霤)부터 올라가서 왼손으로 옷깃
을 잡고 오른손으로는 허리를 잡고 북쪽을 향하여 세 번 상위복(上位復)을 불렀다. 복을 마치고는 옷
을 가지고 대행 대왕(大行大王)의 위에 덮고 연궤(燕几)로써 철족(綴足)하였다. (출처: 태백산사고본)

만, 왕비가 돌아가시면 중궁복 (中宮復)이라고 외쳐.

엄 마 세자를 동궁이라고 하는 것처럼 중전마마인 왕비는 중궁(中宮)이라고도 해. 중전(中殿)도 중궁전(中宮殿)을 줄인 말이야.

## 승하당일 절차 3 : 역복불식, 계령

아 빠 세 번째로 나오는 역복불식(易服不食)은 한자 뜻 그대로 옷을 갈아입고〔易服〕음식을 먹지 않는다〔不食〕는 뜻이야. 왕세자와 대군 및 왕비, 빈, 왕세자빈, 문무백관은 모두가 관(冠)과 웃옷을 벗고 머리를 풀고 흰옷과 흰 신과 거친 베로 된 버선을 신어서 사치스러운 것을 버리고 3일 동안 음식을 먹지 않아야 돼.

호 림 3일씩이나? 산 사람도 죽겠네요.

아 빠 네 번째로 나오는 계령(戒令)은 조선시대 국상을 당하였을 때 관청과 백성이 지키고 행하여야 할 일에 관한 규칙을 정해둔 것이야. 일단 국상이 나면 나라의 비상사태가 발생했기 때문에 병조에서는 궁궐 내외의 경계를 엄중히 하고, 예조에서는 국상에 관한 일〔喪事〕에 대한 모든 것을 의정부(議政府)에 보고해. 또한 상사(喪事)의 절차에 조금의 소홀함도 없도록 감독하고, 5일간 시장을 철시하고 졸곡(卒哭) 때까지는 음악과 결혼과 도살(屠殺)을 금지해. 그리고 이조에서는 초상을 집행할 관원과 관장할 업무를 정해.

엄 마 이조에서 초상을 집행할 관원과 관장할 업무를 정한다는 뜻은 삼도감을 설치한다는 뜻인가요?

아 빠 응, 내가 국조상례보편에서 찾아낸 그 부분을 읽어줄게.

　　　　이조(吏曹)는 의정부(議政府)에 보고하고서 빈전(殯殿), 국장

(國葬), 산릉(山陵)의 3도감을 설치한다. 빈전도감은 습, 염, 성빈, 성복, 혼전(魂殿), 배비 등의 일을 맡는다. 국장도감은 재궁(梓宮), 연(輦), 여(輿), 책보(冊寶), 복완(服玩), 능지(陵誌), 명기(明器), 길흉의 의장, 상유, 포연, 제기(祭器), 제전(祭奠), 반우(返虞)등의 일을 맡는다. 산릉도감은 현궁(玄宮) 및 정자각, 재방(齋房)을 영조(營造)하는 등의 일을 맡는다. 3도감의 도제조는 좌의정을 임명하고, 총호사라 칭하여 상례와 장사에 관한 모든 일을 총괄하게 한다. 또 한성부 판윤을 교도돈체사로 임명하여 교량과 도로를 닦는 일을 맡게 한다.

## 승하당일 절차 4 : 습

아 빠 다음으로 나오는 습(襲)은 내시들이 왕의 시신을 목욕시키고 9벌의 옷을 입히는 절차야.

아 름 왜 하필 9벌이죠?

아 빠 아마도 9라는 숫자가 극양수 이기 때문일거야. 양수(홀수)중에서는 가장 큰 숫자이지.

엄 마 혹시 임금의 구장복과 관련이 있는 것은 아닐까요?

아 빠 그럴 가능성도 있겠네. 구장복이란 왕이나 황태자가 국가의 최고 예식인 대례(大禮)와 제례(祭禮), 흉례(凶禮)에 사용하는 구장문(九章文)의 면복(冕服) 한세트를 뜻하는 데, 무늬(章文)가 9개라서 구장복이야. 황제는 십이장복을 입었다고 해.

아 름 면복(冕服)이라고 하면, 혹시 면류관과 함께 입는 옷 말인가요?

엄 마 맞아, 평소에 임금이 쓰던 매미 날개가 달린 익선관 말고, 구슬이

주렁주렁 달린 면류관 알지?

## 승하당일 절차 5 : 위위곡, 함

**아 빠** 다음의 위위곡(爲位哭)은 내시들이 왕세자, 대군, 왕비, 빈, 왕세
자빈 등의 위(位: 자리)를 마련하면 각자의 위에 나아가 곡을 하는
절차야. 여기에는 생략되었지만 모든 관원도 따라서 곡을 하는 거
림(擧臨)이라는 절차도 있어. 이때 종친과 문무백관의 자리가 마
련되는데 문관은 동편에, 무관은 서편에 자리를 마련하여 모두 곡
하고 네 번 절을 해.

**엄 마** 한자로는 할 위(爲), 자리 위(位), 울 곡(哭)자야. 자기 자리에서 곡
을 한다는 뜻이지.

**아 빠** 그 다음으로 나오는 함(含)이란 절차는 시신을 염습할 때에 입에다
가 쌀을 넣는 의식이야. 사도시(司䆃寺: 쌀, 간장, 겨자 따위를 궁
중에 조달하는 일을 맡아보던 관아)에서는 쌀을 바치고 상의원(尙
衣院: 임금의 의복을 진상하고, 대궐 안의 재물과 보물 일체의 간
수를 맡아보던 관서)에서는 진주를 바치면 내시가 이를 시신의 입
에다 넣어줘.

**호 림** 앗, 그럼 조선왕릉을 파보면 최소한 진주는 하나씩 얻을 수 있겠다.

## 승하당일 절차 6 : 설빙(냉동영안실)

**아 빠** 승하 당일, 마지막 절차로 여기에 쓰여있는 설빙(設氷)은 시신아
래 얼음을 넣는 일인데 왕의 시신이 부패하지 않도록 나무틀을 짜

서 얼음을 넣고 시신의 사면을 둘러싸는 거야. 조선판 냉동영안실이라고 할 수 있지.

아 름  설빙에 대해서는 아빠가 예전에 설명해 주신 적이 있어서 기억이 나요.

## 승하 3일째 절차 1 : 고사묘, 소렴

아 빠  승하 3일째의 절차로 처음 나오는 고사묘(告社廟)는 말 그래도 사직과 종묘에 고(告)하는 절차야. 고사묘는 내가 조금 전에 설명해 주었으니 잘 알겠지?

아 름  예, 기억하고 있어요. 사신을 보내서 고하는데, 사직단에는 사단과

---

**뱀의 발**  세종실록 〉 오례 〉 흉례 의식

### 설빙(設氷)

공조(工曹)에서 선공감(繕工監)으로 하여금 빙반(氷槃)을 제조하게 하는데, 그 제도는 그 때의 사정에 맞게 한다. 길이는 10척, 너비는 5척 4촌, 깊이는 3척이다. (자는 영조척(營造尺)을 사용한다.) 밖의 사면(四面)에는 각각 큰 쇠고리(鐵環)를 박고 또 잔상(棧牀)을 만드는데 길이는 8척, 너비는 3척 4촌인데, 발까지 통틀어 재면 높이는 1척 5촌이다. 평상 위에 빙 둘러 난간을 붙이는데, 높이는 1척이나 된다. 안에는 대그물(竹網)을 붙여서 옷으로 하여금 밖으로 향하여 습기(濕氣)를 받지 않도록 한다. 또 잔방(棧防)을 4척(隻)씩 만들어 양쪽 옆에 있게 하는데, 길이는 각각 8척이나 되고, 양쪽 끝에 있는 것은 길이가 각각 3척 4촌이나 되고 모두 높이는 3척이나 된다. 먼저 평상을 소반 가운데에 설치하고, 다음에 얼음을 평상 아래에 넣은 뒤에 대행왕(大行王)을 평상 위에 옮기고는, 사면(四面)에 잔방(棧防)을 설치하고, 그 잔방(棧防)의 연접(連接)하는 곳에는 쇠갈고리(鐵鉤)로써 이를 걸어당겨서 튼튼하게 하고, 곧 얼음으로써 빙 둘러 쌓아 올려서 높이가 잔방(棧防)과 가지런하게 하여, 얼음으로 하여금 안으로 향하여 평상을 침해하지 못하도록 한다. 무릇 얼음을 설치하는 법은 중춘(仲春) 이후부터 그 절후(節候)를 헤아려서 습의(襲衣)를 입히고, 혹은 소렴(小斂)을 하고 난 후에 얼음을 사용한다. 만약 절후가 그다지 덥지 않으면, 전목반(全木槃)을 사용하여 얼음을 담아서 적당한 데 따라 평상(平牀) 아래와 사면(四面)에 두는 것도 또한 좋다. (출처: 태백산사고본)

직단에 각각 고하고, 그리고 종묘에는 영녕전과 정전에도 각각 고한다고 설명하셨어요.

아 빠  그 다음에 나오는 소렴(小斂)은 왕이 죽은 뒤에 습(襲) 절차를 마치고 나서 시신의 뼈가 굳어서 입관(入棺)하는 데 지장이 생기지 않도록 손과 발을 거두는 절차야. 이때 베로 시신을 싸서 묶는데. 소렴에서 입히는 옷은 겹이불까지 포함해서 19벌이야.

아 름  습할 때는 9벌 이었는데 지금은 19벌이요? 계속 9가 나오네요.

호 림  그런데 시신의 뼈가 굳어요?

아 빠  사람을 포함해서 모든 동물은 죽으면 사후경직이라는 과정을 겪게 돼. 그래서 미리미리 준비를 하는 거야.

## 승하 3일째 절차 2 : 치벽

아 빠  승하 3일째의 절차중 치벽(治椑)은 공조에서 왕을 위한 관을 준비하는 절차야. 여기서 '벽(椑)'은 시체에 직접 대는 관(棺)을 의미하는데 다른 말로는 재궁(梓宮)이라고도 해. 저쪽 옆 모니터에서는 치벽을 하는 과정을 동영상으로 보여주고 있어. 상례보편을 찾아보면 이렇게 되어 있어.

공조에서 그 소속 관원을 거느리고 벽의 안팎을 다듬는다.
벽 안은 홍광직으로 붙이고, 네 모퉁이를 녹광직으로 붙인다.
익힌 출미회(秫米灰: 출미의 재(灰))를 그 밑바닥에
4치 가량의 두께로 깔고, 칠성판을 놓는다.
판 위에 홍광직으로 만든 요와 자리를 깐다.

엄 마  칠성판을 까는 것은 무슨 이유가 있나요?

**아 빠** 칠성판에 일곱 개의 별을 새기는 까닭은 망자(亡者)가 가는 저승이 바로 북두칠성(北斗七星)이라고 생각한데서 유래한 것이야. 즉 하늘에서 내려와 지구에서 살다가 죽으면 다시 하늘로 돌아간다는 천손(天孫)사상에서 기인한 것이라고 할 수 있지.

## 승하 5일째 절차 3 : 대렴(입관)

**아 빠** 이제는 승하 5일째의 절차인 대렴부분인데, 대렴(大斂)은 소렴(小斂)이 끝난 뒤에 시신을 묶어서 입관하는 의식이야. 시신을 완전히 묶어 관에 넣는데, 이때 무려 90벌의 겹옷과 겹이불로 싸.

**아 름** 습할 때는 9벌, 소렴에는 19벌인데, 대렴에는 90벌? 정말 많은 옷을 입히네요.

## 승하 5일째 절차 4 : 성빈, 성복

**아 빠** 승하 5일째의 나머지 절차는 성빈과 성복인데, 성빈(成殯)은 빈전(殯殿)을 차리고, 빈소(殯所)를 만드는 것이야. 이 일은 선공감(조선시대 토목ㆍ영선에 관한 일을 맡아본 관청)에서 맡아서 했는데 저쪽 편에 동영상이 나오는 모니터까지 곁들여서 별도로 전시물로 설명하고 있어. 그리고 다음 단계인 성복(成服)은 초상이 나서 처음으로 상복을 입는 것이데, 왕세자 이하 모두가 상복으로 갈아입어.

**아 름** 아빠, 승하 당일에도 옷을 갈아입고 음식을 먹지 않는다는 절차가 있지 않았나요?

호 림 　나도 기억이 나요. 상복을 입는 규정이 왜 두번이나 나와요?

아 빠 　응, '역복불식(易服不食)'을 말하는 구나. 그 때는 아마도 간이형태의 흰옷을 입었던 것 같아. 상례보편에도 그냥 소복(素服)을 입는다고만 되어 있지 상복이라고 표현하지 않았어. 하지만 조선처럼 예법을 따지는 나라에서 상복은 그리 간단하게 만들어 지는 것이 아니야. 성복(成服)이라는 절차와 붙어 있는 복제(服制)라는 절차에는 성복에 따른 상복의 규격과 상기(喪朞: 상복을 입는 기간)를 까다롭게 정해 놓았어. 예를 들면, 왕세자의 복제로는 참최(斬衰) 3년이지만 왕위를 이어 받을 때는 면복(冕服)을 입고, 졸곡 후에 일을 볼 때 백포(白袍)와 익선관을 사용한다는 등을 규정하고 있어. 초상을 당했을 때 망자와의 혈통관계를 따라 참최(斬衰), 재최(齋衰), 대공(大功), 소공(小功), 시마(緦麻)의 오복(伍服)으로 나누어진다고 되어 있어.

엄 마 　조선 후기의 복상논쟁(예송논쟁)이 바로 이 부분에서 문제가 된 것이로군요!

---

**뱀의 발** 　조대비의 복상논쟁(예송)은 과연 백해무익한 것이었나?

일반인들에게 당파싸움으로 인한 폐해의 대표적인 사례를 꼽으라면 대부분 예송논쟁(禮訟論爭, 복상논쟁)을 우선으로 꼽는다. 예송논쟁이라는 용어를 모르는 사람이라도 최소한 그 내용이 무엇인지는 대부분 귀동냥으로 어렴풋이나마 들어서 알고 있을 것이다. "아, 예송논쟁이요? 대비가 상복입는 기간을 1년으로 할지, 3년으로 할지를 두고 쓸 데 없이 두 당파가 싸운 소모적 정쟁 말씀이죠?"

예송논쟁은 과연 소모적 정쟁인가?

최소한 예송논쟁(禮訟論爭)이 뭔지 아는 사람에게 예송논쟁에 대한 견해를 물어보면, 돌아오는 답이 대부분 이와 비슷하다. 이 대답의 핵심은 "소모적 정쟁"에 있다. 그러나 나는 생각이 전혀 다르다. 결론부터 말하면 예송논쟁은 절대 쓸 데 없는 소모적 정쟁이 아니었다. 오히려 조선이라는 나라의 정통성을 확보하기 위한 거대담론 이었다. 예송논쟁에 대해 쓸 데 없는 소모적 정쟁 이라고 대답을 하는 것은 두

가지 측면에서 큰 오류를 범하는 것이다. 그 이유는, 첫째, 우리가 현재의 잣대로 조선시대를 판단하려 하고 있으며, 둘째, 예송논쟁의 본질을 제대로 모르는 상태에서 답을 했기 때문이다.

## 예송논쟁의 숨은 본질

예송논쟁은 표면적으로는 조대비가 상복입는 기간을 가지고 다툰 것이지만 그 속에는 엄청난 내용이 들어있다. 바로 효종임금의 정통성을 문제삼는 것이기 때문이다. 조선과 같은 전제왕조국가에서 왕의 정통성을 문제삼았다고 한다면, 그것은 자칫 잘못 하면 역모로 몰려 피바람을 불러오게 할 가능성이 있는 것이다. 그럼 대비가 상복입는 기간과 왕의 정통성과는 도대체 어떤 관련이 있는 것일까? 이 이야기는 인조와 소현세자 이야기에서 먼저 시작해야 한다. 인조는 병자호란에 대한 피해망상 때문에 장남인 소현세자를 독살시키고, 차남인 봉림대군에게 왕위를 넘겼다. 여기서 우리가 주목해야 하는 것은 인조와 관련된 '왕위계승' 문제이다.

## 조선에서의 '적장자계승' 원칙

한 가문이 되었든, 아니면 왕실이 되었든, 대를 잇는 문제에 관해서는 성리학을 기본으로 하는 조선에서는 '적장자계승'이라는 큰 원칙이 있다. 첩에게서 난 서자가 아닌, 본부인에게서 난 적자가 대를 이어야 하며, 적자가 여럿일 경우에는, 장자(장남)가 가통을 이어야 한다는 것이다. 이런 적장자 계승 원칙을 둘러싸고 왕실에 피바람이 일어난 것이 인조임금 바로 직전의 상황이었다. 즉, 현실적으로는 20대의 능력있는 광해군이라는 서자가 왕세자로 있었지만 선조가 뒤늦게 얻은 적자 영창대군이 겨우 두 살바기 아기였을 때 선조가 사망했다. 따라서 광해군을 따르는 북인세력은 결국 영창대군을 죽이고 영창대군을 낳은 인목대비를 서궁에 유폐시켰다가 인조에게 반정의 빌미를 제공했던 것이다. 그만큼 왕실의 대를 잇는 것은 전제군주가 있는 왕조국가에서는 중요한 내용이었다. 오죽하면 왕세자를 국가의 근본이라고 하여, 국본이라는 말을 쓰겠는가?

## 소현세자와 적장자계승 원칙

아무튼 소현세자의 경우, 죽임을 당했을 때 살아있는 아들이 셋이나 있었다. 따라서 이론상으로는 소현세자가 죽었다 하더라도 왕통은 엄연히 소현세자의 아들들중 장남에게로 넘어가야 했다. (영조때는 사도세자가 죽었어도 세손인 정조에게 왕통이 넘어갔다) 그러나 인조는 소현세자의 아들들도 귀양을 보내거나 해서 결국은 모두 죽게 만들었다. (바로 이 시대적 배경으로 만든 TV 사극이 '추노'였다.) 인조의 억지로 왕통은 소현세자의 아들중의 하나가 아닌, 소현세자의 친동생 즉, 봉림대군에게 넘어갔고, 봉림대군은 조선 제17대 효종임금에 즉위한다. 그리고 봉림대군이 효종으로 즉위할 당시에도 아직 소현세자의 아들들이 모두 죽은 것은 아니었다. 여기에서 성리학 논리상 왕통계승에 따른 논란이 발생한 것이다.

## 아들보다 나이 어린 '계비(계모)'

아무튼, 인조는 나이 44세에 15세의 장렬왕후 조씨를 두번째 왕비(계비)로 맞는다. 그리고 장렬왕후 조씨는 족보상 아들인 효종보다도 5살 아래였다. (조선 왕실에서 왕이 계비를 맞을 경우에는 이런 경우는 많았다. 선조의 계비인 인목대비는 아들인 광해군보다 9살 아래였고, 영조의 계비인 정순왕후도 아들인 사도세자보다 10살 아래였고, 손자인 정조보다는 겨우 7살 위였다.) 그러다보니 족보상 어머니인 장렬왕후 조씨(조대비)가 족보상 아들과 며느리인, 효종과 효종비 인선왕후 장씨보다도 더 오래 살았다. 비극은 여기에서 비롯되었다. 인조가 죽고 뒤를 이어 효종이 즉위하자, 대비(大妃)가 되었어. 그런데 가통상 아들인 효종과 며느리인 효종비 인선대비가 자신보다 먼저 죽자 복상 문제가 일어났어. 효종임금이 재위 10년만에 돌아가시자 족보상 아들인 효종보다도 5살이나 어린 조대비(자의대비)는 예법에 의해 부모로서 상복을 입어야 했다.

## 조선은 법치국가가 아니라 예치국가이다

조선시대는 놀랍게도 예법에 의한 통치가, 법에 의한 법치보다도 우선했다. 따라서 조선이라는 나라는 법치국가 라기 보다는 예치국가로 봐야 한다. (이조, 호조, 예조, 병조, 형조, 공조 - 육조의 순서에서도 법을 집행하는 형조보다 예조가 앞선다.) 아무튼 이런 예법은 조선전기 보다는 조선후기에 더욱 영향력이 강해 지는데 송시열의 시대가 되면 심지어 현대국가의 헌법과도 같다고 볼 수 있었다. 원래 학문적으로 예법을 중요시 하는 예학은 성리학의 한 줄기 였으나 율곡의 학통을 이어 받은 김장생, 그의 아들 김집, 그리고 그의 제자 송시열에 이르러 한국 성리학의 주류는 예학이 차지했다. 그리고 성리학자들의 예학의 근거는 항상 고대 중국 주나라의 예, 즉 주례이다. 여기에 덧붙여 주자의 주자가례가 있다. 그 외에도 많은 예법들이 있었고, 국조오례의 등 조선의 예법도 있었으나 사대주의가 팽배하면서 중국예법을 우선시 하는 풍조가 만연했다.

## 사대주의로 인한 중국예법 우선시 현상

아무튼 조대비에게 적용할 중국식 예법의 규정을 따르면 우리가 잘 알고 있는 대로 부모상에는 자녀가 3년복을 입고, 반대로 자식이 죽었을 경우, 큰아들인 장자상에는 3년복, 둘째아들 이하의 경우에는 1년복을 입어야 했다. 왜냐하면 가부장적인 문화가 심화된 조선후기 사회는 후사를 잇는 장남에 대해 특별우대를 했기 때문이었다. 효종이 죽었을 때, 문제가 된 것은, 그가 왕통으로 보면 왕위를 계승한 적자이지만 가통으로 보면 소현세자 다음의 둘째아들이라는 것이었다. 즉, 효종을 적장자로 보면 조대비가 3년복을 입어야 하지만 둘째아들로 보면 조대비가 1년복을 입어야만 했다.

## 서인이 당론으로 1년복을 주장한 이유

이때 서인에서는 1년복을 주장했고, 남인에서는 3년복을 주장했다. 쉽게 말해 서인은 효종은 차자로 인정했고, 남인은 장자로 인정했다는 뜻이다. 여기에서 우리는 서인과 남인이라는 붕당의 당론을 읽어 낼 수 있다. 서인의 당론에서는 비록 왕이라 하더라도 사대부의 우두머리일 뿐이라는 것이었다. 쉽게 말해 왕도 특별한 존재가 아니라는 것이다. 그래서 서인은 왕통과 가통을 따로따로 보았다. 즉, 왕으로

서의 효종의 정통성은 인정하되, 가통은 소현세자로 돌린다는 것이다. 이런 서인의 당론이 만들어진 배경에는 서인의 정신적 지주가 우암 송시열이기 때문이었다. 송시열은 효종의 스승이기도 했거니와, 나라에서는 상대당(남인)에서조차 대유학자라는 뜻의 대유(大儒) 라고 불릴 정도로 존경받는 인물이었다. 그런 송시열의 눈에는 웬만한 임금이면 눈에 차지도 않았을 것이다. 하지만 남인의 입장에서는 왕은 일반 사대부와는 완전히 다른, 최고 지존의 존재라는 것이다. 쉽게 말해 왕은 특별한 존재라는 것이다. 그래서 모든 것을 왕에게 집중시켰다.

## 남인의 영수 윤휴의 공격

당시 남인의 영수였던 윤휴는 3년상을 주장하면서 그 근거로 후한(後漢) 정현(鄭玄)이 지은 의례주소(儀禮注疏)의 상복참최장(喪服斬衰章)을 들었는데, 거기에는 '제1장자가 죽으면, 본부인 소생의 제2장자를 세워 또한 장자라 한다.'라는 주석이 달려 있었다. 이에 송시열은 같은 참최장의 다른 구절의 주석에서 '서자는 장자가 될 수 없다. (중략) 본부인 소생의 둘째아들 이하는 모두 서자라 일컫는다.'라는 구절을 인용하여, 자신의 주장인 1년설이 맞다고 주장하였다. 그러나 송시열은 1년설이 자칫 효종을 서자로 몰아 효종의 정통성을 부인하는 식으로 해석될 소지가 있음을 깨닫고 곧바로 '국제(國制)와 대명률(大明律)에 의해 장자와 차자를 막론하고 모두 1년복을 입는다'는 주장을 펴는 편법을 썼다. 이때는 아직 소현세자의 셋째아들(경안군 석견)이 제주도에 아직 유배중이었다는 사실이 왕의 정통성 시비라는 화약고가 될 소지가 있었기 때문이었다. 이 논쟁에서는 서인이 승리하였다. 이를 제1차 예송논쟁이라고 한다.

## 제2차 예송논쟁의 전개

현종15년에 이번에는 효종의 왕비이자 현종의 어머니인 인선왕후가 세상을 떠났다. 1차 예송논쟁의 당사자였던 조대비(자의대비)가 그때까지 살아 있었으므로 또다시 그녀의 복제문제가 대두되었다. 즉, 제1차 예송논쟁이 아들의 사망때의 복제논쟁이라면, 제2차 예송논쟁은 며느리의 사망때의 복제논쟁이었다. 제1차 예송논쟁때의 예법을 원칙 그대로 적용하면, 맏며느리가 죽으면 시어머니는 1년복을 입게 되어 있었고 둘째 며느리가 죽으면 대공복(9개월복)을 입게 되어 있었다. 이 때에도 조정의 실권을 쥐고 있던 서인 세력들은 당론에 따라 9개월복을 주장했다. 그런데 이 때에는 제1차 예송논쟁때 송시열이 편법을 쓴 것이 화를 불렀다. 제1차 예송논쟁때 송시열이 최종적으로 주장했던 내용은, 국제(國制)에 근거를 두었다고 했는데 국제에 의하면 큰아들이나 큰며느리나 모두 1년복을 입어야 했다. 서인들은 논리적인 모순에 빠진 것이다. 결국 현종은 예법을 잘못 쓴 책임을 물어 서인세력을 귀양보냈고 남인세력을 등용했다. 이것이 제2차 예송논쟁이다.

이상에서 알아 보았듯이 예송논쟁(복상논쟁)은 단순히 상복입는 기간을 두고 싸운 것이 아니라 왕의 정통성을 어떻게 인정하느냐는 거대담론을 깔고 학술적인 논쟁을 펼쳤던 것이다. 물론 학술적인 논쟁의 결과는 정권을 잡는 것으로 연결은 되었지만 당시 사대부들에게는 그런 논쟁이 목숨을 걸만한 값어치가 있는 사회였던 것이다. 따라서, 결코 지금의 잣대로 우리의 조상들을 판단해서는 안된다.

| (1) 왕의 승하(昇遐) | (2) 삼도감 설치(三都監 設置) | (3) 빈전에 안치(성빈成殯) |
|---|---|---|
| (4) 새로운 왕의 즉위(사왕嗣王) | (5) 시호를 올림(상시책보上諡冊寶) | (6) 명당선정(明堂選定) |
| (7) 왕릉 조성(王陵造成) | (8) 왕릉으로 모심(발인發靷) | (9) 종묘에 안치(부묘祔廟) |

## 삼도감은 빈전도감, 국장도감, 산릉도감이다

**아 빠** 자, 이제 삼도감 설치로 넘어가 볼까? 내가 여러번 설명했듯이 국상이 발생하면 빈전도감, 국장도감, 산릉도감 이라는 세 개의 임시관청이 만들어져. 빈전도감은 빈전(빈소)과 관련된 일을 하는 곳으로 수의,관, 상복 등의 일을 맡고, 국장도감은 부장품, 국장행렬 등 전체 국장에 필요한 모든 일을 주관해. 그리고 산릉도감은 가장 고된 일을 하는 곳으로 공조에서 주관해서 왕릉조성에 관련한 모든 일을 맡아.

**엄 마** 삼도감 말고도 국상과 관련된 임시관청이 있나요?

**아 빠** 혼전도감(魂殿都監)과 부묘도감(祔廟都監)이 있어. 혼전도감은 임금이나 왕비의 국상 중 장사를 마치고 나서 종묘(宗廟)에 입향할 때까지 신위(神位)를 모시던 혼전(魂殿)을 관리하던 임시관청이야. 임금이 죽으면 3년상이 끝날 때까지만 혼전에 모시지만, 왕비가 죽으면 임금이 죽어서 종묘에 입향한 뒤 임금을 따라 배향이 될 때까지 혼전에 모셨어.

**아 름** 왕비는 죽어서도 남편인 왕이 죽을 때까지 기다려야 하다니, 이건 불공평해요!

**아 빠** 또 부묘도감(祔廟都監)은 왕이나 왕비의 상사(喪事)에 있어서 혼전(魂殿)을 두고 3년의 상기를 마친 뒤에 신주(神主)를 종묘(宗廟)로 모실 때의 의식과 절차를 관리하던 임시 관청이야.

| (1) 왕의 승하(昇遐) | (2) 삼도감 설치(三都監 設置) | (3) 빈전에 안치(성빈成殯) |
|---|---|---|
| (4) 새로운 왕의 즉위(사왕嗣王) | (5) 시호를 올림(상시책보上諡冊寶) | (6) 명당선정(明堂選定) |
| (7) 왕릉 조성(王陵造成) | (8) 왕릉으로 모심(발인發靷) | (9) 종묘에 안치(부묘祔廟) |

## 왕의 시신을 안치하는 곳을 빈전이라고 한다

아 름 이번 단계는 '빈전에 안치'한다고 되어 있어요. 조금 전에 아빠가 설명하신 승하 5일째 하던 절차 맞죠?

아 빠 그래 승하 5일째 하던 성빈(成殯) 절차가 바로 왕의 시신을 왕릉으로 옮기기 전까지 빈전에 안치하는 절차야. 입관하던 대렴이 끝나고 같은 날에 진행한다고 되어 있어.

호 림 아래 쪽에 '장렬왕후 빈전도감의궤'라는 책이 있어요.

아 빠 이 책은 빈전을 관리하던 빈전도감에서 만든 의궤야. 그리고 이 의궤의 주인공은 조선 제16대 인조임금의 두 번째 왕비였던 장렬왕후 조씨인데, 그 유명한 복상논쟁의 주인공 이기도 하지. 그런데 이 의궤를 자세히 봐. 붉은 줄로 테두리 선을 넣었고 그림에도 색깔이 많이 들어가 있지? 의궤도 종류가 두 가지 있는데 임금께서 직접 보시는 어람용이 있고, 복사본이라고도 할 수 있는 분상용이 있어. 이 의궤는 바로 어람용이어서 색깔도 많이 들어가 있고, 종이도 매우 고급종이로 정성스럽게 만들었어.

| (1) 왕의 승하(昇遐) | (2) 삼도감 설치(三都監 設置) | (3) 빈전에 안치(성빈成殯) |
|---|---|---|
| (4) 새로운 왕의 즉위(사왕嗣王) | (5) 시호를 올림(상시책보上諡冊寶) | (6) 명당선정(明堂選定) |
| (7) 왕릉 조성(王陵造成) | (8) 왕릉으로 모심(발인發靷) | (9) 종묘에 안치(부묘祔廟) |

# 조선왕의 즉위식은 원칙적으로 '문'에서 이루어진다

아 름  다음 전시물은 새로운 왕의 즉위에 대한 내용이에요. 그런데 그 밑
　　　에 한자가 무슨 왕이라고 썼는데 어려워서 못읽겠어요.

엄 마  사왕이라고 읽어. 이을 사(嗣)는 한집안의 대를 잇는다는 것을 뜻
　　　해. 대를 잇는 자식이라는 뜻의 후사(後嗣)라는 말 들어봤지? 예를
　　　들어 '그 부부는 결혼한 지 10년이 넘도록 후사를 보지 못했다.'처
　　　럼 쓰는 말이야.

아 빠  사왕은 결국 선왕(先王)의 대를 물려받은 임금이란 뜻이야. 임금의
　　　자리는 오랫동안 비워둘 수 없기 때문에 선왕이 돌아가시면 대체로
　　　5일째 되는 날 성복이 끝나는 대로 왕위를 계승하는 사위(嗣位) 절
　　　차를 밟는 거야. 국조상례보편에 나오는 사위 절차는 다음과 같아.

> 성복(成服)의 예가 끝나면, 전설사(典設司)에서 악차(幄次)를
> 빈전의 문 밖 동편의 북쪽 가까운 곳에 남쪽을 향해 설치한다.
> 액정서(掖庭署)에서 어좌를 악차 안의 남쪽을 향해 설치하고,
> 또 욕위(褥位)를 빈전 뜰 동쪽에 북쪽을 향해 설치한다. 병조
> 는 제위(오위)를 통솔하여 내정과 외정의 동쪽과 서쪽 및 내
> 문과 외문에 군사를 벌여 세운다. … 인의(引儀)는 인정문 밖
> 에 문외위(門外位)를 문관은 동쪽에, 무관은 서쪽에 설치하되,
> 모두 품등마다 위를 달리하여 겹줄로 서로 향하게 하고 북쪽
> 이 상위가 되게 한다.

엄 마  사위 절차의 내용을 가만히 들어보니 문무백관을 창덕궁의 인정
　　　문 밖에 세운다고 되어 있는데 그렇게 되면 인정문 안쪽의 품계석
　　　이 있는 인정전 마당은 텅 비게 되잖아요? 그럼 즉위식은 어디서

열리죠?

**아 빠** 즉위식은 인정문에서 열려. 왜냐하면 인정전은 국왕만이 앉을 수 있는 전각이야. 따라서 즉위식을 마치지 않은 왕세자는 아직 인정전에 앉을 자격이 없는 거야. 그래서 인정문에서 즉위식을 마치고 정식으로 국왕이 되고나서 인정전으로 들어가는 것이 절차야. 이런 내용을 조선왕조실록중 여러군데에서 찾아볼 수 있는데, 다음은 현종실록에 실려있는 내용이야.

현종즉위년(1659년 5월9일) 왕세자의 즉위의식을 거행하다.

사왕(嗣王)이 인정문의 어좌(御座)에 이르러 동쪽을 향하여 한참 서 있었는데, 도승지가 꿇어앉아 어좌로 오를 것을 청하였으나 응하지 않았고, 김수항이 종종걸음으로 나아가 꿇어 앉아 청하였으나, 사왕이 역시 따르지 않았다. 이은상이 총총히 나와 급히 예조판서 윤강을 불러들여 그로 하여금 앞으로 나아가 꿇어앉아서 청하게 하였으나 그때까지도 사왕이 따르지 않다가 영의정 정태화가 종종걸음으로 나와 두세번 어좌로 오를 것을 청하자 사왕이 그제서야 비로소 어좌에 올라 남쪽을 향하여 섰다. 태화가 다시 어상(御床)에 올라가 앉을 것을 청하니, 사왕이 이르기를 "이미 자리에 올랐으면 앉은 것이나 다름이 없지 않은가."하고, 이어 흐느끼기 시작했고, 좌우도 모두 울며 차마 쳐다보지 못하였다. 태화가 의식대로 할 것을 군이 청하자 사왕이 비로소 앉아서 백관의 하례를 받고 예를 마치었다. 상(上)이 인정문 동쪽 협문으로 걸어서 들어가 인정전 동쪽 뜰로 올라 전전殿 밖의 동편 거느림채를 돌아 인화문(仁和門)을 거쳐 들어갔는데, 통곡하는 소리가 밖에까지 들렸다. (태백산사고본 1책1권 5장)

| (1) 왕의 승하(昇遐) | (2) 삼도감 설치(三都監 設置) | (3) 빈전에 안치(성빈成殯) |
| (4) 새로운 왕의 즉위(사왕嗣王) | (5) 시호를 올림(상시책보上諡册寶) | (6) 명당선정(明堂選定) |
| (7) 왕릉 조성(王陵造成) | (8) 왕릉으로 모심(발인發靷) | (9) 종묘에 안치(부묘祔廟) |

## 돌아가신 왕에게는 세 가지 이름인 묘호와 시호, 그리고 능호가 주어진다

**아 빠** 다음 절차는 돌아가신 선왕에게 시호를 올리는 절차야. 여기 전시물에는 상시책보(上諡册寶)라고 되어 있는데 시책(諡册)과 시보(諡寶)를 올린다[上]는 뜻이야. 시책은 시호의 의미를 적은 책이고, 시보는 시호를 새긴 임금의 도장이야.

**아 름** 아래쪽의 그림에 임금의 도장인 시보(諡寶)는 나와 있는데, 시호의 의미를 적었다는 시책(諡册)은 어디에 있어요? 아무리 봐도 책은 안보이는데요.

**엄 마** 시책(諡册)은 종이로 만든 책이 아니라 옥돌로 만든 것이란다. 그래서 옥책(玉册)이라고도 하지. 종이가 발명되기 전, 아주 옛날에는 종이를 대신해서 대나무나 나무를 길게 쪼개서 거기다 글씨를 쓰고 옆으로 나란히 놓은 다음 가죽 끈으로 마치 발을 엮듯이 그것을 묶었어. 책(册)이라는 한자도 바로 그런 모습을 나타내는 거란다.

**아 빠** 그런데 그런 전통이 그대로 남아서 종이가 발명된 이후에도 왕실에서는 중요한 문서를 만들 때 대나무 대신 귀한 옥돌을 써서 옛날 책(册)의 형태로 만들었어. 오른쪽 숙종임금의 시책 사진이 바로 그것을 나타내는 거야.

**호 림** 아빠 시호는 신하에게 내리는 것이 아닌가요?

**아 빠** 내가 언젠가 설명해 준 적이 있는데, 시호는 왕에게 주어지기도 하고, 신하들에게 주어지기도 해. 신하들에게 주어지는 시호를 담당하는 궐내각사는 '봉상시'라고 하는데, 왕과 왕비의 경우에는 신하들과는 달리 봉상시에서 담당하는 것이 아니라 '시호도감'이라는 임시관청을 만들어서 시호을 올려. 세종대왕의 경우에는 종묘에 모실 때 붙인 묘호는 '세종(世宗)'이지만 시호는 '장헌영문예무인성명효대왕 (莊憲英文睿武仁聖明孝大王)'이야.

아 름 무려 10자가 넘는 긴 시호네요? 그 뜻을 한번 설명해 주세요.

아 빠 세종의 시호중 '영문(英文)'은 한글을 창제하고 학문의 수준을 높인 공으로 문(文)을 꽃피웠다는 뜻이고, '예무(睿武)'는 대마도를 정벌하고 여진을 쫓아내는 등 무(武)를 예리하게 단련시켰다는 뜻이고, '인성(仁聖)'은 성품이 어질고 성스럽고, '명효(明孝)'는 아주 효성이 지극하다는 뜻이야.

---

**뱀의 발** 고부청시청승습 (告訃請諡請承襲)

국조상례보편에 의하면 임금의 즉위식을 거행하는 사위(嗣位) 절차를 거친 다음에는, 새왕이 즉위한 뒤 그 사실을 교서로써 반포하여 대내외에 알리고 국정을 처리하는 반교서(頒敎書) 절차와 아울러, 외국에 사신을 보내어 국상을 알리는 고부청시청승습(告訃請諡請承襲) 절차가 있다. 특히, 군신관계에 있던 중국에는 부고와 동시에 대행왕(大行王: 왕이 죽은 뒤 시호(諡號)를 올리기 전에 높여 이르던 말)의 시호와 왕세자가 사위(嗣位)하는 인준을 청한다. 고부(告訃)는 부고를 알리는 것이고, 청시(請諡)는 시호를 청하는 것이고, 청승습(請承襲) 왕위를 이어서[承] 세습[襲]하는 것을 청한다는 뜻이다.

| (1) 왕의 승하(昇遐) | (2) 삼도감 설치(三都監 設置) | (3) 빈전에 안치(성빈成殯) |
|---|---|---|
| (4) 새로운 왕의 즉위(사왕嗣王) | (5) 시호를 올림(상시책보上諡冊寶) | (6) 명당선정(明堂選定) |
| (7) 왕릉 조성(王陵造成) | (8) 왕릉으로 모심(발인發靷) | (9) 종묘에 안치(부묘祔廟) |

## 조선 왕릉은 모두 명당에 자리잡았다

아 빠  다음 단계가 명당선정이야. 이건 두말할 나위 없이 조선 최고의 풍수명당자리에 왕릉을 만들기 위해 꼭 필요한 절차였어. 여기 걸려 있는 이 그림은 조선의 제19대 임금인 숙종과 두 번째 부인인 인현왕후, 그리고 세 번째 부인인 인원왕후의 왕릉을 그린 명릉도야. 앞쪽에 있는 명릉은 숙종과 인현왕후의 쌍릉이고, 뒤쪽에 있는 명릉은 인원왕후의 단릉인데, 전체를 동원이강릉 형식으로 봐서 정자각이 하나만 있지. 이 명릉은 내일 우리가 답사할 서오릉에 있어.

아 름  이 그림을 보니 풍수에서 말하는 명당기운이 산줄기를 타고 내려온다는 것을 금방 알수 있어요. 게다가 바깥쪽의 산줄기가 왕릉전체를 포근하게 감싸줘서 바람을 막아주고, 안쪽의 물줄기는 왕릉의 좌우와 앞쪽을 막아서 명당기운이 밖으로 새어나가지 못하게 하는 것도 한눈에 알겠어요.

엄 마  우리 아름이가 이제 풍수전문가가 다 되었구나! 그런데 여보, 명릉도에 이상한 점이 있어요. 명릉에서 뒤쪽에 있는 인원왕후릉이 너무 뒤쪽에 있어요. 원래 동원이강릉이 되려면 정자각이 봉분이 올라가 있는 두 언덕의 가운데 지점에 있어야 정상적인 것 아닌가요?

아 빠  당신의 지적이 옳아. 동원이강릉은 서로 다른 언덕의 중간지점에 정자각이 있어야 해. 하지만 명릉도를 보면 앞쪽에 있는 숙종왕릉의 언덕 앞에만 정자각이 있어. 내일 서오릉에 가서도 확인하겠지만 실제로도 이런 배치야. 여기에는 영조임금의 불편한 진실이 숨어있어.

호 림 영조임금의 불편한 진실이라뇨?

아 빠 숙종의 세 번째 부인이었던 인원왕후는 영조가 아직 연잉군으로 불리던 왕세제 시절부터 정치적으로 어려운 상황의 영조를 끝까지 지

명릉(숙종과 인현왕후)과 인원왕후릉

숙종의 첫째부인 인경왕후 익릉

켜주었어. 영조의 입장에서는 매우 고마운 분이지. 그런데 인원왕
후는 생전에 남편인 숙종왕릉 곁에 묻히기를 원했지만 이미 두 번
째 왕비였던 인현왕후가 쌍릉으로 숙종곁에 묻혀 있었기 때문에,
어쩔수 없이 숙종왕릉에서 뒤쪽으로 약 400보 떨어진 곳에 자신의
신후지지를 잡았다고 해.

아 름  인현왕후만 아니었으면 같이 묻혔을텐데...

아 빠  아무튼 인원왕후는 숙종의 첫 번째 왕비였던 인경왕후가 익릉이라
는 별도의 왕릉을 쓰고 있는 것처럼, 숙종의 명릉 근처에서 가까운
곳에 자신의 별도의 왕릉자리를 잡아둔 거야. 그리고는 영조 33년
인 1757년 3월26일에 돌아가셨어. 그런데 인원왕후가 돌아가시기
한달 전인 2월15일에 영조의 첫 번째 부인이었던 정성왕후 서씨의
국상이 발생했어.

엄 마  영조 입장에서는 왕비의 국상이 발생하고 나서 한달만에 대왕대비의 국상이 또 발생했군요!

아 빠  원래 국상을 치르는 데는 막대한 비용이 들어가거든. 영조 입장에서는 두 개의 국상을 모두 정상적으로 치를 형편이 되지 않았어. 그래서 인원왕후의 왕릉조성시 원래 점찍어 둔 자리를 대신해서 숙종왕릉의 약간 뒤쪽 오른쪽 언덕에 새로 왕릉자리를 만든 거야. 그렇게 되면 이미 잘 만들어진 숙종왕릉의 영역안에 들어가는 것이기 때문에 왕릉 주변 공사를 새로 할 필요가 없는 거지. 또한 인원왕후릉을 숙종왕릉과 함께 동원이강릉 형식으로 만들려면 원칙적으로 정자각을 가능하면 두 왕릉 언덕의 가운데 지점으로 옮겨지어야 하지만 그것마저도 하지 않았어.

엄 마  그래서 사람이 죽는 복이 있어야 하나 봐요.

| (1) 왕의 승하(昇遐) | (2) 삼도감 설치(三都監 設置) | (3) 빈전에 안치(성빈成殯) |
|---|---|---|
| (4) 새로운 왕의 즉위(사왕嗣王) | (5) 시호를 올림(상시책보上諡冊寶) | (6) 명당선정(明堂選定) |
| (7) 왕릉 조성(王陵造成) | (8) 왕릉으로 모심(발인發靷) | (9) 종묘에 안치(부묘祔廟) |

**조선왕릉전시관에서 왕릉조성방법은 동영상으로 배우도록 하자**

아 빠  다음 단계는 가장 힘든 과정인데, 바로 왕릉을 만드는 과정이지. 이 과정은 산릉도감에서 맡아서 하는데 기간도 많이 걸리고, 가장 많은 사람들이 동원돼. 물론 그 과정에서 수많은 사람들이 다치거나 죽는 사고도 발생하는데 특히 무거운 돌을 다루는 과정에서 많은 사람이 다치기 때문에 세조임금의 경우에는 백성들을 위해서 왕릉

조성방식을 바꾸었어.

아 름  돌을 쓰지 않고 왕릉을 만들어요?

아 빠  물론, 전혀 돌을 쓰지 않을 수는 없지만 가급적 돌을 줄였어. 그래
서 세조 이전까지의 왕릉조성 방식은 돌로 만든 방인 석실을 만드
는 것이 핵심이라면, 세조 이후의 왕릉조성 방식은 석실 대신 회격
으로 만드는 방식으로 바뀌는 거야.

호 림  회격은 뭐예요?

아 빠  회격은 지금의 콘크리트 건설방식과 비슷하게 무덤 구덩이에 석회
를 다져넣어서 만드는 방식이야. 이런 방식은 물론 세조임금 이전
에도 있었던 방식인데, 석실보다는 회격이 무덤 만들기가 쉬워서
국장이 아닌 왕세자의 예장(禮葬)의 경우에는 간혹 쓰였던 방식이
야. 태종실록에도 다음과 같은 기사가 있어.

> 전조의 법으로는 대신의 예장에 석실 쓰는 것을 허용하였으
> 나, 삼가 석실의 제도를 살피건대 예전에는 없는 것이며, 산
> 사람만 괴롭히는 것이고 죽은 사람에게는 무익하니, 바라건
> 대, 문공가례에 의하여 회격만 쓰고 석실은 쓰지 말게 하소서.
> 前朝之法 大臣禮葬 許用石室 謹按石室之制禮典所無 只勞生人
> 無益死者 乞依文公家禮 只用灰隔 勿用石室 (태종실록, 태종 6
> 년 윤7월 28일 기사)

엄 마  왕릉을 조성하는 방식은 저 뒤쪽의 방에서 동영상으로 보여주고 있
으니 거기서 다시 복습하면 된단다.

아 빠  동영상에는 석실로 만드는 방식과 회격으로 만드는 방식 모두 보
여주고 있어.

석실모형

---

뱀의 발 왕릉 조성시의 업무분장

장렬왕후 산릉도감의궤를 보면 왕릉을 조성할 때도 각 담당부서별로 업무분장을 통해 세부적인 사항까지도 자세히 기록을 남겼다. 다음은 담당부서별 업무내용이다.

- 삼물소(三物所) 석회와 세사(細沙) 및 황토 세가지를 준비해 광(구덩이)의 조성을 담당
- 조성소(造成所) 능소에서 정자각과 영악전(靈幄殿), 가가(假家) 등 제반시설의 건축과 조성을 담당
- 노야소(爐冶所) 각양각색의 철물을 제작하여 공급
- 번와소(燔瓦所) 능소의 건축에 사용할 기와, 전돌 등 와류를 구워 만들어서 공급
- 수석소(輸石所) 석재 운반에 필요한 줄과 썰매 및 수레를 만들어 공급
- 보토소(補土所) 봉분 주변의 사초 정비와 보토 등에 관련된 사항을 담당
- 별공작(別工作) 산릉도감과 각소에서 필요로 하는 잡물을 진배하는 업무를 담당
- 대부석소(大浮石所) 산릉의 각 석물을 떠내어 배설
- 소부석소(小浮石所) 정자각 등의 석역(石役) 관련사항을 담당
- 분장흥고(分長興庫) 찬궁에 까는 돗자리, 유지(油紙), 지물 등을 관리하던 장흥고의 임시 파견소.

| (1) 왕의 승하(昇遐) | (2) 삼도감 설치(三都監 設置) | (3) 빈전에 안치(성빈成殯) |
|---|---|---|
| (4) 새로운 왕의 즉위(사왕嗣王) | (5) 시호를 올림(상시책보上諡冊寶) | (6) 명당선정(明堂選定) |
| (7) 왕릉 조성(王陵造成) | (8) 왕릉으로 모심(발인發靷) | (9) 종묘에 안치(부묘祔廟) |

## 발인반차도에 대한 공부는
## 문화재청의 조선왕릉 홈페이지가 최고의 선생님이다

호 림  와, 여기 모형으로 만든 것 좀 보세요! 대단하네요!

아 빠  그것은 상여(喪輿)가 빈전(殯殿)을 떠나 왕릉으로 향하는 절차인
발인의식을 보여주는 거야. 의궤의 그림 중에서 가마를 중심으로
늘어선 관원들의 정확한 배치상을 보여주는 풍속적인 성격을 띤 기
록화를 반차도 라고 하는데, 반차는 의식에서 문무백관이 늘어서는
차례를 뜻해. 또 발인의식을 그린 반차도를 발인반차도 라고 하는
데 지금 저 모형의 위쪽에 동영상으로 보여지는 그림이 1800년에
있었던 정조임금의 발인반차도야.

정조임금의 발인차도 모형 및 영상

아 름  어디서 본 듯한 그림이에요.

아 빠  문화재청의 조선 왕릉 홈페이지 첫장면에서 봤을 거야.

호 림  와, 이렇게 큰 그림을 제대로 그리려면 행사당일 화가들이 무척 바빴을 것 같아요.

엄 마  이런 그림은 아무나 그리는 것이 아니라, 그림을 그리는 관청인 도화서의 화원들이 그린단다.

아 빠  이 발인반차도는 국장행렬을 보고 그 자리에서 그리거나 또는 사후에 그린 그림이 아니야. 국장 행렬을 그린 반차도는 발인하기 열흘 전까지 완성되어야 했어. 왜냐하면 반차도는 기록화 이기도 하지만 반차도를 통해 미리 예행 연습을 하고 저렇게 긴 행렬 속에서 자신의 위치를 숙지해야 했기 때문이야. 반차도에 대한 자세한 설명은 나중에 따로 해 줄게. 이 반차도에 대한 자세한 설명을 하자면 아마도 오늘 답사일정에 많은 차질이 생길 것 같아.

아 름  그럼 저는 저녁에 집에 돌아가서 문화재청의 조선 왕릉 홈페이지를 찾아볼게요.

정조임금의 발인차도 상여모형

| (1) 왕의 승하(昇遐) | (2) 삼도감 설치(三都監 設置) | (3) 빈전에 안치(성빈成殯) |
| (4) 새로운 왕의 즉위(사왕嗣王) | (5) 시호를 올림(상시책보上諡冊寶) | (6) 명당선정(明堂選定) |
| (7) 왕릉 조성(王陵造成) | (8) 왕릉으로 모심(발인發靷) | (9) 종묘에 안치(부묘祔廟) |

## 종묘에 부묘되면 비로소 3년에 걸친 국상은 종료된다

**아 빠** 자, 발인까지 끝났으면 실제 왕릉에서 관을 내리고 돌아오는 과정이 있어야겠지. 그렇지만 보통은 관을 내리고 장례를 마치는 것까지를 국장이라고 불러. 그 뒤에도 수많은 의식이 있지만 그건 여기서 생략하자. 그런데 장례를 마쳤다고 해서 돌아가신 왕의 신주를 바로 종묘에 모시는 것은 아니야.

**아 름** 그건 저도 알아요. 제가 메모한 것을 잠시 찾아볼게요... 찾았다! 이 전시관에 와서 아빠께서 삼도감을 설명하실 때 혼전도감과 부묘도감을 따로 설명하시면서 그때 알려주셨어요.

**엄 마** 혼전도감에서는 왕이나 왕비의 국상 중 장사를 마치고 나서 종묘(宗廟)에 들어갈 때까지 3년상을 치르면서 돌아가신 분의 혼이 깃든 신주를 모셨고, 부묘도감에서는 왕이나 왕비의 3년상을 마친 뒤에 신주(神主)를 종묘(宗廟)로 모실 때의 의식과 절차를 관리했어.

**아 빠** 부묘란 말이 종묘에 합사한다는 말이야. 그런데 선왕의 종묘 부묘는 기본적으로 3년상이 끝난 후에 엄숙하게 시행되는데 선왕의 신주를 종묘에 봉안하는 일은 왕실 뿐 아니라 국가적으로 중대사이고, 또 왕위를 계승하는 새로운 왕의 정통성을 상징하는 가장 중요한 행위이기 때문에 아무 때나 할 수 없었어. 즉 사시대향(四時大享)이나 납일대향(臘日大享)과 같이 종묘에서 시행되는 가장 큰 제사의 시기에 선왕의 부묘가 이루어졌어.

엄 마  부묘가 이루어지고 나면, 이제 3년에 걸친 국상은 비로소 완전히
종료되는 거야.

아 빠  자, 이제 밖으로 나가서 태릉을 둘러보고 동구릉으로 가자!

# 태조 이성계의 건원릉에서 시작하는 동구릉 답사

 동구릉 매표소 앞

동구릉 입구 홍살문

# 동구릉이란 이름이 생기기 전에는 동오릉, 동칠릉 이었다

아 빠  애들아, 이제 동구릉에 도착했어. 아빠가 주차하는 동안 엄마랑 매
       표소에서 입장권을 사고 매표소 앞의 대형 안내도 앞에서 기다려.

호 림  와, 왕릉이 엄청 많구나! 이걸 다 돌아보려면 여기만 해도 하루가
       걸리겠다. 여기에는 도대체 왕릉이 몇개야?

아 름  오빠, 그런 무식한 소리 좀 하지마! 동구릉에 와서 왕릉이 몇 개냐

---

**뱀의 발**  동구릉 관람정보 (2012. 12. 30 기준)

○ 관람시간 (휴관일 : 매주 월요일)

| 2월 ~ 5월 / 9월 ~ 10월 | | 6월 ~ 8월 | | 11월 ~ 1월 | |
|---|---|---|---|---|---|
| 매표시간 | 관람시간 | 매표시간 | 관람시간 | 매표시간 | 관람시간 |
| 06:00~17:00 | 06:00~18:00 | 06:00~17:30 | 06:00~18:30 | 06:00~16:30 | 06:00~17:30 |

○ 관람요금

| 대상 | 개인 | 단체(10인 이상) |
|---|---|---|
| 만 19세~64세 | 1,000원 | 800원 |

태릉 입장권으로 조선왕릉전시관도 관람가능

○ 무료관람 대상자
만 18세 이하 청소년(학생증 또는 청소년증 지참) / 만 65세 이상 국민(신분증 지참) / 국 · 공립기관
에서 정양 중에 있는 상이군경 / 장애인 복지법상 장애인 / 국가유공자 / 5.18민주유공자, 참전유공자
등 개별법에 의한 입장료 면제자 / 학생인솔 등 교육활동을 위해 입장하는 교원 / 관광진흥법에 따른
관광안내 관련 자격증을 소지하고, 단체관람객 인솔 및 안내를 위해 입장하는 자 / 병역명문가(병무청
에서 발급한 병역명문가증 지참) / 효행장려 및 지원법에 따른 효행우수자 / 한복착용자(신정, 설날 및
추석연휴에 한함) / 기초생활수급자 / 문화(바우처)카드, 수급자증명서 증빙 / 차상위계층 / 문화(바
우처)카드, 해당 증명서 · 확인서 증빙 / 65세 이상 외국인 중 영주자격(F-5) 취득자

※ 무료관람대상자는 반드시 관련 증빙을 제시하여야 함.

고 물으면 다 바보라고 놀려댈거야! 동쪽에 있는 아홉 개의 왕릉이

니깐 동구릉이지!

호 림  그럴 수도 있지 뭐...

아 빠  자, 내가 동구릉에 대해 전반적인 설명을 하기 전에 퀴즈를 하나 낼

테니깐 풀어봐. 옛날 영조임금 때와 순조임금 때에는 이 동구릉을

뭐라고 불렀을까?

호 림  왜 그렇게 쉬운 문제를 내세요? 그때도 동구릉이겠죠!

아 빠  호림아, 동구릉은 정답이 아니야! 동구릉이 정답이면 내가 왜 퀴

즈를 내겠니?

호 림  예? 그렇다면 서구릉? 남구릉? 그도 저도 아니면 북구릉?

아 름  전혀 모르겠어요.

엄 마  항상 아빠의 질문에는 뭔가 생각해야 하는 부분이 있어. 왜 굳이 영

조임금 때와 순조임금 때를 기준으로 동구릉의 이름을 퀴즈로 냈을

까? 아! 알겠다. 동구릉은 처음부터 이름이 동구릉이 아니었을 거

---

**뱀의 발**  동오릉, 동칠릉에 관한 조선왕조실록 기사

영조실록 89권, 33년(1757 정축 / 청 건륭(乾隆) 22년) 5월 18일(무신) 2번째기사
군문에 명하여 동오릉의 국내에 들어간 호랑이를 잡도록 하다

호랑이가 동오릉(東伍陵)의 국내(局內)에 들어갔으므로 군문(軍門)에 명하여 잡도록 하였다.
(출처: 태백산사고본)


순조실록 32권, 31년(1831 신묘 / 청 도광(道光) 11년) 5월 19일(경오) 1번째기사
동칠릉의 주산의 산맥을 보토하는 역사를 종료시킨 양주 목사 이하에게 시상하다

동칠릉(東七陵)의 주산(主山)의 산맥이 사태로 퇴락한 곳에 보토(補土)하는 역사를 마치자, 당상인 양
주 목사 이하에게 차등 있게 시상하였다. (출처: 태백산사고본)

---

야. 아마도 왕릉의 숫자가 다른 이름이었을거야.

아 빠   역시, 엄마의 추리력은 대단해. 조선왕조실록을 찾아보면 영조임금 때는 이곳을 동오릉 이라고 불렀고, 순조임금 때는 동칠릉 이라고 불렀어. 왕릉이 계속해서 하나씩 추가되면서 숫자가 늘어난 것이지.

## 동팔릉으로 불렸던 헌종때는 왕권이 실추된 때였다

아 름   동육릉이나 동팔릉은 없나요?

아 빠   좋은 질문이야. 대체로 우리나라에서 호칭에 들어가는 숫자는 양수(홀수)를 쓰고 음수(짝수)를 쓰지는 않아. 그래서 동오릉, 동칠릉, 동구릉은 있어도 동사릉, 동육릉, 동팔릉이란 이름은 쓰지 않는 것이 원칙이야. 마찬가지로 서삼릉, 서오릉은 있어도 서사릉은 없어. 그런데 내가 조사를 해 본 결과 조선왕조실록에서 헌종 때에 동팔릉 이라고 했던 기록이 딱 한번 나와.

엄 마   헌종때라면 안동김씨의 세도정치가 왕권을 능가하던 그 시기 말이죠?

아 빠   그래, 바로 그 시기야. 세도정치 덕에 왕족의 씨가 말라서 오죽하면 헌종의 후사를 잇기 위해 대를 거꾸로 올라가면서까지 무리를 하면서 아저씨 뻘인 강화도령을 데려다가 임금자리에 앉혔겠어? 게다가 헌종자신의 왕릉도 이 곳 동구릉에 만들면서 이전에는 듣도 보도 못한 삼연릉 이라는 희안한 왕릉 제도를 만들었겠어? 이 모두가 왕권이 추락할대로 추락한 비정상적인 상황이었기에 동팔릉이란 용어가 딱 한번 사용된 것 같아.

아 름   삼연릉이라면 저 안내도의 가장 위쪽에 봉분 세 개가 나란히 있는 경릉 말씀인가요?

조선왕릉  답사편

삼연릉인 경릉

아 빠   바로 그거야. 아무튼 이 곳을 동구릉이라고 부른 기록은 고종실록
         에 처음으로 등장해.

엄 마   여보, 한 곳에 무려 아홉 개의 왕릉이 몰려 있는 것에는 어떤 숨은
         사연이 있을 것 같아요.

아 빠   당연히 숨은 사연이 있지. 조선은 임진왜란을 기준으로 조선전기와
         후기로 나누는 것을 잘 알지? 그런데 1592년 임진왜란 이전에 이
         곳에는 조선 건국 후 200년 동안 태조왕릉인 건원릉과 문종왕릉인
         현릉 이렇게 단 두 개의 왕릉만이 있었어.

호 림   그럼, 임진왜란이 끝나고 나서 무려 7개의 왕릉이 집중적으로 이
         곳에 몰렸다는 뜻이네요?

아 빠   응, 문종왕릉인 현릉이 1452년에 이곳에 만들어지고 나서 무려
         156년이나 지나서야 1608년에 선조왕릉인 목릉이 이곳에 만들어
         졌어. 그 이후로 이 곳은 왕릉의 공동묘지화가 된 거야.

## 동구릉이 왕릉의 공동묘지화가 된 것은 선조이후이다

아 름   왕릉이 모여있는 것이 나쁜 것인가요?

아 빠   뭐, 꼭 나쁜 것이라는 것은 아니야. 하지만 원래 왕릉이란 국가의
         상징이기도 하거든. 그래서 왕릉 하나를 조성할 때도 국가의 상징
         에 걸맞도록 모든 예우와 배려를 해. 예를 들면 왕릉 주위는 화소
         (火巢) 지역이라고 해서 왕릉 주변으로 상당한 면적의 화소(火巢)
         를 만드는데, 화소란 글자 그대로는 불길이 머무는 곳이란 뜻으로
         왕릉 바깥쪽에서 발생한 불길이 왕릉 구역으로 넘어오지 못하게 하
         는 방화벽의 일종이야. 그리고 이 화소 지역에 속하는 모든 민가와

무덤은 신분의 고하를 막론하고 예외없이 몽땅 다른 곳으로 강제이전해야했어. 왕릉마다 차이가 있기는 하지만 이 화소 지역의 평균 면적이 약 80결이었어.

호 림　한 결이 얼마정도 되나요?

아 빠　한 결은 대략 3천평 정도야. 따라서 왕릉주변에 평균 24만평이라는 땅이 왕릉에 귀속되면서 사실상 초토화가 되는 셈인데 국제 규격의 축구경기장 110 개가 넘는 면적이야. 물론 화소지역을 그냥 놀린 것은 아니야. 그 화소지역에다 농사를 짓게하고 그 수확물로 왕릉에 제사를 지내거나 왕릉을 지키는 관리, 군사들의 경비를 충당하게도 했어. 그래도 화소 지역은 신성한 구역으로 설정해서 아무나 함부로 출입을 못하게 했지. 저기 홍살문 보이지? 저 홍살문은 이 동구릉 지역이 신성한 구역이라는 것을 알려주는 거야.

아 름　그럼 왕릉이 하나 새로 생길 때마다 피해보는 사람들이 많이 생겨나겠네요?

아 빠　아무리 고관대작이라도 새로 생기는 왕릉의 화소구역에 자기네 집과 선산이 들어가면 집도 옮겨야 할 뿐 아니라, 선산에 있는 조상들의 묘도 모두 파내서 다른 곳으로 이장을 해야 했어. 그래서 양반들은 새로운 왕릉이 어디에 생기는지가 초미의 관심사였어. 그런데 선조임금 때 왕릉으로 인한 양반들의 불만이 폭발했어.

**서자 출신 왕에게는 결코 자신의 선영을 내주지 않으려는 사대부들**

아 름　네? 조선시대에 감히 임금에게 양반들이 불만을 표시할 수가 있었나요?

아 빠 실제로 왕 앞에서 대놓고 불만을 표시했다는 것은 아니고, 마음 속으로 그랬다는 거야.

호 림 에~이, 농담마세요. 아빠가 양반들의 마음 속을 어떻게 알 수 있어요?

아 빠 내가 증명할 수 있어. 선조임금은 조선 최초로 서자 출신으로 왕이 되었어. 그런데 성리학의 나라인 조선에서는 서자 출신은 거의 사람취급을 못받았어. 다만 선조는 왕의 신분이어서 양반들이 내색을 못한 것 뿐이야. 선조는 첫 번째 왕비였던 의인왕후께서 1600년에 승하하시자 조정 대신들에게 의인왕후를 위한 왕릉후보지를 찾으라고 명을 내렸어. 그리고 그 왕릉자리에는 자신의 자리도 미리 만들어 둘 것을 아울러 지시했지. 그런데 선조가 왕릉이 들어설 명당길지를 찾으라고 수차례 지시를 내렸지만 조정 대신들은 이러저러한 이유를 대면서 차일피일 미루기만 했어. 서자 출신 왕에게 적자출신인 사대부들은 누구라도 자신들의 선영을 선뜻 내놓지 않았기 때문이었어.

아 름 그때의 조정 대신이 누구누구 였어요?

아 빠 너희들도 잘 아는 사람으로는 영의정에는 이항복, 중추부사에는 이덕형 등이 있었지.

아 름 이항복, 이덕형? 많이 들어본 이름인데...

엄 마 그 두 사람은 어릴 적부터 매우 친한 친구여서 재미있는 일화가 많고, 너희들에게는 아마도 원래 이름보다는 다른 이름으로 더 유명할 거야. 내가 힌트를 주면 한사람은 '오'로 시작하고, 다른 한 사람은 '한'으로 시작한단다.

호 림 오 와 한? 오렌지 와 한라봉 인가? 이건 아닌것 같은데...

아 름 아! 생각났다. 오성과 한음! 그래도 어명이 내려졌는데 조정 대신들이 왕릉의 선정을 계속 미룰 수는 없었을 것 같아요.

## 선조 앞에서 사대부들의 총대를 맨 이항복

아 빠 지지부진하게 무려 4개월을 끌던 왕릉후보지에 대한 논란은 결국 이항복이 조정 대신들의 대표로 나서서 당시 태조 이성계의 건원릉이 있던 검암산 자락을 추천하는 것으로 일단락이 되었어. 그렇지만 그 왕릉 후보자리는 원래 태조의 건원릉과 문종의 현릉이 있던 화소 구역안에 있었기 때문에 사대부들은 자신들의 선영을 희생하지 않아도 되었기 때문에 모두들 쌍수를 들고 환영을 했지. 아무튼 이렇게 왕릉 후보지의 선정 작업이 지리하게 늘어졌기 때문에 의인왕후는 5개월의 국장기간을 넘기고 승하하신지 6개월만에 묻히는 참담함을 당하고 말았어. 그 이후로 동구릉은 왕릉의 공동묘지가 되었어. 한번 선조의 목릉으로 재미를 본 양반사대부들은 다른 왕릉도 가급적이면 기존의 화소 구역 내에 몰아 넣으려고 했을 거야.

엄 마 그래서 서오릉도 조선후기에 더 많은 왕릉이 추가되었군요!

아 빠 그렇다고 볼 수 있지. 자, 이제 동구릉을 하나씩 답사를 해 보자.

호 림 아빠, 설마 이 동구릉을 다 돌아보는 것은 아니겠죠? 이 동구릉만 답사해도 하루종일 걸리겠어요.

아 빠 녀석, 엄살은. 오늘은 일정상 이 동구릉 안내판에서 아래쪽에 보이는 태조왕릉인 건원릉, 선조왕릉인 목릉, 문종왕릉인 현릉, 익종왕릉인 수릉, 이렇게 네 곳만 돌아볼거야. 그 중에서도 제일 깊은 곳에 있는 건원릉부터 시작하자.

# 동구릉 답사 – 태조왕릉 건원릉(健元陵)

 건원릉 홍살문 앞

건원릉 금천교 입구

## 건원릉은 조선 왕릉 중 유일하게 세 글자이다

아 빠 여기가 조선을 건국한 태조 이성계를 모신 건원릉(健元陵)이다.

아 름 아빠, 다른 왕릉은 모두 이름이 두 글자로 되어 있는데 왜 이곳만 세 글자죠?

아 빠 아마도 조선왕조를 개국한 것 때문에 그리 했을 것으로 추정하고 있어.

엄 마 그런데 건원릉의 건 자가 세울 건(建) 자가 아니네요? 굳셀 건(健) 자에요! 나는 지금껏 태조 이성계가 나라를 세웠기 때문에 세울 건(建)자라고 믿고 있었어요.

아 빠 건원릉의 뜻은 태조 이성계가 세운 조선이라는 새로운 나라를 굳세게〔健〕 그리고 으뜸〔元〕으로 만들겠다는 의지를 나타내고 있어. 자 오늘은 좀 새로운 방식으로 답사를 해 볼까?

## 직접 체험해 보는 왕릉답사

호 림 새로운 방식이라뇨?

아 빠 내가 일방적으로 왕릉에 대해 설명하는 것 보다는 실제 조선의 국왕이 왕릉에 왔을 때를 가정해서 어떻게 제사를 지냈는지 재현해 보자는 거야.

아 름 그거 재미있겠네요? 그럼 누가 왕이 되나요?

아 빠 원래는 내가 동쪽 임금이니깐 당연히 내가 왕의 역할을 해야하지만, 오늘은 특별히 호림이를 조선의 제28대 임시국왕으로 임명하도록 할게.

호 림 내가 임금이라구요? 왠지 쑥스러운데...

아 름 오빠는 좋겠다.

## 친향산릉의(親享山陵儀)의 시작은 향실에서부터

아 빠 지금부터의 왕릉제사순서는 영조때 편찬된 국조상례보편에 나온
친향산릉의(親享山陵儀)라는 부분의 내용에 따라서 설명을 해 줄
게. 친향산릉의(親享山陵儀)는 국왕이 친히 왕릉에 와서 치르는 제
향, 즉 제사의식이라는 뜻이야. 먼저 왕릉에서 제사를 드리기 전날,
궁궐에서는 국왕에게 제사에 쓰일 축문을 올려서 결재를 받아. 그
축문을 올리던 궐내관청이 바로 향실(香室)이야.

엄 마 아, 향실이라면 창덕궁 인정전의 서쪽행각 제일 끝에 붙어있던 현

창덕궁 향실

판이 생각나네요!

아빠   맞았어. 바로 그곳이 향청이야. 또 다른 궁궐의 향청은 국립고궁박
물관에 걸린 '서궐도안'에서도 확인할 수 있는데, '서궐도안'에 그
려진 경희궁 숭정전의 오른쪽 행각 제일 끝에도 향실이 있어. 임금
에게서 가장 가까운 곳에 향실이라는 관청이 있었다는 뜻은 그만큼
조선이 왕실의 제사를 중요하게 여겼다는 것을 뜻해.

아름   종묘에서는 임금이 전날 종묘에 와서 목욕재계를 한다고 했는데,
왕릉에도 전날 왔나요?

아빠   왕릉에서 제사를 지낼 때는 제사당일 임금이 궁궐에서 왕릉까지 행
차를 하서. 그래서 조선왕릉이 하루만에 돌아갈 수 있는 거리인 80
리(현재의 척도법으로는 100리) 안에 있어야 한다고 했던 것 기억
나지? 임금이 궁궐에서 왕릉 인근까지 올 때는 왕권을 상징하는 큰

판위

가마인 대여를 타고 와. 그렇지만 왕릉안쪽의 좁은 오솔길에는 대
여가 들어올 수 없기 때문에 작은 가마인 소여로 갈아타고 오다가,
저 곳 금천교 밖에서 내려서 걸어와.

호 림  왜 금천교 안쪽까지 가마를 타고 들어오지 않나요?

아 빠  그것은 금천의 안쪽은 돌아가신 왕의 세상이기 때문이지. 나라에
서 가장 높은 위치의 국왕이라 하더라도 조상신보다 높을 수는 없
어. 그래서 왕릉에서의 금천은 궁궐에서와 마찬가지로 속세와 명당
을 구분짓는 경계가 되는 것이야. 금천교를 기준으로 동쪽을 흐르
는 물줄기를 동윤, 서쪽을 흐르는 물줄기를 서윤이라고 하는데, 각
각 동쪽과 서쪽을 윤택하게 한다는 뜻을 가지고 있지. 아무튼 소여
에서 내린 왕은 제일 먼저 어디로 갈까?

아 름  당연히 저기 판위로 가겠죠? 마치 시작점처럼 보이잖아요?

## 산릉 제향의 시작 위치는 판위

아 빠  맞았어. 자 호림아, 뭐하니 판위에 가서 똑바로 서야지.

호 림  아참! 내가 임금이었지! 그런데 어떻게 서 있어야 해요?

아 빠  처음에는 서쪽을 바라보면서 서 있으면 돼. 그 앞에 찬례(贊禮)가
서 있는 거야. 이때 임금은 손에 규(圭)를 들고 있어야 해.

아 름  규가 뭐예요?

아 빠  규는 손에 들고 있는 의식용 도구인데 약 30cm쯤 되는 판이야. 임
금의 것은 규(圭)라고 하고, 신하들의 것은 홀(笏)이라고 해.

엄 마  아, 무덤 앞의 문석인이 양손에 들고 있는 그것 말이군요! 그런데
그건 왜 들고 있나요?

아 빠  원래 신하들이 들고 있는 홀은 초기에는 임금에게 보고할 내용 등을 잊지 말도록 간단한 메모를 해 두었던 것이었지만 시간이 흐르면서 의식용 도구로 변하게 되었어.

호 림  쉽게 말해서 컨닝페이퍼 였군요!

아 빠  자, 호림이는 지금부터 조선의 제28대 국왕이므로 전하 또는 마마라고 부를게. 그리고 아빠는 제향(祭享) 때 초헌관을 앞에서 인도하면서 제사 지내는 것을 돕는 일인 찬례(贊禮)의 역할을 맡을텐데 찬례를 맡는 사람의 벼슬은 국왕을 모실 경우, 예법에 대해서는 최고의 위치에 있는 예조판서가 찬례가 되는 거야. 제사는 왕이 직접 올 경우를 친행이라고 하고, 왕세자나 영의정이 대신 올 경우에는 섭행이라고 해. 어쨌거나, 지금은 친행이므로... 전하! 마음의 준비가 되셨사옵니까?

호 림  네!

아 빠  임금은 홍살문 안으로 들어와서는 특별한 경우가 아니면 말을 해서

---

**뱀의 발**  홀기(笏記): 대중의 집회 · 제례 등 의식에서 그 진행 순서를 적어서 낭독하게 하는 기록

홀(笏)은 중국에서는 이미 주대(周代)에 사용되었다는 기록이 있다. 처음에는 문관이 모양을 꾸미는 장식품의 일종으로, 임금에게 보고할 사항이나 건의할 사항을 간단히 적어서 잊어버리지 않도록 비망하는 것이었다. 신분에 따라 규격과 색채와 질이 정해져서 중국에서는 옥, 상아, 서각(犀角) 등이 사용되었다. 중국 문화의 영향을 받아 온 우리나라에도 이 제도는 오래 전에 도입되었다. 조선조가 창건되어 유학이 국교로 채택되자 홀에 대한 제도도 확정되었다. 조선조에 제정된 홀은 한 자 정도의 길이에 두 치 정도의 너비로 얇은 것이며, 1품에서 4품까지는 상아로 만들고 5품 이하는 나무로 만들어 쓰게 하였다. 홀기는 이 홀의 사용이 발달됨에 따라 생겨난 것으로, 문명이 발달될수록 생활의 방식도 복잡해지고 그에 따라 생활을 통제하는 방법도 번잡해졌다. 인간을 자율적으로 통제한다는 예법은 점차 까다로워져서 자칫하면 착오를 범하기가 일쑤고, 그 착오는 실수로 좋게 이해되는 것이 아니라 상대를 끌어내리고 파멸시키는 도구가 되었다. 따라서 실수를 저지르지 않기 위해서는 사전 준비와 보고를 행하는 절차가 필요했으며, 그 필요에 따라 발달한 것이 홀기다. 홀기는 절차를 미리 의정해 그대로 시행함으로써 절차의 오류를 막고 시비의 근원을 방지하는 장점이 있다. (출처: 위키백과)

는 안돼! 그저 고개만 끄덕거리면 돼. 다시 할게...전하! 마음의 준비가 되셨사옵니까?

호 림  (끄덕 끄덕)

아 빠  이제 북쪽을 향해 서 주시옵소서.

엄 마  아, 저래서 저 판위를 왕릉을 바라보는 자리라는 뜻으로 망릉위 라고 부르는구나.

아 빠  마마, 준비가 되셨사옵니까? 이제 예를 행하셔야 합니다. 국궁(鞠躬)!

호 림  국궁이 뭐예요? 여기서 활을 쏘라는 뜻인가요?

엄 마  호림아, 여기서 국궁이란 국궁사배(鞠躬四拜)를 하라는 뜻이야. 국궁은 공 국(鞠) 자에 몸 궁(躬) 자인데, 몸을 엎드려서 공처럼 둥글게 구부리라는 뜻이고, 그리고 나서 네번 절을 하라는 뜻이지. 절하는 여러가지 예법 중에서 가장 격식을 차린 것이 국궁사배란다.

아 빠  국궁! 이라고 외치면 먼저 부복(俯伏)을 해야 해. 부복의 한자 뜻은 구부릴 부(俯), 엎드릴 복(伏)이야. 국궁과 같은 뜻이야. 이때 양손을 여덟 팔자로 땅을 짚고 팔을 쭉 펴고 엎드려서 머리를 약간 들어 손 끝쪽을 바라봐.

호 림  이렇게요?

아 빠  잘 했다. 자, 이번에는 네번 절하는 사배(四拜)의 순서야. 사배는 배(拜), 흥(興), 배(拜), 흥(興), 배(拜), 흥(興), 배(拜), 흥(興), 흥평신(興平身), 이런 순서로 진행돼. 배(拜) 라고 하면 부복자세에서 팔을 구부리고 몸을 낮춰서 이마와 땅 사이에 주먹이 하나 들어갈 정도로 머리를 내리고, 흥(興)이라고 하면 팔을 쭉 펴서 다시 원래 부복의 자세로 돌아가는 거야. 마지막 흥평신은 완전히 일어나서 몸을 펴라는 뜻이야. 〈자, 마마, 소신의 구령에 맞춰 예를 행하시

기 바랍니다. 배, 홍, 배, 홍, 배, 홍, 배, 홍, 홍평신!〉

아 름  우리는 학교에서 '차렷 → 경례 → 바로' 이런 순서로 인사를 하는데 국궁사배는 '차렷 → 경례 → 차렷 → 바로' 이런 순서인 것 같아요.

엄 마  판위를 임금님이 절하는 자리라는 뜻의 '어배위'라고도 하는 이유 도 이제 확실히 알겠지?

아 빠  마마, 지금부터 저를 따라 오시지요. 신로 옆의 어로를 따라가시 면 됩니다.

아 름  아빠, 오빠는 어로를 따라가면 되지만, 엄마와 저는 어느 길로 가요?

아 빠  신로는 돌아가신 왕의 길이고, 어로는 살아있는 왕의 길이야. 따라 서 왕을 제외한 사람은 참도를 밟아서는 안되지. 그냥 참도 양쪽의 맨땅을 밟고 오면 되는데 동쪽에는 문관이, 서쪽에는 무관과 종친 이 가도록 되어 있어.

정자각 동쪽계단

아 름   우리는 종친이라고 보면 되겠네요? 그럼 참도의 서쪽으로 가야지!

아 빠   지금 여기에는 없지만 정자각의 동쪽 계단 근처에는 소차라고 하
는 작은 천막을 쳐. 절대 지존이신 임금님이 햇볕에 오래 노출되면
안되겠지? 그리고 소차 옆에는 손을 씻을 수 있는 관세위(盥洗位)
를 설치해. 자, 소차에서 잠시 쉬고 계시던 임금님이 손을 씻고 나
서는 이제 정자각에 오를 차례야. 마마, 이제 계단을 오르시지요.

호 림   계단을 오를 때도 분명 규칙이 있을 것 같아요.

아 빠   당연하지. 계단을 오르내리는 규칙을 승강계법(陞降階法)이라고
하는데, 계단을 오를 때는 오른발을 먼저 올리고 난 뒤 왼발을 오른
발 옆에 합치고, 거꾸로 계단을 내려갈 때는 왼발을 먼저 내려딛고
난 뒤 오른발을 왼발 옆에 합쳐. 이 동작을 연속해서 하는 것을 연
보합보(連步合步)라 해. 자, 마마, 계단을 오르시지요.

정자각 좌우로 배석과 망료위 있음

아 름   나도 따라 해 봐야지. 오른발
        왼발, 오른발 왼발, 오른발 왼
        발, 오른발 왼발, 오른발 왼발!
        어? 계단을 다 올라 왔더니 바
        닥에 큰 돌이 있네요? 다른 왕
        릉에서는 못 본것 같은데...

배석(정자각 좌측 문 앞)

아 빠   저 돌은 조선왕릉 전체를 통틀어 이곳, 건원릉에만 있어. 절하는 자
        리라는 뜻으로 배위 또는 배석이라고 부르는데 반대 쪽에는 망료
        위가 있어. 망료위(望燎位)는 바라볼 망, 횃불 료, 자리 위 자를 쓰
        는데, 저 곳에서 제사가 끝난 후에 축문을 불사르는 것을 바라보는
        자리라는 뜻이야.

엄 마   여보, 그런데 왜 배위의 방향이 왕릉 쪽을 향하지 않고 서쪽을 향

망료위(정자각 우측 문 앞)

하고 있죠?

아 빠 동서고금을 막론하고 옛날사람들의 생각에는 사람은 죽어서 서쪽 세상으로 간다고 믿었던 것 같아. 아마도 서쪽으로 해가 지는 것과 인생이 끝난 것을 동일시한 것이겠지. 그래서 불교에서도 죽은 뒤의 세상을 서방세계라고 하고, 그리스 신화에서도 제우스의 특별한 대우를 받은 영웅이 이 세상에서의 생이 끝난 후에 안락한 불사(不死)의 생활을 보내는 곳인 엘리시온도 세계의 서쪽 끝에 있다고 했어.

호 림 여기서도 또 국궁사배를 해요? 무릎이 아파요.

**정자각의 배위에서 하는 국궁사배로 신을 맞이하는 절차가 완료된다**

아 빠 당연히 국궁사배를 해야지. 하지만 임금이 여기서 절을 할 때에는 화문석 3장 위에 다시 돗자리를 깔고 국궁사배를 해. 지금까지의 행위는 모두 신을 맞이하는 절차야. 국궁사배가 끝나고 나면 이 자리에 참석하신 신에게 세번 술잔을 올리는 절차를 하게 돼.

엄 마 그런데 정자각의 건물 안으로는 들어가지 못하게 되어 있네요.

아 빠 아쉽기는 하지만 내가 바깥쪽에서 설명으로 대신 할게. 일단 모든 제사에서 술잔은 세번 올리게 되어 있는데 첫 번째 술잔을 올리는 사람을 초헌관이라고 불러. 친행의 경우에는 당연히 왕이 초헌관이 되겠지? 왕이 첫잔을 올리는 초헌례의 순서는 먼저 시종이 술을 잔에 따르는 것을 왕이 지켜본 뒤, 제사상 앞에 꿇어 앉아서 향로에 향을 먼저 세번 올리고나서, 미리 따라둔 술잔을 제사상 위의 영좌 위에 올려 놔. 그리고 나서 제사때 축문을 읽는 사람인 대축

**뱀의 발**  축문(祝文): 제례나 상례 때 (조상)신에게 축원을 드리는 글

축문의 일반적인 서식

(1) 먼저 축문을 올리게 되는 시간을 명시한다. 그 형식은 세차(歲次:간지)에 의하여 정한 해의 차례를 쓰고, 다음에 월, 일을 쓰는데, 세차와 월, 일에는 모두 간지로 명시한다.

(2) 시간을 명시한 다음에는 축문을 올리는 사람의 신분을 밝힌다. 벼슬이 있으면 먼저 관직을 쓰고 이름을 쓴다. 또 조상에게 올리는 축문일 경우는 몇대 손 혹은 현손, 증손, 손, 자 등으로 제사의 대상과의 관계에 따라 표시하는데, 예를 들어 그 대상이 아버지일 경우는 효자, 할아버지일 경우에는 효손이라고 표기한다.

(3) 제주(祭主)의 신분을 밝힌 뒤에는 제사의 대상을 밝힌다. 제사의 대상이 4대조일 경우에는 현고조고(顯高祖考), 3대조일 경우에는 현증조고(顯曾祖考), 2대조일 경우에는 현조고(顯祖考), 1대조일 경우에는 현고(顯考)라 하고, 관직을 지냈으면 그 관직을 기록하고, 관직이 없으면 처사(處士) 혹은 학생(學生)이라 쓴 다음 부군(府君)이라고 쓴다. 고위(考位:조상신의 신위) 옆에 비위(位:부인의 신위)를 나란히 기록한다.

(4) 그 다음에는 제사를 올리는 사실을 기록한다. 축문의 내용 중에 조부 이상일 때는 '불승영모(不勝永慕)'를, 아버지는 '호천망극(昊天罔極)'이라고 쓴다. 그리고 "정성스레 제물을 바치오니 흠향하옵소서." 하는 말로 끝맺는다.

유세차 維歲次(발어사 유, 해 세, 버금 차) 이 해의 차례(次例)는
　　　감소고우敢昭告于(감히 감, 밝힐 소, 고할 고, 어조사 우) 감히 밝혀서 고합니다.
　　　세서천역歲序遷易(해 세, 차례 서, 옮길 천, 바꿀 역) 세월이 흘러 바뀌었습니다.
　　　휘일부림諱日復臨(꺼릴 휘, 날 일, 다시 부, 임할 임) 꺼리는 날(돌아가신 날)이 다시 왔습니다.
　　　추원감시追遠感時(따를 추, 멀 원, 느낄 감, 때 시) 먼 과거의 조상님을 유추해 보며, 현재에 감사합니다.

　　　호천망극昊天罔極(하늘 호, 하늘 천, 없을 망, 다할 극) 하늘이 끝이 없는 것처럼 부모의 은혜는 매우 큽니다.
　　　불승영모不勝永慕(아닐 불, 이길 승, 길 영, 그릴 모) 영원토록 사모하는 마음 이길 수 없습니다.

　　　근이청작謹以淸酌(삼가할 근, 써 이, 맑을 청, 술 부을 작) 삼가하는 마음으로 술을 따릅니다.
　　　서수공신庶羞恭伸(여러 서, 음식올릴 수, 공손할 공, 펼 신) 몇가지 음식을 공손히 올립니다.
　　　전헌상향奠獻尙饗(제사 전, 드릴 헌, 오히려 상, 잔치할 향) 제사상을 올리오니 부족하나마 흠향하시옵소서.

이 축문을 읽어.

아 름  이때 임금은 어떤 자세를 취하나요?

아 빠  초헌례를 하는 동안 임금은 궤(跪)를 해야 해. 궤는 한자로 꿇어앉을 궤야. 대축이 축문을 다 읽고나면 찬례가 부복(俯伏), 흥(興), 평신(平身)을 아뢰어 청하고 그때 임금은 몸을 바로하고 똑바로 서. 이어서 두 번째 잔을 올리는 아헌례와 마지막 잔을 올리는 종헌례를 하면 제사의 핵심부분을 끝나는 거야. 이제 남은 것은 신을 돌려보내는 것인데, 정자각 위에서 국궁사배로 신을 맞은 것처럼 다시 국궁사배로 신을 보내고 난 뒤, 제사에 사용했던 축판을 예감에서 불사르는 거야. 이것으로 모든 제사는 끝이야.

아 름  그런데 정자각 서쪽에 있는 저 돌덩어리는 뭐하는 거에요?

아 빠  아, 저것은 소전대(燒錢臺)라고 하는데 축판을 불사르는 장소야.

호 림  방금 축판은 예감에서 불사르는 것이라고 하시지 않으셨나요?

아 빠  저 소전대가 있는 왕릉은 태조왕릉인 건원릉과 태조의 두 번째 부인 신덕왕후릉인 정릉, 그리고 태종왕릉인 헌릉 이 세 곳 뿐이야. 우리가 확인할 수 있는 조선왕조에서 가장

소전대

먼저 만들어진 세개의 왕릉에서만 소전대가 보여. 소전대는 불사를 소(燒), 돈 전(錢), 받침대 대(臺)인데, 글자 그대로 해석하면 돈을 불사르는 받침대라는 뜻이야.

아 름  그렇지만 제사에 쓰인 축문과 축판을 불사른다면서요?

아 빠  나는 아마 고려시대 때까지만 해도 제사때는 축문과 함께 종이돈도

태웠을 가능성이 있다고 봐. 왜냐하면 지금도 저승에 갈 때 노잣돈이 필요하다는 말을 하거든. 그리고 저승에 갈 때 노잣돈이 필요하다라는 전설은 우리뿐만 아니라 세계 곳곳에 퍼져있어.

엄마  그리스 신화를 읽어봐도 저승으로 가는 길에 반드시 건너야 하는 스틱스 강에는 카론이라는 뱃사공 영감의 소가죽 배를 타야만 되는데, 이 카론 영감은 혼령들로부터 엽전 한 닢이라도 받지 않고는 강을 절대로 건네주지 않기 때문에 고대 그리스에는 죽은 사람 입에 엽전을 한 닢씩 넣는 습관이 있다고 해요.

호림  돈이 없어 강을 못건너면 어떻게 되죠?

아빠  죽어서도 저승에 못 가는 혼령들이 바로 구천을 떠돌아 다니는 악귀들이 되는 거야. 아무튼 조선이 건국되던 시점에는 왕릉 소전대

정자각에서 본 비각과 능침 가운데 볼록한 곳이 신도로 추정

의 용도가 종이돈이 되었건, 축문이 되었건 무조건 불태우는 시설이야. 그리고 그 재를 예감에 묻었어. 그런데 나라가 안정기에 들어서자 유학자들이 문제를 제기하기 시작했어. 불교는 화장문화이고 유교는 매장문화인데, 소전대는 불교의 화장문화를 연상시킨다는 것이지. 따라서 소전대의 용도를 없애버리고 예감에서 직접 축문을 불사른 뒤 바로 그 자리에서 묻어 버리는 것으로 제례법이 바뀌게 된 거야.

엄 마  건원릉의 능상에 올라가지 못하는 것이 무척 아쉽네요.

아 빠  동구릉에서 능상까지 개방하는 왕릉은 단 하나 뿐이야. 바로 옆에 있는 목릉이지. 자, 이제 목릉으로 가서 능상 위까지 답사를 해 볼까?

# 동구릉 답사 – 선조왕릉 목릉(穆陵)

목릉 홍살문 앞

목릉 동원이강릉, 정자각 뒤로 선조릉, 옆이 정비 의인왕후, 사진 우측이 계비 인목왕후

## 동원이강릉에서 왕의 무덤과 왕비의 무덤 구별

아 빠  여기가 선조와 첫 번째 왕비인 의인왕후, 그리고 두 번재 왕비인 인
       목왕후가 묻힌 목릉이야. 동일한 능원〔同原〕 안에서 서로 다른 언
       덕〔異岡〕에 능을 만든 동원이강릉(同原異岡陵) 형식이라는 것을
       한눈에 알 수 있지?

호 림  언덕이 세 개인데, 동원이강릉이 아니라 동원삼강릉 아닌가요?

엄 마  동원이강릉에서 이강(異岡)의 이(異)자는 두 이(二)자가 아니라 다
       를 이(異)자야. 즉 언덕이 두 개라는 뜻이 아니라 서로 다른 언덕
       이란 뜻이란다.

아 빠  서로 다른 언덕이 세 개가 있는데 누가 왕이고, 누가 첫 번째 왕비
       이고, 누가 두 번째 왕비일까?

아 름  그거야 식은 죽 먹기죠. 왕릉은 음적인 공간이기 때문에 동쪽보다
       서쪽의 서열이 높아요. 그래서 서상제(西上制)가 적용되기 때문에
       가장 서쪽에 있는 것이 왕, 가운데 있는 것이 첫 번째 왕비, 그리고
       가장 동쪽에 있는 것이 두 번째 왕비에요.

아 빠  정확한 답변이야. 참도와 정자각에 대한 것은 건원릉에서 충분히
       보았으니 이곳, 목릉에서는 능상에까지 올라가서 직접 왕의 봉분을
       살펴보자. 사초지의 경사가 높으니 조심해서 올라와야 해.

호 림  와, 전망 한번 참 좋네요!

아 빠  목릉은 왕릉 중에서도 개방된 공간이 무척 넓은 왕릉이야. 자, 이제
       선조임금께서 묻힌 이 봉분과 주변을 자세히 살펴 볼까? 뭔가 다른
       왕릉과 비교해서 특이한 점은 없니?

아 름  석물들이 엄청 크네요. 이 무석인 좀 보세요.

선조릉, 석물들이 우람하고 병풍석과 난간석도 모두 갖췄다

## 무석인(武石人)은 '육척거인(六尺巨人)'이다

아 빠  이 무석인(武石人)은 국조상례보편에 만드는 방법을 자세히 설명
을 해 놓았는데, 갑옷과 투구를 입고 검을 지닌 모습을 조각하되,
칼집은 허리에 있으며, 검은 손에 있고, 칼날은 아래를 향하게 해.
키는 여섯 자 두 치라고 했으니깐 영조척으로 계산하면 약 190cm
가 돼. 땅 속에도 대석(臺石)이 두자 측 약 60cm 깊이로 묻혀있어.

엄 마  옛날에는 '육척거구(六尺巨軀), 육척장신(六尺長身) 또는 육척거
인(六尺巨人)'라는 말을 썼는데 키가 약 180cm 가 넘는 사람을 가
리키는 말이야. 요즘이야 180cm를 거인이라고 부르지는 않지만
옛날사람들은 지금보다 평균키가 훨씬 작았기 때문에 180cm 정도
면 엄청나게 큰 사람이었을 거야.

아 빠 아마도 그래서 무석인의 키도 육척거인에 맞춰서 여섯자 두치 즉
6.2척으로 기준을 삼았던 것 같아.

호 림 하지만 이 무석인의 키는 2m도 훨씬 더 넘어요. 왜 기준을 넘어서
이렇게 까지 크게 만들었을까요?

아 빠 여기에 묻힌 왕은 조선 최초의 서자출신 왕인 선조야. 따라서 자신
의 출생에 대한 컴플렉스를 평생 가지고 있었던 왕이었고, 게다가
선조의 뒤를 이은 광해군 역시 서자 출신이야. 따라서 선조의 왕릉
을 만든 광해군은 자신과 아버지의 출생에 대한 컴플렉스를 만회하
고자 석물들을 기준보다도 더 크게 만든 것 같아. 자, 이번에는 주
제를 바꿔서 이 봉분과 저기 멀리있는 두 왕비들의 봉분을 잘 비교
해 봐. 뭔가 다른 점이 있을 거야.

선조 정비 의인왕후릉, 병풍석은 없고 난간석만 있다

호림 　같은 왕릉이면 다 똑같은 모양 아닌가요?

아름 　잠깐만요…. 어? 똑같은 모양인 줄 알았는데 차이점이 있어요. 저
　　　쪽에 있는 왕비들의 봉분에는 주위에 병풍석이 없는데, 이곳 왕의
　　　봉분에는 병풍석이 있어요.

아빠 　잘 찾았다. 조선 왕릉이 모두 비슷해 보이기는 해도 다 똑같은 것
　　　은 아니야. 특히 병풍석이 있는 왕릉도 있지만 없는 왕릉도 많아.
　　　원래 조선 왕릉의 표준 모델은 돌로 만든 석실 안에 왕의 관을 모
　　　시고 봉분의 주변에는 병풍석을 두르는 것이었어. 하지만 세조임금
　　　이 최초로 왕릉에 석실과 병풍석을 쓰지 말라는 어명을 내렸어. 대
　　　신 무덤과 관 사이의 공간을 석회로 다져넣는 회격묘로 왕릉을 조
　　　성하라고 했지.

---

뱀의 발

예종 3권, 1년(1469 기축 / 명 성화(成化) 5년) 1월 3일(무오) 2번째기사
영릉(英陵)의 제도는 세조대왕의 유교에 따라 석실과 사대석(莎臺石: 병풍석(屛風石) 대신으로 쓰
는 돌)을 없애다

예조에서 아뢰기를, "세조 대왕(世祖大王)께서 원릉(園陵)의 석실(石室)이 유해무익(有害無益)하다
하여 유명(遺命)으로 석실(石室)과 사대석(莎臺石)313)을 쓰지 말라고 하셨기 때문에, 지금 광릉(光
陵,세조왕릉) 에는 이미 유교(遺敎)를 좇았으니, 청컨대 영릉(英陵,세종왕릉, 경기도 여주소재) 에도
또한 광릉의 제도(制度)를 따르소서."하니, 그대로 따랐다.

---

# 세조가 왕릉에 석실과 병풍석을 못쓰게 한 것은 풍수때문이다

세조 광릉, 난간석만 있다

엄 마   굳이 그런 어명을 내린 이유가 있을 것 같아요.

아 빠   그게 바로 풍수야. 조선의 임금 중에서 풍수를 가장 잘 아는 임금이 세조와 정조였어. 특히 세조는 대군시절부터 많은 왕릉 조성에 참여하여 풍수에 대한 이론과 실무에는 최고였어. 그랬던 그가 갑자기 왕릉조성방법을 석실에서 회격으로 바꾼 것에는 풍수가 작용을 한 것으로 보여. 왜냐하면 돌이 왕의 시신을 둘러싸고 있으면 명당 기운이 후손에게 전달되는 데에 장애가 된다고 믿은거야. 그래서 석실도 회격으로 바꾸고 병풍석도 없애버려서 조상의 기운을 후손에게 더 많이 넘겨주려고 했던 것 같아.

엄 마   그걸 어떻게 증명할 수 있어요?

아 빠  왕릉 중에서 병풍석을 쓴 왕릉만 골라보면 쉽게 알 수 있어.

아 름  일단 세조 이전의 왕릉은 모두 석실과 병풍석을 쓰고 있겠네요?

아 빠  그게 바로 함정이야. 세조 이전의 왕릉 중에서 세종왕릉인 영릉과
        단종왕릉인 장릉에는 병풍석이 없어.

엄 마  아, 알겠다. 단종왕릉인 장릉은 조선후기에 가서야 왕권이 복위되
        어서 왕릉이 그제서야 만들어 졌고, 세종왕릉은 풍수 논란 때문에
        예종 임금 때 여주로 왕릉을 옮겨서 그렇군요!

아 빠  그렇지. 세종과 단종은 왕위 계승도에서는 세조보다는 빠르지만,
        왕릉이 만들어진 것은 세조 이후이기 때문에 병풍석이 없는 거야.

아 름  그럼 이 선조왕릉인 목릉에는 선조가 병풍석을 쓰지말라는 어명을
        남겼는데도 왜 병풍석이 있나요?

## 병풍석을 두른 예외적인 왕릉들

아 빠  자, 추존왕릉을 포함해서 조선의 왕릉 중에서 병풍석을 쓴 왕릉만
        골라보면 이렇게 돼.
        태-정-태-세-문-단-세-(덕)-예-성-연-중-인-명-선-광-(원)-인-
        효-현-숙-경-영-(진)-(장)-정-순-(익)-헌-철-고-순

호 림  성종부터 선조까지는 연산군만 빼고 모두 병풍석이 있잖아요?

아 빠  풍수의 관점에서는 세조 이후의 왕릉 중에서 병풍석을 두른 왕릉들
        은 나름대로 병풍석을 두를 이유가 있었다고 봐. 우선 나라에 큰 전
        쟁이 있었거나 나라를 뺏긴 왕들에게는 병살(兵煞)이라는 액운이
        끼었다고 생각해서 그 병살로부터 임금을 보호하기 위해 비보책으
        로 병풍석을 둘렀어. 예를 들면 임진왜란의 선조, 병자호란의 인조,

한일합방의 고종과 순종이 해당 돼.

아 름   그렇지만 사도세자가 추존된 장조는 왜 병풍석을 둘렀죠?

아 빠   나라 전체에 끼치는 살(煞)뿐만 왕 개인에게 끼치는 살(煞) 도 있
        었어. 예를 들면 사도세자였던 장조는 뒤주에 갇혀 죽는 개인적인
        불행이 있었고, 성종의 경우에는 폐비윤씨 사건으로 인해 연산군이
        조정에 피바람을 불러 왔지.

엄 마   맞아요. 여자가 한을 품고 죽으면 오뉴월에도 서리가 내린다고 했
        어요.

아 름   그럼 중종, 인종, 명종은 왜 병풍석이 있어요? 그때는 나라에 큰 전
        쟁도 없었고, 국왕의 개인적인 불상사도 없었을 것 같은데...

아 빠   중종과 인종의 왕릉은 실질적으로 문정왕후가 만들었어. 그런데 문
        정왕후는 억불숭유 정책을 쓰는 조선에서 불교를 부흥시키고자 승

사도세자 추존 융릉, 병풍석이 있지만 석양석호가 한 쌍씩 밖에 없다

려 보우를 정치에 끌어들이는 등 나라의 정치를 마음대로 한 인물인데, 그의 작은 오빠 윤원형과 첩 정난정은 부정축재를 일삼았지.

엄마 의적 임꺽정이 활동한 시기도 문정왕후가 나라를 망치던 바로 그 때란다.

아빠 문정왕후가 어느 정도로 개념이 없는 인물이었냐 하면, 원래 중종의 왕릉은 서삼릉 능역 안에 있는 중종의 두 번째 왕비 장경왕후와 함께 있었어. 그런데 중종의 세 번째 왕비였던 문정왕후는 남편옆에 자기가 묻히기 위해서 풍수지리를 핑계로 현재의 서울 강남 선릉 옆에다 옮겼버렸어. 조선 왕릉 중에서 왕만 단독으로 있는 무덤은 조선후기에 복위된 단종의 장릉을 제외하면 태조의 건원릉과 중종의 정릉뿐이야. 그만큼 문정왕후는 자기 마음대로 했기 때문에 병풍석의 의미도 모르면서 멋있어 보이니깐 중종과 인종의 왕릉에

명종과 인순왕후 쌍릉인 명릉, 병풍석과 난간석이 모두 갖춰져 있다

병풍석을 둘렀다고 봐.

아 름    그럼 명종의 무덤에는 왜 병풍석이 있죠?

아 빠    명종의 다음번 왕은 바로 선조야. 선조는 서자출신 왕이랬지? 그래
서 혈통문제로 실추된 왕권을 만회하기 위해서 명종왕릉을 만들면
서 최대한 과시용으로 보기 좋도록 병풍석을 둘렀다고 봐. 그런데
그 이전의 왕릉 병풍석과 비교해서 무늬가 많이 단순화되었다는 것
을 느낄 수 있을거야.

## 서울 도심 청계천에서 확인할 수 있는 조선초기의 병풍석

엄 마    보통 왕릉들은 봉분이 있는 능상에는 올라가지 못하게 하기 때문
에, 우리 아이들이 선조왕릉의 병풍석과 비교할 수 있는 방법이 없
잖아요?

아 빠    왕릉의 병풍석을 군이 왕릉에서만 볼 수 있는 것은 아니야!

호 림    예? 왕릉의 병풍석을 왕릉이 아닌 곳에서도 볼 수가 있다고요?

아 빠    그럼. 그것도 서울의 도심 한복판에서, 심지어 바로 우리 눈 앞에서
볼 수 있지. 바로 광통교 밑에 있는 정릉의 석물들이야. 태조 이성
계가 세상을 떠나기 무섭게 아들인 태종은 새어머니 신덕왕후를 후
궁으로 격하시키고 무덤을 이장시켰어. 왜냐하면 왕자의 난을 통해
자신이 내세운 명분이 자신은 적자 출신이고 당시의 세자였던 방
석은 첩의 자식인 서자였다는 것이었어. 따라서 왕후의 무덤일 때
는 화려한 치장이 필요하지만 후궁의 무덤에는 치장이 필요없다고
주장한거야. 그렇지만 한번 사용한 무덤의 석물은 재사용하지 않는
것이 원칙이어서 그자리에 묻었어.

광통교 밑의 정릉 석물들

엄 마   그런 것을 동티난다고 해요. 잘못 건드려 재앙이 일어난다는 뜻이죠.
아 빠   그런데 때마침 1410년 여름에 큰 비가 와서 나무로 만들었던 청
       계천의 광통교가 떠내려가고 말았어. 이때 태종은 정동의 신덕왕
       후의 능에 있는 석물들을 옮겨와서 광통교를 튼튼한 돌다리를 다
       시 만들라고 지시하면서 그 마저도 석물들을 거꾸로 세웠고, 사람
       들이 밟고 지나다니도록 한 거야. 지금 청계천이 복원되면서 그때
       의 석물들이 우리 눈 앞에서 확인할 수 있게 되었으니깐 시간나면
       가서 확인해 보자.
아 름   또 이 목릉에서 확인할 수 있는 재미있는 사연은 없나요?
아 빠   음... 자 저쪽에 보면 첫 번째 왕비 의인왕후릉과 두 번째 왕비 인
       목왕후릉의 사이에 숲이 보이니? 여기 선조왕릉에서는 두 왕비의

첫째 의인왕후릉에서 본 우측 선조릉과 좌측으로 보이지 않는 계비 인목왕후릉

세 봉분을 잇는 긴 신로

조선왕릉 답사편

능이 모두 보이지만, 정작 각각 왕비의 능에서는 남편인 선조왕릉은 보이지만 왕비릉끼리는 서로가 안보이는 배치야. 나름대로 불편하지 않도록 배려한 흔적이 아닐까? 그리고 각각의 봉분까지 길게 신로가 이어지고 있는 점도 다른 왕릉에서는 찾아보기 어려운 점인데 정자각의 위치가 너무 선조왕릉 쪽에 치우쳐 있기 때문에 저렇게 된 것이지.

엄 마 보통 정자각은 동원이강릉의 경우 두 언덕의 중간지점에 만드는 것이 통상적인데, 아무래도 신경을 덜 쓴 것 같아요.

아 빠 원래 이 목릉에서는 의인왕후릉이 가장 먼저 생겼어. 1600년에 의인왕후가 승하하자 건원릉 동쪽 세 번째 언덕에 있는 바로 저 위치에 의인왕후릉이 만들어졌어.

호 림 사대부들이 왕릉 후보지 선정을 질질 끌다가 막판에 저 위치를 선정했다고 아빠가 설명하셨어요.

아 빠 의인왕후릉이 처음 저곳에 만들어지고 나서 왕릉의 이름을 유릉(裕陵)이라고 했어. 그리고 8년 뒤인 1608년에 선조가 돌아가시자 선조의 왕릉은 이곳이 아니라 정반대쪽인 건원릉의 서쪽 다섯 번째 언덕에 만들어졌고 왕릉의 이름을 목릉이라고 했지. 그 자리는 지금의 헌종왕릉인 경릉 자리야. 그런데 처음 잡은 목릉자리가 풍수상 불길하다는 상소가 올라와서 다시 지금의 이 자리로 옮겨와서 동원이강릉 형태가 된 거야. 대신 왕릉의 이름이 왕비릉의 이름인 유릉(裕陵)에서 선조왕릉의 이름인 목릉으로 바뀌게 되었어. 그때가 1630년이고, 다시 2년 후인 1632년에 인목왕후께서 돌아가셔서 지금과 같은 왕릉배치가 된 거야.

엄 마 그런데, 저쪽 인목왕후릉 앞에는 건물이 있었던 흔적이 있어요.

**아 빠** 응, 저것은 가정자각(假丁字閣)의 흔적이야. 원래 제사는 상이 발생해서 상중(喪中)에 드리는 제사가 있고, 3년상이 끝난 다음, 매년 기일(忌日)마다 드리는 제사가 있어. 3년상이 끝나기 전에 드리는 상중의 제사는 국조오례의 중에서 흉례(凶禮)에 해당되지만, 3년상이 끝난 후에 기일때 드리는 제사는 길례(吉禮)에 해당돼. 인목왕후는 선조보다 24년 후에 돌아가셨기 때문에 인목왕후의 국상 기간 중에는 흉례에 의해서 제사를 드려야 하지만, 이미 선조왕릉 앞에 만들어진 정자각은 선조와 첫 번째 왕비였던 의인왕후를 위해 길례에 의해서 제사를 드리고 있었어. 따라서 같은 정자각 안에서 흉례와 길례를 함께 모실 수 없기 때문에 인목왕후의 흉례는 가정 자각을 만들어 흉례로써 3년상을 치르고 난 뒤에 헐어버리고, 선조 왕릉 앞의 본정자각으로 합치게 된 거야.

계비 인목왕후릉 아래 정자각 터

가정자각은 말 그대로 가설시설물이다. 국상기간중 왕이나 왕비의 관을 하관하고 나면 삼년상 동안 정자각에서 모든 제례가 행해진다. 그러나 왕릉의 형태가 합장릉이거나 한 능역에 두 분을 모신 동원이강릉(同原異岡陵) 또는 동원상하릉(同原上下陵)의 경우에는 정자각은 하나 밖에 만들지 않는다. 이럴 경우, 먼저 모신 분과 나중 모신 분과의 제례문제가 발생한다. 왜냐하면 국조오례의에서 사망한 후 3년상까지는 흉례(凶禮)로, 일반적인 제사는 길례(吉禮)로 분류하고 있기 때문이다.

따라서 합장의 경우에는 나중에 돌아가신 분의 국상기간 중에는 먼저 돌아가신 분에게는 길례로 모시고, 나중에 돌아가신 분에게는 흉례로 모셔야 하기 때문에 성격상 같은 정자각을 쓴다는 것이 맞지 않아서 나중에 모신 분을 위한 흉례를 위해 임시 정자각을 짓는데 이것이 바로 가정자각이다. 가정자각은 단기간을 쓰고 해체하는 영악전(왕이 모셔진 관인 재궁(梓宮)을 임시로 모셔두기 위한 곳)과는 달리 25개월 이상을 사용하여야 하는 만큼 정자각과 비슷한 수준으로 만들고 있다.

# 동구릉 답사 – 문종왕릉 현릉(顯陵)

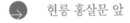 현릉 홍살문 앞

**문종왕릉은 후대의 왕인 세조왕릉 광릉의 양식을 따랐다**

아 빠  이곳은 세종대왕의 장남 문종의 왕릉인 현릉이야. 조금 전에 선조
　　　왕릉인 목릉을 보고 왔더니 이 곳이 동원이강릉이라는 것을 쉽게
　　　알 수 있겠지?

엄 마  여보, 문종은 훗날 세조가 되는 수양대군의 형이잖아요? 그리고 당
　　　연히 세조보다도 먼저 세상을 떠났는데, 어째서 이 왕릉의 형식이
　　　동원이강릉이죠? 동원이강릉이라는 왕릉 형식은 세조가 가장 먼저
　　　고안을 했고 따라서 세조왕릉인 광릉이 조선 최초의 동원이강릉 이
　　　라고 했잖아요?

아 빠  단순하게만 생각하면 마치 시간의 순서가 거꾸로 된 것처럼 느껴
　　　질거야. 하지만 이 현릉은 광릉보다 더 나중에 만들어진 왕릉이야.

아 름  문종은 세조보다 먼저 죽은 왕이잖아요? 혹시 같이 묻힌 문종의 왕
　　　비가 세조보다 더 오래도록 살았나요?

문종과 현덕왕후의 동원이강릉 현릉

여자에게 너무 관심이 없었던 문종

문종이 아버지 세종과 닮은 점은 학문을 너무 좋아하는 것이었다. 하지만 여자 문제만큼은 아버지 세종과는 너무 거리가 멀었다.

문종은 세자시절 세자빈을 세 명이나 맞게 되었는데 그 중 첫번째 세자빈은 네살 연상의 휘빈 김씨였다. 그런데 세자는 세자빈에게 별 관심을 보이지 않았고, 이에 세자빈은 세자의 사랑을 받기 위해 시녀에게 민간에서 쓰는 갖가지 비법을 묻고 시험해 보았다. 뒤늦게 세자빈이 각종 비방을 쓴다는 사실을 알게 된 세종과 소헌왕후의 추궁에 세자빈이 모든 것을 자백하였고 세종은 1429년 7월 18일 세자빈을 사가로 폐출하였다. 쫓겨난 휘빈 김씨의 뒤를 이어 1429년 10월 15일 순빈 봉씨가 세자빈으로 책봉되었다. 하지만 다혈질적인 봉씨는 문종과 사이가 멀어졌고, 세자빈의 비정상적인 행동이 계속되던 가운데, 마침내는 빈궁의 궁녀인 소쌍(召雙)과 동침하는 사태까지 벌어진다. 이 동성애 소문이 궁녀들 사이를 떠돌다가 세종에게까지 알려지고, 세종은 격분하여 1436년 음력 10월 26일 세자빈 봉씨를 폐서인하고 같은 해 음력 12월 28일에 유일하게 문종의 자식인 경혜공주를 낳은 세자의 후궁 권씨를 의빈(懿嬪)에 봉하니 이가 곧 현덕왕후가 된다.

아 빠  아니, 이곳에 묻혀있는 문종의 왕비 현덕왕후는 심지어 문종보다
        도 더 먼저 돌아가셨어. 단종을 낳자마자 산후병으로 돌아가셨지.

호 림  그렇다면 상식적으로 납득이 안되잖아요? 세조보다 훨씬 먼저 돌
        아가신 분들의 무덤양식이 나중에 돌아가신 세조의 무덤 양식을 따
        라갔다는 게 말이 되나요?

아 빠  상식적으로는 당연히 말이 안되겠지! 하지만 이 현릉의 왕릉양식
        이 어째서 후대의 왕인 세조의 광릉양식을 따라갔느냐는 미스테리
        는 당시의 역사적인 내용을 제대로 알아야만 설명이 돼. 원래 문종
        의 왕비인 현덕왕후 권씨는 돌아가셨을 때 이곳, 동구릉이 아니라
        경기도 안산에 묻혔었고 그 왕릉의 이름은 '소릉(昭陵)'이었어. 그
        리고 나중에 문종이 승하하시자 문종왕릉은 현덕왕후가 묻혀 있는
        '소릉'과는 별개로 이곳, 동구릉에 만들어졌어.

**문종왕릉과 현덕왕후릉은 처음에는 멀리 떨어져 있었다**

아 름  왜 문종왕릉과 왕비릉을 따로 따로 만들었나요?

호 림  부부사이가 나빴었나요?

아 빠  문종 이전의 왕릉들은, 태종 이방원이 억지로 떼어 놓은 태조 이성
        계의 건원릉과 신덕왕후의 정릉을 제외하고는 부부의 왕릉들이 모
        두 쌍릉양식이든, 아니면 합장릉 양식이든 함께 붙어 있어. 개성에
        있는 제2대 정종왕릉인 후릉은 쌍릉, 제3대 태종왕릉인 헌릉 역시
        형제 간인 정종과 마찬가지로 쌍릉이고, 여주에 있는 제4대 세종왕
        릉인 영릉은 합장릉이야.

엄 마  부부의 능이 떨어져 있다는 것은 분명히 사연이 있을 것 같아요.

아 빠  물론 사연이 있어. 현덕왕후는 엄밀히 말하자면 정식왕비가 아니
야. 세자빈에는 책봉이 되었지만, 가례(嘉禮)를 행하지 못한 채로
단종을 낳은 뒤에 3일만에 돌아가셨어. 따라서 나중에 문종이 왕위
에 오른 뒤에 왕비로 추존된 경우야.

호 림  그럼, 처음에는 일부러 떨어뜨려 놓았던 두 왕릉이 왜 합쳐진 거죠?

## 현덕왕후릉 소릉(昭陵)을 파헤친 세조

아 빠  문종이 승하하신지 얼마 지나지 않아 세조가 어린 단종을 밀어내고
왕위를 찬탈하는 일이 발생한거야. 처음에는 단종을 강원도로 귀양
보냈지만 결국 죽여버렸다. 하지만 단종을 죽인 이후에 세조에게는
첫째 아들인 의경세자와 둘째 며느리가 요절을 하는 집안의 불상사
가 계속 일어나자 세조는 이 모든 불행이 죽은 단종의 생모였던 현

문종과 현덕왕후의 동원이강릉

덕왕후의 저주라고 믿었어. 그래서 현덕왕후릉을 파헤쳐서 관을 꺼내고 그것을 안산 바닷가에 버렸어.

아 름 무덤을 파헤치다니, 그건 너무 심했다!

아 빠 그런데 바다에 버린 관은 썰물에도 밀려가지도 않고 가라앉지도 않았다고 해. 하지만 한 농부가 밤에 몰래 관을 옮겨다가 잘 묻어 주었다고 해. 그리고 현덕왕후의 관이 바다에 버려진 후에 처음 닿은 바닷가는 뒤에 육지가 되어 우물이 생겼는데, 사람들은 관이 닿았던 자리라 해서 그곳을 '관우물'이라고 불렀다는 전설이 지금도 안산지방에 전해져 내려오고 있어.

엄 마 강원도 영월 동강에 버려졌던 어린 단종의 시신도 영월의 호장 엄홍도가 몰래 시신을 수습해서 장사를 지내줬다고 했는데, 어미와 자식의 운명이 참으로 기구했구나!

아 빠 그러다가 세월이 흘러 중종이 왕위에 오른 지 7년째 되던 해에 종묘에 모신 역대 왕들의 신위는 모두 짝을 이루고 있는데 유독 문종의 신위만 홀아비로 서 있었기 때문에 현덕왕후의 복위 문제가 조정에서 처음 제기 되었지만 실현되지는 않았어. 그런데 그 이듬해에 종묘에 벼락이 떨어지는 일이 발생했는데 이를 두고 종묘에서 홀로 제사를 받는 문종의 뜻이 아닌가 해서 서둘러 현덕왕후를 복위하고 현재의 현릉 위치에 천장을 했어.

아 름 아, 그래서 현릉이 세조왕릉인 광릉보다 더 뒤늦게 만들어졌구나!

엄 마 세조 이전에 만들어진 문종왕릉과 세조 이후에 만들어진 현덕왕후릉은 왕릉 만드는 방법이 같나요?

아 빠 왕과 왕비릉의 조성시기는 61년의 차이가 있어. 문종왕릉은 조선 전기의 방식대로 석실로 만들었지만, 현덕왕후릉은 세조이후의 방식대로 회격으로 만들었어. 우리가 아침에 태릉의 조선왕릉전시관에서 무덤내부를 어떻게 만드는지 동영상으로 봤던 것 기억나지? 또한 무덤 내부뿐만이 아니라 외관을 봐도 확연하게 차이나. 왕의 봉분은 병풍석이 있지만 왕비의 봉분은 병풍석이 없어.

---

뱀의 발

현덕왕후의 복위에 관한 조선왕조실록의 관련기사

중종실록 17권, 8년(1513 계유 / 명 정덕(正德) 8년) 2월 28일(정묘) 4번째기사
뇌성 번개가 일어 태묘(종묘)의 소나무 두 그루에 벼락이 내리다

중종실록 18권, 8년(1513 계유 / 명 정덕(正德) 8년) 4월 21일(기미) 1번째기사
현덕 왕후의 재궁을 현궁(玄宮)에 내리다

사신(史臣)은 논한다. 새 현릉(顯陵)이 옛 현릉 동쪽에 있어 서로 멀지 않은데, 그 사이의 소나무 한 그루가 까닭 없이 말랐으므로 공인(工人)이 이를 베니 가려진 것이 트여 두 능이 막힌 데가 없어졌다. 그러므로 사람들이 모두 정령(精靈)이 감응한 바라 하였다.

'유순'이 지은 만사(挽詞)는 이러하다: 덕성스런 요조숙녀 성군을 짝했으니 / 곤전의 그 의범 지금까지 전해오네 / 옛날 동궁에선 빈의 모범으로 불리었고 / 먼 훗날 사관의 붓은 덕음을 전파하리 / 승하를 애도한 지 그 몇 해나 되었는가 / 같은 땅에 묻히심은 만백성의 소원일세 / 팔십난 늙은 백성 아직까지 남아 있어 / 어찌 또 다시 영여를 곡할 줄 알았으랴 /
'노공필'이 지은 만사는 이러하다: 오랫만에 공의가 정하여져서 / 종묘에 배향하고 능묘를 옮기었네 / 내조를 이루어 왕을 보좌터니 / 돌아가서선 같은 땅에 묻히었네 / 수심에 찬 구름 옛 능묘에 잠기었고 / 구슬픈 만사 찬바람에 나부끼네 / 성상의 효성 추모에 짙었어라 / 믿노니 그 보위 더욱 영원하리 /

사신은 논한다. 당초 소릉의 추복(追復)을 의논할 때에 '유순'은 국로 중유(國老重儒)로서 추복할 수 없다고 주창하다가, 대간이 다섯 달 동안 고집(論執)하고 태묘의 소나무에 또한 벼락이 쳐서 국론(國論)을 막기 어렵게 되니 그는 다시 말하기를 '반드시 마땅한 의논이 있을 것이.'하였으므로, 그 논의의 말을 들은 자는 모두 분개하였었는데, 지금 와서 이와 같이 만사를 지었으므로 사람들은 그의 이랬다 저랬다 하는 것을 비웃었다. '노공필'은 약간의 염우(廉隅)는 있었으나 도량이 작고 인색하여, 소릉의 의논이 일어나자 부당하다고 고집하였고, 뇌변으로 인해 재의(再議)할 때에도 역시 조금도 마음을 변치 않고 끝내 말하기를 '소릉 추복에 대해서는 신이 그 의혹을 풀지 못하겠다.'하더니, 만사를 지음에 이르러서는 추모하는 정이 있는 것처럼 하니, 사람들의 비방이 '유순'에게보다 오히려 높았다.

# 동구릉 답사 – 익종왕릉 수릉(綏陵)

→ 수릉 홍살문 앞

## 수릉은 봉분이 하나지만 부부를 함께 모신 합장릉이다

효명세자와 신정왕후 합장릉

아 빠 자, 이곳은 동구릉 핵심코스 중에서 마지막 왕릉인 수릉이야. 순조
의 아들인 효명세자(훗날 익종으로 추존된 후에 다시 대한제국에
서 문조황제로까지 추존됨)와 신정왕후를 모신 곳인데, 얼핏보면
봉분이 하나 뿐이어서 왕이나 왕비만이 묻힌 것으로 생각하기 쉽지
만 실제는 부부를 함께 모신 합장릉이야.

아 름 아빠, 봉분만 보고 단릉인지 합장릉인지 어떻게 알아요?

아 빠 방법은 두 가지가 있어. 하나는 봉분 앞에 있는 혼유석의 갯수로 판
단하는 것인데 봉분이 하나임에도 불구하고 그 앞에 혼유석이 2개
라면 무조건 합장릉이야. 또한 영조임금 이후의 모든 왕릉에서 봉
분이 하나이면 무조건 합장릉이야.

엄 마 더 확실한 방법은 어느 왕릉에든 반드시 있는 비각의 내용을 읽어
보면 쉽게 알 수 있단다.

아 빠 그럼 수릉의 비각내용을 한번 읽어 볼까?

호 림 비각 안에 비석이 두 개인데, 이게 글자인지, 아니면 그림인지 헷
갈려요.

아 름 저도 임금 왕(王)자를 제외하고는 도저히 못 읽겠어요.

아 빠 저렇게 생긴 한자 글꼴을 전서체라고 해. 한자에는 전서, 예서, 해
서, 행서, 초서 이렇게 다섯 가지의 글꼴이 있는데 전서는 그 중에
서 가장 먼저 생겨난 글꼴이고 중국의 진시황제 때 만들어 졌다고
전해지고 있어. 그리고 비석이 두 개인 이유는 하나는 헌종때 익
종이라는 묘호의 왕으로 추존되었을 때의 비석이고, 나머지 하나
는 대한제국때 문조라는 묘호의 황제로 다시 추존된 비석이야. 그
래서 하나는 조선국이라고 쓰여 있고, 나머지 하나는 대한이라고
쓰여 있어.

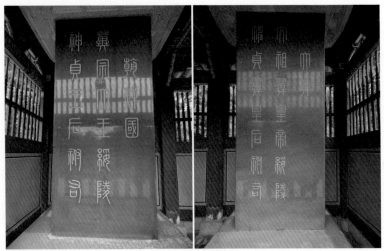

조선국 익종대왕 비석                    대한 문조익황제 비석

엄 마  하나씩 읽어볼까?

　　　조선국(朝鮮國) 익종대왕수릉(翼宗大王綏陵) 신정왕후부우(神貞
　　　王后祔右) / 대한(大韓) 문조익황제수릉(文祖翼皇帝綏陵) 신정익
　　　황후부우(神貞翼皇后祔右)

아 빠  조선국의 익종대왕이 묻혀있는 수릉인데, 신정왕후가 오른쪽에 묻
　　　혀 있다는 뜻이고 또 하나는 대한제국의 문조익황제가 묻혀있는 수
　　　릉인데, 신정익황후가 오른쪽에 묻혀 있다는 뜻이야.

## 남편보다 부인이 서열이 높은 오른쪽에 묻혔다

엄 마  여보, 음택에서는 음양의 서열이 바뀌어서 서상제(西上制)가 적용
　　　되기 때문에 동쪽과 왼쪽에 비해서 서쪽과 오른쪽이 더 서열이 높

다고 했잖아요? 그렇다면 왕비가 왼쪽에 묻혀야 정상이 아닌가요? 조금 전 들렀던 현릉에서도 왕비가 왼쪽 언덕에 묻혔다는 '현덕왕후 부좌강(顯德王后 祔左岡)'라고 되어 있었어요.

아 빠 보통의 경우라면 당신 말대로 왕비가 왼쪽에 묻히는 것이 정상이야. 그렇지만 여기 수릉은 의도적으로 왕비를 서열이 높은 오른쪽에 모셨어. 이렇게 왕과 왕비의 자리를 바꾼 왕릉은 여기 뿐만 아니라 서오릉에도 있는데, 훗날 덕종으로 추존되는 의경세자와 소혜왕후(인수대비)를 모신 경릉(敬陵)이야. 경릉은 동원이강릉의 형식인데 오른쪽 언덕에는 왕비를

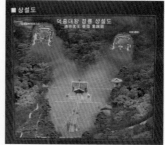
의경세자와 인수대비 경릉 안내도

모셨고, 왼쪽 언덕에는 의경세자를 모셨는데 위치만 바뀐 것이 아니라 왕비의 능에만 난간석이 설치되어 있고 왕의 능에는 난간석도 없는 등 외관에서도 금방 표시가 나.

아 름 수릉과 경릉은 두 왕릉이 모두 추존된 왕릉이라는 공통점이 있네요?

호 림 그럼 추존된 왕릉에서는 모두 왕과 왕비의 자리가 바뀌나요?

아 빠 그런 것이 아니라 수릉과 경릉의 경우에는 추존된 왕비의 정치권력이 실로 대단했던 사람들이었어. 경릉의 소혜왕후는 성종 때 폐비 윤씨 사사에 관여했던 인수대비로 더 많이 알려져 있고, 수릉의 신정왕후 역시 조선말기에 흥선대원군과 손을 잡고 누구도 예상치 못한 상황에서 고종을 왕위에 앉힌 '조대비'로 더욱 유명하지. 따라서 세자 신분으로 죽은 남편보다 대비의 신분으로 실제 권력을 가졌던 왕비의 서열을 더 높게 인정한 것으로 보여.

동원이강릉 좌측 의경세자릉 석물이 제대로 설치되어 있지 않다(서오릉 경릉)

인수대비 즉 소혜왕후릉 우상자리 석물을 제대로 갖췄다(서오릉 경릉)

조선왕릉 답사편

경복궁의 대비전은 중궁전인 교태전의 동쪽에 약간 뒤쪽으로 자리잡고 있는 자경전이다. 그리고 자경전은 고종임금 당시 왕실의 최고어른이던 대왕대비, 즉 조대비(신정왕후)를 위해 지어진 건물었다.

그런데 자경전 건물에서 우리는 왕실 서열의 일부를 확인할 수 있다.

조대비(효명세자의 부인, 효명세자가 익종으로 추존되면서 신정왕후가 되었다.)가 누구냐 하면 안동 김씨 일가가 세도정치로 왕실을 좌지우지하던 조선 말기에, 안동 김씨의 견제를 뚫고, 전격적으로 흥선대원군과 손잡고 고종을 왕위에 앉힌 인물이다. 따라서 고종에게는 둘도 없이 고마우신 분이기도 하다. 조대비와 흥선대원군의 정치적인 연합작전으로 인해 근 60년에 걸쳐 나라를 망친 안동김씨의 세도정치는 그 막을 내리게 되었다.

경복궁 자경전

그런데 재미있는 것은 대비전인 자경전의 규모가 정면 10칸이다. 이에 비해서 중궁전인 교태전은 정면 9칸, 대전인 강녕전은 정면 11칸이다. 비록 왕 보다는 하나 아래이지만, 왕실의 최고 어른이시니 왕비보다는 더 높게 서열을 정한 것처럼 보인다.

# 황제릉인 홍유릉 답사

## 홍유릉은 왕릉이 아니라 황제릉이다

아 름   아빠, 이 왕릉은 한 눈에도 다른 조선왕릉들과는 완전히 느낌이 달
      라요.

아 빠   당연하지. 엄밀히 말하자면 이 곳은 왕릉이 아니기 때문이지.

호 림   왕릉이 아니라니 그게 무슨 말씀이세요?

아 빠   그 대답을 하기 전에 내가 거꾸로 물어볼게. 왕릉은 누구의 무덤
      이지?

호 림   그야 당연히 왕의 무덤이죠!

아 름   아! 아빠 질문의 의도를 알 것 같아요. 이 곳에 묻힌 고종과 순종
      은 왕이 아니라 황제이기 때문에 이 곳이 왕릉이 아니라는 말씀을
      하시려는 거죠?

아 빠   바로 그거야! 이 곳 홍릉과 유릉은 왕릉이 아닌 황제릉이야. 고종
      은 1897년에 러시아공사관에서 덕수궁(경운궁)으로 환궁하면서

황제릉인 홍릉(고종과 명성황후 합장릉)

국호를 대한제국으로 바꾸고 스스로 황제자리에 올랐거든. 그렇지만 나라의 이름만 황제국이 되었을 뿐이지 당시의 나라상황은 쓰러지기 일보 직전이었어. 그래서 대한제국은 결국 13년만에 몰락하고 말았고, 대한제국의 황제였던 고종이 거처하던 덕수궁(경운궁)도 나름대로는 왕궁이 아닌 황궁의 예법에 의해 만들려고 했었지만 쓰러져 가던 당시의 나라살림으로는 어림도 없었어.

아 름　아무튼 황제릉으로 만들어서 그런지 이곳의 느낌은 왠지 이국적인 것 같아요.

**홍릉 앞의 연못의 둘레는 둥근 모양이다**

엄 마　그리고 보니 우리가 방금 치나쳐 온 연못도 조선시대의 전통적인

홍릉입구 원지원도

조경방식인 방지원도(方池圓島) 형식이 아니라 테두리가 둥근 원
지원도(圓池圓島) 였어요. 어째서 그런 것이죠?

아 빠 많은 사람들이 이야기하는 바로는 홍릉과 유릉이 만들어진 시기가
일제강점기여서 사실상 일본인들이 만든 것이기 때문이라고 해. 일
본인들의 입장에서는 이미 망한 조선의 왕릉을 굳이 힘들여 가면
서 제대로 만들어 줄 이유가 없다는 거지. 하지만 나는 좀 다른 해
석을 하고 싶어. 내가 항상 입버릇처럼 말하지만, 궁궐은 왕의 양
택이고 왕릉은 왕의 음택이라고 했잖아? 이곳, 홍유릉이 음택이라
면, 상대적으로 양택인 궁궐이 있겠지? 홍유릉의 주인공인 고종과
순종이 공통으로 오랫동안 살았던 궁궐이 바로 덕수궁(경운궁)이
야. 그런데 덕수궁의 대한문을 들어서자마자 오른쪽에 제법 큰 연

덕수궁 원지원도

못이 있는데 그 모양도 방지원도(方池圓島)가 아니라 원지원도(圓
池圓島)거든.

엄 마 　나도 그 연못이 생각나요. 아주 예전에는 추운 겨울에 그 연못이 얼
게 되면 서울시에서 시민들을 위해 스케이트장을 만들었다는 이야
기도 들은 적이 있어요. 그런데 황제는 굳이 음양의 조화를 무시해
가면서까지 땅을 상징하는 네모 모양의 연못 둘레를 왜 둥글게 만
들었을까요?

아 빠 　그건 황제가 '땅'의 대표자가 아니라 '하늘'의 대표자라는 뜻이 아
닐까? 원래 황제라는 칭호는 서기전 221년 중국의 전국시대를 최
초로 통일한 진(秦)나라의 시황제(始皇帝)가 처음 사용했어. 황제
칭호 이전에는 그냥 '왕' 또는 '천자'라고 불렸는데, 천자(天子)는

말 그대로 하늘의 아들이라는 뜻이야. 또한 중국의 황제가 사는 궁궐을 가리켜 자금성(紫禁城)이라고 하는 것은, 동양의 천문학에서 북극성을 포함하는 하늘의 별자리 이름인 자미원(紫微垣) 또는 자미궁(紫微宮)에서 따온 말이야. 황제는 곧 온 세상의 중심이자 하늘의 중심 이라는 뜻을 가진 것이라고 볼 수 있지. 동양에서는 하늘을 항상 둥근 원으로 표시를 해. 그래서 동양의 천문도는 모두 둥근 원형이야.

아 름 저도 천문도를 학교에서 배운 기억이 나요. 우리나라에서 가장 유명한 천문도인 '천상열차분야지도'의 모양도 역시 원형이에요.

## 황제릉과 왕릉의 차이점

아 빠 중국 북경에 있는, 하늘에 제사를 지내는 시설인 천단의 모양도 원형의 3층짜리 건물이야. 이왕 말이 나온 김에 이 홍유릉과 일반적인 조선 왕릉이 다른 점을 한번 찾아볼래? 홍유릉과 일반적인 조선 왕릉의 차이라기 보다는 황제릉과 왕릉의 차이라고 보면 되겠구나!

호 림 일단 이 곳의 참도가 다른 왕릉과는 달리 세 가닥의 길이에요. 그리고 참도의 양쪽에 동물들의 석상이 많이 있는데 어떤 것은 무슨 동물인지 전혀 모르는 것도 있어요.

아 름 제사를 지내는 건물의 모양이 다른 왕릉의 정자각과는 완전히 달라요. 게다가 건물로 이어지는 계단이 건물의 측면이 아니라 정면으로 나 있어요.

엄 마 나도 하나 찾았는데 '망릉위(배위)'의 위치가 다른 왕릉과는 반대쪽에 있어요.

**아 빠** 다들 잘 찾았어. 우선 호림이가 찾은 것부터 설명해줄게. 일반적인 조선 왕릉에서는 정자각까지 이어진 참도가 두 가닥의 길이야. 하나는 신의 길인 신로이고, 나머지 하나는 임금의 길인 어로야. 여기까지는 쉽지? 그런데 황제릉에서는 참도가 두 가닥이 아닌 세 가닥의 길이야. 중국의 북경근처에 있는 명나라 황제 13명의 능묘군인 명13릉(밍쓰산링)의 경우도, 입구로부터 황제릉까지 이어지는 선다오(神道)라고 불리는 참도 역시 세 가닥의 길인데 가운데의 큰 길은 우리와 같은 신의 길이지만, 서쪽의 길은 황제가 가는 길이고, 동쪽의 길은 제후들이 가는 길이야. 홍유릉도 황제의 릉인 만큼 참도를 세 가닥으로 만들었어.

황제릉인 홍릉 배위, 참도, 석물들, 일자각 침전

엄 마  이 곳이 황제의 무덤이라도 무덤은 역시 무덤인지라 가운데의 높은 신로를 제외하고 나머지 두 개의 길 중에서는 음양의 서열이 바뀌어서 우상좌하(右上左下)의 서상제(西上制)가 적용되는 군요. 그래서 서쪽의 길이 제후보다는 서열이 높은 황제의 길이 되는 것이고. 따라서 망릉위(배위)의 위치도 동쪽 편에 있는 다른 왕릉과는 달리 서쪽 편에 있어요.

아 빠  또한 참도의 양쪽에 동물들의 석상이 있는 것도 중국 황제릉의 영향이야. 즉 제후의 릉에는 수호동물들이 봉분을 둘러싸는 것이 제후의 예법이라고 한다면, 황제의 릉에는 참도 양옆에 수호동물들이 늘어서는 것이 황제의 예법이라고 할 수 있지. 중국 북경의 명13릉의 경우에도 무려 1.7km 나 되는 선다오(神道)의 양쪽에 문무공신을 조각한 석인상을 비롯해서 말, 기린, 사자, 낙타 해태 들의 석수상이 황제의 권력을 상징하면서 길 양옆에 자리잡고있어.


**왕릉의 석물 중 망주석과 장명등은**
**유교 예법이 아니라 풍수에 의해 조성된 것이다**


엄 마  결국, 유교 예법에 의해서 만들어진 왕릉의 석물들과 황제릉의 석물들의 위치를 비교하면 어떤 석물들이 유교예법에 따라서 만들어진 것인지가 드러나겠군요!

아 빠  그렇지. 왕릉의 석물들 중에서 봉분주변에 있는 무석인, 문석인, 석마와 같이 무덤을 지키는 독립적인 석물들의 경우에는 황제릉에서는 모두 참도 양옆에 만들어져. 따라서 황제릉의 봉분 주변에 남아 있는 것은 봉분과 직접 관련이 있는 시설인 병풍석, 난간석, 그리

능침 혼유석과 망주석 그리고 장명등만 남고 나머지 석물은 침전 앞에 설치되었다

고 혼유석 뿐이고, 그것들을 제외한 독립적인 석물은 망주석과 장
명등 뿐이야.

아 름  망주석과 장명등이 유교예법에 의해서 만들어진 것이 아니라면 어
떤 근거로 만들어진 건가요?

아 빠  바로 풍수명당론에 근거해서 만들어진 석물들이야. 장명등(長明
燈)은 이름에서도 알 수 있듯이 명당기운(明)이 오래(長) 가도록
기원하는 의미이고, 세호(細虎)가 붙어서 무덤을 지키는 망주석은
마치 장승이 마을의 입구를 지키듯이 명당기운이 빠져나가지 못하
도록 하는 역할을 하는 것이지.

호 림  아빠, 길 양쪽에 있는 석상들은 말과 낙타는 알겠는데 나머지는 잘
모르겠어요. 호랑이 같기도 하고, 아닌것 같기도 하고...

아 빠  조선의 다른 왕릉에서 중계와 하계를 지키던 문석인 1쌍, 무석인
1쌍, 그리고 그 뒤를 지키던 석마 2쌍은 모두 신도의 양 옆에 있
어. 금방 찾을 수 있지? 그런데 봉분 주변을 동그랗게 둘러싸고 있
던 석호와 석양은 없어. 그 대신 낙타, 해태, 사자, 코끼리, 기린이

등장하지.

아 름  그것이 왕릉의 수호 동물과 황제릉의 수호 동물의 차이점 이군요.

아 빠  말과 낙타는 금방 알 수 있을테고 낙타 다음에는 해태와 사자인
데, 해태는 사자와 비슷한데 온몸이 비늘로 덮혀있고 머리에 외뿔
이 있다고 해.

호 림  아하, 낙타 바로 옆의 동물이 비늘이 있어서 해태구나! 그런데 코끼
리 옆에는 무슨 동물이에요?

아 빠  그건 기린이야.

아 름  아빠, 기린은 목이 긴 동물인데 이건 목이 짧아요!

침전 앞 석물들, 문석인, 무석인, 기린, 코끼리, 사자, 해태, 낙타, 두 쌍의 말 순서로 진열

아 빠  원래 기린은 봉황이나 용처럼 상상 속의 동물인데, 전설에 의하면 용이 하늘에서 학과 연애해서 낳은 것이 봉황이고, 땅에서 암말과 연애해서 낳은 것이 기린이라고 해. 그리고 기린은 암수의 이름이 다른 데, 수컷을 '기(麒)', 암컷을 '린(麟)'이라고 해.

엄 마  봉황도 수컷을 '봉(鳳)'이라 하고, 암컷을 '황(凰)'이라고 한단다.

아 빠  기린은 용, 거북, 봉황과 더불어 네 마리의 영물이라는 뜻인 사령 (四靈)으로 불렸는데 오색찬란한 털을 가지고 이마에는 해태처럼 외뿔이 있다고 하고 대부분의 그림에서는 하늘을 날 수 있는 능력을 가진 것으로 묘사가 되지.

엄 마  지금 아프리카에 있는 목이 긴 기린은 유럽사람들이 처음 아프리카를 탐험했을 때 난생 처음 본 동물의 모습에 놀라서 상상 속의 동물의 이름인 기린을 붙인 거란다.

호 림  그런데 왜 하필이면 다른 동물들은 다 제치고 기린이 가장 임금쪽에 가깝게 자리를 잡았나요?

아 빠  그것은 기린이 성품이 온화하고 어질어서 태평성대 시대의 도래를 예고하는 길상의 동물로 여겨졌기 때문이야. 그리고 기린과 더불어서 태평성대를 상징하는 또 다른 동물이 바로 봉황이야. 그래서 궁궐에서는 봉황을 많이 조각했고, 이 곳에도 기린을 임금 쪽에 가장 가깝게 배치를 한 것 같아.

---

**뱀의 발**  뛰어남의 상징 '기린아(麒麟兒)'

옛날 중국 전한의 무제가 '기린각(麒麟閣)'이라는 누각을 세워서, 공신 11명의 초상을 걸었다고 한다. 그 후로 남자라고 하면 모름지기 국가에 큰 공훈을 세워서 자기의 초상이 기린각에 걸리는 것을 이상으로 여기게 되었다. 재주와 능력이 뛰어난 아이를 가리켜 '기린아'라고 하는 데서 알 수 있듯이 기린은 훌륭함을 상징한다.

---

## 중국의 황제릉과 비교

**엄 마** 황제릉에서는 제사를 지내는 건물을 뭐라고 부르나요? 저렇게 생긴 모양이면 고무래 정(丁)자가 아니라 한 일(一) 자니깐 정자각이라고 부를 수 없잖아요?

**아 빠** 황제릉에서는 제사를 지내는 건물을 정자각이라고 하지 않고 침전(寢殿)이라고 해. 황제가 잠들어 있는 곳이란 뜻이므로 무덤에도 제법 잘 어울리지? 침전이라는 용어는 원래 임금의 숙소라는 뜻을 가진 궁궐건축에서 사용되는 용어인데 예를 들면 경복궁의 강녕전과 같은 건물이야. 왕의 침전을 특별히 대전이라고도 하는데, 이런 궁궐건축 용어를 능에도 쓴다는 것은 결국 궁궐과 왕릉은 왕의 양택과 음택이라는 의미를 가진 거야.

**아 름** 우리의 황제릉이 이 정도 규모라면 중국의 황제릉은 어때요?

**아 빠** 중국 북경에 있는 명13릉의 경우에는 그 규모가 엄청나게 커. 명13릉 이라는 이름에서 알수 있듯이 명나라의 13개 황제릉이 모여있는데, 우리나라로 치면 동구릉과 비슷하다고 할 수 있어. 그런데 현재 13개의 능이 모두 공개된 것은 아니고, 제3대 성조 영락제의 '장릉(長陵)', 제12대 목종 융경제의 '소릉(昭陵)', 제13대 신종 만력제 '정릉(定陵)' 이렇게 3개의 능만이 공개되고 있어.

**엄 마** 명나라 신종이라면 임진왜란 때 우리나라에 원군을 파견해준 그 황제 맞죠?

**아 빠** 응, 그 신종(神宗) 만력제(萬曆帝)를 모신 것이 정릉(定陵)인데, 다른 황제릉처럼 황실제사를 지내는 능은전(陵恩展)이라는 큰 전각이 지상에 있고, 그 뒤쪽으로 지하에도 전전(前殿), 중전(中殿), 좌

배전(左配殿), 우배전(右配殿), 후전(后殿) 이렇게 5개의 석실을
만들어 두었는데 지하의 5개 석실을 지하궁전이라고 불러.

엄마  중국은 뭐든지 크구나.

팔작지붕 침전과 비각

---

**뱀의 발**  명십삼릉(明十三陵)

명십삼릉(明十三陵)은 중국 베이징시(北京市) 북서쪽 50㎞ 지점의 창핑구(昌平区, 창평구) 텐수산(
天寿山, 천수산) 아래 분지에 있는 명나라 제3대 영락제부터 마지막 황제인 숭정제(崇禎帝)까지 13
명의 황제와 그들의 황후, 태자, 비빈 등의 능묘 군이다. 제3대 성조 영락제 이후의 황제 13대의 능묘
가 있기 때문에 이렇게 불리고 있다 . 그 중에서 제13대 신종 만력제 '정릉(定陵)' 은 내부까지 발굴
되어 지하궁전도 일반인들에게 공개되고 있다 . 명십삼릉은 난징의 명효릉과 함께 2003년에 세계문
화유산으로 등재되었다.

명나라에는 총 16명의 황제가 있었으나, 베이징의 명십삼릉에는 13개의 능묘만이 남아있다. 명나라
의 황제이면서도 이곳에 능묘가 존재하지 않은 이유로는 첫째, 명나라 개국 황제 주원장의 경우, 명나
라의 도읍을 처음에는 난징에 건설했는데, 그의 사후에 난징의 종산에 있는 명효릉에 장사를 치렀다.
둘째, 주원장의 장손자인 건문제는 제3대 성조 영락제에게 쿠데타를 통해 왕위를 찬탈당했기 때문에
능묘가 없다. 마지막으로, 경태제도 황제였으나 쿠데타로 폐위되어 정식 황제로 인정되지 않고 경태릉
(景泰陵)으로 불렸으며 현재 베이징 근처에 묻혀 있다.

---

제 9 장

국조오례의 흉례 및
국조상례보편

# 국조오례의(國朝伍禮儀)와
# 국조상례보편(國朝喪禮補編)

국조상례보편의 내용을 일반인들이 쉽게 이해하기는 어렵다. 하지만 유네스코 세계유산으로 등재된 우리의 위대한 문화유산인 종묘, 종묘제례악, 조선 왕릉을 제대로 이해하기 위해서는 국조상례보편의 내용을 일정부분 알아야만 한다. 따라서 국조상례보편 자체가 목적이 아니라 우리문화재에 대한 충실한 이해를 최종목적으로 삼고, 여기에서는 국조상례보편에서 조선의 국장과 관련되는 중요한 부분만을 발췌하여 최대한 이해하기 쉽게 설명하고자 한다.

## 조선은 예법의 나라였다

조선은 성리학을 중심으로 한 유교이념 기반의 국가였다. 유교는 곧 공자의 가르침을 따르는 거대한 사상체계이며, 공자는 유교의 최대 덕목으로 어질 인(仁)을 꼽았다. 그런데 인(仁)은 궁극적인 목표이기 때문에 이를 위한 실천덕목으로 제시한 것이 예(禮)와 악(樂)이다. 따라서 조선의 일상생활은 예(禮)를 중요시 할 수 밖에 없었고, 심지어 지배계층인 사대부집단에서는 예(禮)를 통해 권력이동이 일어나는 일까지 발생할 정도였다. 현종연간의 예송논쟁이 그 대표적인 사례이다.

이렇듯 예(禮)를 중요시한 조선은 예(禮)를 곧 법(法)과 동일시하여 조선전기 성종 때에는 조선의 기본법전인 경국대전(經國大典)과 더불어 국조오례의(國朝伍禮儀)를 반포하였으며, 조선후기 영조때에는 각각을 수정한 속대전과 속오례의를 편찬했다. 어떤 측면에서 보자면 법보다 예가 우선했다는 표현이 맞을 것 같다.

한편, 오례(伍禮)란 유교의 예법 가운데서도 왕실을 중심으로 한 조선의 다섯가지 기본예식을 말하며, 그 내용을 기록한 국조오례의의 세부적인 구성을 살펴보면 예종별(禮種別)로 되어 있는데, (1) 길례(吉禮)는 사직, 종묘 등 국가에서 제사드리는 의식을 (2) 가례(嘉禮)는 중국에 대한 사대례(事大禮)와 더불어 명절, 조하(朝賀), 납비(納妃), 책비(册妃), 세자, 왕녀, 종친, 혼례 등에 관한 의식 등 궁중의 가례절차와 의식을 (3) 빈례(賓禮)는 중국을 포함 일본, 유구 등의 외국 사신을 접대하는 의식을 (4) 군례(軍禮)는 친사(親射), 열병(閱兵), 강무(講武), 출정식 에 관한 군사의식 절차를 (5) 그리고 흉례(凶禮)는 국장의식의 모든 절차를 중심으로 기재되어 있다.

그 중에서도 특히 흉례(凶禮)는 총 91개조로 구성되어 있는데, 왕과 왕비의 임종에서부터 처음으로 상복을 입는 성복(成服), 매달 초하룻날과 보름날 아침에 지내는 제사인 삭망(朔望), 발인(發引), 장례 지낸 뒤에 신주(神主)를 궁궐로 모셔 오는 반우(返虞) 등 국장(國葬)과 관련된 세세한 의식절차와 왕세자, 왕자, 공주, 옹주, 왕비의 부모, 왕세자빈의 부모 등 왕실과 관련된 장례의식 절차 등이 주로 기록되어 있으며, 마지막에는 사대부와 서민들의 장례 절차도 기록하고 있다.

또, 흉례와 더불어 죽은 사람을 장사지낼 때 수반되는 모든 의례를 가리키는 말로 사용되는 상례(喪禮)가 있다. 상례 이후에 따르는 의례를 제례(祭禮) 또는 길례(吉禮)라고 한다.


## 상례보편의 탄생배경

중국과 우리나라 등 동아시아의 유교문화권에서는 각종 예법을 기술한 책들은 수없이 많았다. 그런데 조선은 국조오례의와 같이 자체의 예법을 규정한 예서가 있었음에도 불구하고, 중국에 대한 사대사상 때문에 조선의 예서보다는 중국의 것을 더 비중있게 취급하는 경향이 있었다. 현종연간의 기해복제 논쟁에서도 서인과 남인은 자신들의 논리를 펼 때 조선의 기준보다는 중국의 기준을 우선하려 했다.

그런 경향이 조선사회 전반에 퍼져 있었고, 또한 각종 예서들의 내용이 서로 다른 부분이 많았기 때문에 방법론인 예법의 구체적인 실생활 적용에서는 의견의 일치를 보지 못하는 사례가 속출했고, 따라서 미봉책이나마 조선의 건국이념인 성리학의 집대성자인 주자가 쓴 가례의 내용을 어기지 않는 범위 내에서 각각 다르게 실생활에 적용하는 결과를 낳았다. 그래서 생겨난 말이 집안과 지방마다 예법이 다양하고 다르다는 뜻을 가진 가가례(家家禮)이다. 조선왕실의 상례도 이와 비슷하여 경전에 기록된 내용은 그저 참고할만한 수준에 지나지 않았고, 매번 국상을 당할 때마다 그때그때 조금씩 다른 내용의 예법이 적용되었다.

그런데 조선후기 영조의 재위기간 중에는 국상이 무려 6번이나 발생하게 되는데 생부인 숙종과 생모인 숙빈 최씨, 그리고 훗날 효순왕후로 추존되는 며느리 효순현빈, 손자인 의소세손, 첫 번째 부인이었던 정성왕후, 그리고 계모인 인원왕후의 상이었다. 이런 과정을 거치면서 영조는 조선의 예법을 대대적으로 손질을 했고 그 결과가 속오례의(續伍禮儀)였고, 다시 7년 뒤에 국조속오례의보(國朝續伍禮儀補)를 추가로 편찬하였다.

그렇지만 두번에 걸친 보완작업에도 기존 상례부분에서 미비한 곳이 발견되자 다시 국조상례보편(國朝喪禮補編)을 편찬하게 되었다.

# 국조오례의(國朝伍禮儀)의 흉례(凶禮) 중 국상(國喪)

국조상례보편을 살펴보기 전에 먼저 국상의 기본 예서(禮書)인 국조오례의(國朝伍禮儀) 중 흉례부분을 보면 총 91개조로 되어 있는데 아래와 같이 크게 3부분으로 나눌 수 있다.

| 1. 위황제거애의(爲皇帝擧哀儀) ~ 4. 거림의(擧臨儀) | 중국황제가 죽었을 때 우리 나라 조정에서 행할 의례에 관한 것 |
|---|---|
| 5. 국휼고명(國恤顧命) ~ 90. 왕세자빈위부모조부모거애의 (王世子嬪爲父母祖父母擧哀儀) | 국장 또는 왕실 중심의 상례 의식에 관한 것 |
| 91. 대부사서인상의(大夫士庶人喪儀) | 민간의 상례 의식에 관한 것 |

이 중에서 국상(國喪)과 관련된 두번째 부분만을 다시 세분해 보면, 이것도 크게 3단계로 나누어진다.

| 1단계 | 왕이 임종 때에 세자 및 신임하는 신하에게 뒷일을 부탁하여 남기는 국휼고명(國恤顧命)에서 대렴(大殮)을 한 다음날 상제들이 복제(服制)에 따라 상복(喪服)을 입는 성복(成服)까지 |
|---|---|
| 2단계 | 성복(成服) 후 장례까지로 국장(國葬)이라고도 한다. |
| 3단계 | 장례 지낸 뒤에 신주(神主)를 궁궐로 모셔 오는 일 반혼(返魂) 또는 반우( 返虞) 이후는 국장 이후의 절차로 일반적으로는 제례로 오인되는 부분이다. |

# 제1단계: 국휼고명(國恤顧命)에서 성복(成服)까지

| | |
|---|---|
| 01. 국휼고명<br>(國恤顧命) | 왕이 임종시에 왕자나 대신들에게 최후로 남기는 말. 왕이 편치 않으면 액정서(掖庭署: 조선시대 왕과 왕족의 명령 전달, 알현 안내, 문방구 관리 등을 관장하던 궐내각사)에서 평소 왕이 정사를 돌보던 곳에 휘장을 치고 병풍을 두른 후, 내시들이 왕을 부축하여 모셔와 기대어 앉게 하고 왕세자가 옆에서 모시며, 대신과 근시(近侍)들이 자리를 정한 후 마지막 명령을 내린다. |
| 02. 초종(初終) | 임종을 뜻한다. 병이 심하면 내시가 부축하여 머리를 동쪽으로 하고 네 사람이 그 손발을 잡는다. 안팎을 조용하게 하고 내시가 새 솜으로 입과 코 위에 대어 움직이는가를 본 후 숨이 끊어지면 곡을 한다. |
| 03. 복(復) | 죽은 왕이나 왕비의 혼이 다시 돌아오라고 부르는 의식. 내시가 왕이 평소에 입던 웃옷을 가지고 지붕으로 올라가 왼손으로 옷깃을 잡고 오른손으로 허리 부분을 잡고 북쪽을 향해 '상위복(上位復)'을 세 번 부르고 옷을 앞으로 던지면 내시가 곁에서 받아서 함에 넣어 가지고 들어와 왕의 시신을 덮는다. |
| 04. 역복불식<br>(易服不食) | 옷을 갈아입고 음식을 먹지 않음. 왕세자와 대군 및 왕비, 빈, 왕세자빈, 문무백관이 모두가 관(冠)과 웃옷을 벗고 머리를 풀고 흰옷과 흰 신과 거친 베로 된 버선을 신어 사치스러운 것을 버리고 3일 동안 음식을 먹지 않는다. |
| 05. 계령(戒令) | 조선시대 국상을 당하였을 때 관청과 백성이 지키고 행하여야 할 일에 관한 규칙.<br>병조에서는 내외의 경계를 엄중히 한다. 예조에서는 상사(喪事)에 관한 모든 일을 의정부(議政府)에 보고하고, 또한 상사의 절차에 소홀함이 없도록 감독하며, 5일간 시장을 철시하고 졸곡(卒哭)까지 음악과 결혼과 도살(屠殺)을 금한다. 그리고 이조에서는 초상을 집행할 관원과 관장할 업무를 정한다. |
| 06. 목욕(沐浴) | 내시들이 왕의 시신을 휘장으로 가리고 목욕을 시킨다. |
| 07. 습(襲) | 내시들이 왕의 시신에 9겹의 옷을 입힌다. |
| 08. 전(奠) | 예찬(禮饌: 제례에 쓰기 위하여 격식에 맞게 차린 음식)을 갖추어서 술잔을 드린다. |
| 09. 위위곡(爲位哭) | 내시들이 왕세자, 대군, 왕비, 빈, 왕세자빈 등의 위(位: 자리)를 마련하고 각자의 위에 나아가 곡을 한다. |

| | |
|---|---|
| 10. 거림(擧臨) | 모든 관원이 곡을 함. 전의(典儀: 책봉(冊封)이나 조하(朝賀) 등의 의식이 있을 때 임명하였던 임시직으로서 의식의 진행을 주관)가 종친과 문무백관들의 자리를 바깥뜰에 설치하되 문관은 동편에, 무관은 서편에 마련하여 모두 곡하고 네 번 절을 한다. |
| 11. 함(含) | 시신을 염습할 때에 입에다가 쌀을 넣는 의식. 사도시(司䆃寺: 쌀, 간장, 겨자 따위를 궁중에 조달하는 일을 맡아보던 관아)에서는 쌀을 바치고 상의원(尚衣院: 임금의 의복을 진상하고, 대궐 안의 재물과 보물 일체의 간수를 맡아보던 관서)에서는 진주를 바치면 내시가 이를 시신의 입에 넣어준다. |
| 12. 설빙(設氷) | 시신아래 얼음을 넣는 일. 왕의 시신이 부패하지 않도록 나무틀을 짜서 얼음을 넣어 시신의 사면을 둘러싼다. |
| 13. 영좌(靈座) | 염습(殮襲)이 끝난 뒤에 죽은 이의 혼백(魂帛)을 임시로 모셔 두는 장소. 주칠(朱漆)을 한 교의(交椅: 신주를 모셔 두는 다리가 긴 의자)를 시신 앞에 있는 상위에 남향으로 놓고, 내시가 왕이 입던 옷을 함에 넣고 백초(白綃) 한필로 혼백(魂帛: 신주(神主)를 만들기 전에 임시로 만들어 영좌(靈座)에 봉안하는 신위)을 만들어 교의에 안치한다. |
| 14. 명정(銘旌) | 장사지낼 때 죽은 사람의 신분을 밝히기 위해 품계, 관직, 성씨 등을 기재하여 상여 앞에서 길을 인도하고 하관(下棺)이 끝난 뒤에는 관 위에 씌워서 묻는 기(旗). 붉은 천에 금박으로 '大行王梓宮(대행왕재궁)'이라고 써서 영좌의 오른편에 둔다. |
| 15. 고사묘(告社廟) | 사직과 종묘에 고(告)함. 3일째 되는 날 대신을 보내 종묘와 사직에 고한다. |
| 16. 소렴(小斂) | 죽은 뒤 습(襲)을 마치고 나서 뼈가 굳어 입관(入棺)하는 데 지장이 생기지 않도록 손과 발을 거두는 절차로 베로 시신을 싸서 묶는다. |
| 17. 전(奠) | 소렴 후 예찬을 갖추어 전을 드린다. |
| 18. 치벽(治椑) | 공조에서 관을 준비한다. '벽(椑)'은 시체에 직접 대는 관(棺)을 의미한다. |
| 19. 대렴(大斂) | 소렴(小殮)이 끝난 뒤 시신을 묶어서 입관하는 의식. 시신을 완전히 묶어 관에 넣는다. |
| 20. 전(奠) | 대렴 후 다시 예찬을 올려 전을 드린다. |
| 21. 성빈(成殯) | 빈전(殯殿)을 차림. 빈소(殯所)를 만듦. 선공감(조선시대 토목·영선에 관한 일을 맡아본 관청)에서 정전(正殿)의 약간 서편에 빈소를 차린다. |
| 22. 전(奠) | 성빈 후 다시 예찬을 갖추어 전을 드린다. |

| 23. 여차(廬次) | 선공감에서 중문 밖에 의려(倚廬: 중문 밖의 한 구석에 세운 여막인데, 상주가 영좌나 무덤을 지키기 위하여 그 옆에 임시로 지어놓고 거처하는 초가)를 만들어 왕세자 이하 대군들이 머물게 하고, 왕비 이하 빈, 왕세자빈, 내명부들이 머물도록 별실에 의려를 마련한다. |
|---|---|
| 24. 전(奠) | 여차 후 다시 예찬을 갖추어 전을 드린다. |
| 25. 성복(成服) | 초상이 나서 처음으로 상복을 입음.<br>왕세자 이하 모두가 상복으로 갈아입는다. |

# 제2단계: 성복(成服) 후 장례까지로 국장(國葬)이라고도 한다

| 01. 복제(服制) | 성복에 따른 상복의 규격과 상기(喪朞: 상복을 입는 기간)를 정하는 것이다. 왕세자의 복제로는 참최(斬衰) 3년이지만 왕위를 이어받을 때는 면복(冕服)을 입고, 졸곡 후에 일을 볼 때 백포(白袍)와 익선관을 사용한다는 등 규정하고 있다. 초상을 당했을 때 망자와의 혈통관계를 따라 참최(斬衰), 재최(齊衰), 대공(大功), 소공(小功), 시마(緦麻)의 오복(伍服)으로 나누어진다. |
|---|---|
| 02. 사위(嗣位) | 성복례가 끝나면 왕이 자리를 비워 둘 수가 없기 때문에 왕세자가 왕위를 계승한다. |
| 03. 반교서(頒敎書) | 새왕이 즉위한 뒤 그 사실을 교서로 대내외에 알리고 국정을 처리한다. |
| 04. 고부청시청승습<br>(告訃請諡請承襲) | 외국에 사신을 보내어 국상을 알린다. 특히, 군신관계에 있던 중국에는 부고와 동시에 대행왕(大行王: 왕이 죽은 뒤 시호(諡號)를 올리기 전에 높여 이르던 말)의 시호와 왕세자가 사위(嗣位)하는 인준을 청한다. |
| 05. 조석곡전급상식<br>(朝夕哭奠及上食) | 매일 새벽과 저녁에 예찬을 갖추어서 잔을 드린 뒤에 곡을 하며, 아침과 저녁에 상식을 올린다. |
| 06. 삭망전(朔望奠) | 매월 초하루와 보름에 빈전에서 예찬(禮饌)을 갖추어서 잔을 드리고 곡을 한다. |
| 07. 정부솔백관진향<br>(議政府率百官進香) | 날을 받아 의정부에서 영의정이 모든 관료들을 인솔하고 향하여 결별을 고한다. 이때 종친부(역대 국왕의 계보(系譜)와 초상화(肖像畵)를 보관하고, 국왕과 왕비의 의복을 관리하고 선원제파(璿源諸派)를 감독하던 관서), 의빈부(임금의 사위(부마)에 관한 사무를 맡은 관서)와 외직으로 나가 있는 관찰사 등 외관들도 각각 별도로 분향하고 결별을 고한다. |

| | |
|---|---|
| 08. 치장(治葬) | 상을 당한 지 5개월이 되면 장사를 지내게 되는데, 지관을 시켜 능터를 잡고 날을 받아 광중(壙中: 시체가 놓이는 무덤의 구덩이 부분을 이르는 말)을 판다. 광중의 너비는 29척, 깊이는 10척, 길이는 25척 정도로 파고 밑에는 지석(誌石)을 깔고 주위에 돌을 싼 뒤 회(灰)로 틈을 막아 장례의 준비를 한다. |
| 09. 청시종묘 (請諡宗廟) | 예조에서 대행왕이나 왕비, 왕대비 등의 시호를 의논하여 정한 뒤, 종묘에 들어가 선왕들의 위패에 시호를 의논한 경위와 결정된 사유를 고유하여(告由: 어떤 일을 치르고 그 사유를 신명에게 알림) 대행왕의 시호를 확정짓는다. |
| 10. 상시책보 (上諡冊寶) | 대행왕의 시호를 책정하여 종묘에 고유한 뒤, 빈전(殯殿)에서 상시(上諡: 죽은 임금에게 묘호를 올리는 것)의 예를 행한다. |
| 11. 계빈(啓殯) | 발인하기 전날 빈전의 문을 열고 관을 닦고 점검한다. |
| 12. 조전(祖奠) | 발인하기 위하여 빈전에 설상을 하고 예찬을 갖춘 뒤, 왕이 직접 배곡하고 술을 올려 발인할 것을 고하고, 관을 빈전에서 상여로 옮긴다. |
| 13. 견전(遣奠) | 조전을 한 뒤에 관을 상여(喪輿)로 옮기기 전에 중문 밖에서 상여로 옮긴다는 사유를 고한다. |
| 14. 발인(發引) | 관을 상여로 옮기고, 출발하기 전에 상여를 수행할 문무백관의 반차를 정하고, 빈전을 출발하여 묘지로 향하는 절차이며, 그 사유를 고유하는 절차를 발인의(發引儀)라 한다. |
| 15. 노제(路祭) | 발인하여 상여를 운반하는 중로에서 도성을 떠난다는 고유로 4대문 밖에서 행한다. |
| 16. 천전(遷奠) | 상여가 장지에 도착하여 관을 현궁(玄宮: 임금의 시체를 넣은 관을 모신 광중)으로 운반하고, 예찬을 갖추고 술잔을 드린 뒤 하관함을 고하고, 하관한 뒤에 성분하는 과정까지를 말한다. |

# 국조상례보편:
# 고명(顧命)에서 성복(成服)까지

## 고명(顧命)

〈상례보편〉

임금의 병환이 위급하게 되면 액정서에서 선정전 안의 악장과 보의를 설치하고, 내시가 부축하여 여(輿)에 태워서 악장 안으로 드시게 하여, 궤(几)에 기대어 앉게 한다. 왕세자가 곁에서 모신다. 왕이 재집대신과 근시(近侍)를 불러 서로 얼굴을 대하여 보고 고명을 발표한다. 왕세자가 대신들과 함께 고명을 받는다. 이를 마치면 대신들은 물러나가서 전위유교를 작성한다. 내상(內喪)과 소상(小喪)에는 고명이 없다.

---

고명: 왕이 임종시에 왕자나 대신들에게 최후로 남기는 말
액정서: 조선시대 왕과 왕족의 명령 전달, 알현 안내, 문방구 관리 등을 관장하던 궐내각사
악장: 지붕 모양으로 만들어 덮는 장막
보의: 붉은 비단에 도끼 모양을 그려 꾸민 병풍
여(輿): 가마, 수레
궤(几): 벽에 세워 놓고 앉을 때 몸을 기대는 방석
재집(宰執): 임금을 돕고 모든 관원을 지휘하고 감독하는 일을 맡아보던 이품 이상의 벼슬. 재상(宰相)
근시: 임금을 가까이에서 모시던 신하. 근신(近臣)
전위: 임금 자리를 후계자에게 전하여 줌
유교: 임금이나 부모가 죽을 때에 남긴 명령, 유명(遺命)
내상: 왕비의 상
소상: 왕세자의 상

## 초종(初終)

〈상례보편〉

질병내시가 부축하여 동쪽으로 머리를 뉘고, 4인이 앉아서 몸을 잡는다.
내상이면 여관(女官)이 한다. … 햇솜을 입과 코 위에 얹어두어 숨을 거두
었는지 살핀다. 숨이 끊어지고 나면 안팎이 모두 곡을 한다. …

---

초종: 임종
여관: 궁녀, 나인

## 복(復)

〈상례보편〉

내시가 임금이 늘 입던 웃옷을 왼쪽에 메고 지붕 앞의 동쪽 물받이로 해서
지붕에 올라가 위(용마루의 꼭대기)를 밟고 서서 왼손으로는 옷깃을 잡고
오른손으로는 옷허리를 잡고 북쪽을 향해서 세 번 외친다. 상위복(上位復)
이라 외친다. 내상(內喪)이 먼저났으면 중궁복(中宮復)이라 외친다. … 복
혼을 한 사람은 지붕 뒤의 서쪽 물받이를 통해 내려온다. …

---

복: 복혼(復魂)을 줄임말. 죽은 왕이나 왕비의 혼이 다시 돌아오라고 부르는 의식
상위: 상위(上位)란 임금을 가리키는 말이다.
*상위복: 상위복을 외친 내시가 동쪽으로 지붕에 올라간 뒤, 서쪽으로 내려오는 행위는 망주석의 세호의 방향(좌상우
하)과 일치한다.

# 전(奠)

〈상례보편〉

내주에서 기찬을 장만해서 올리면(평소 드시던 음식 중에 남은 것이다.) 내시가 받아서 받들고 동편계를 통해 올라가서 대행의 동쪽에 진설한 다음 부복하였다가 물러난다.

---

내주: 주방

# 역복불식(易服不食)

〈상례보편〉

왕세자 및 대군이하 모두 관과 웃옷을 벗고 머리를 풀며 소복을 입고, 윗옷깃을 찔러 넣는다. 굵은 베로 만든 버선을 착용한다. 왕비 및 내명부의 빈(嬪) 이하와 왕세자빈 이하, 외명부의 공주 및 부부인(府夫人) 이하는 모두 관과 웃옷을 벗고, 머리를 풀며, 소복을 입고 흰 신과 굵은 베로 만든 버선을 신는다. 그 밖의 내외 사람들은 다 소복을 입고 화식(華飾)을 제거한다. 왕세자와 대군 이하는 3일 동안 먹지 않는다.

---

역복불식: 옷을 갈아입고 음식을 먹지 않음
빈: 임금의 후궁에게 내리던 정1품 내명부의 품계
부부인: 왕비의 친정 어머니와 종친인 대군(大君)의 부인에게 주던 외명부 작호로 품계는 정1품
화식: 화려(華麗)하게 장식(裝飾)함

## 계령(戒令)

〈상례보편〉

병조는 여러 위(衛)를 통솔하여 안팎의 문 및 숙위해야 할 곳을 삼가 지킨다. 예조는 모든 상사(喪事)에 관한 일을 의정부에 보고하고 중앙과 지방 각 관서에 공문을 보내어 각각 그 직무를 받들게 하는데, 예를 들면, 목욕, 반함, 습, 염, 성빈, 성복, 치벽, 치장, 정제, 음악의 정지, 항시(巷市), 혼인의 금지, 도살의 금지 등이다.

---

계령: 조선시대 국상을 당하였을 때 관청과 백성이 지키고 행하여야 할 일에 관한 규칙
위(衛): 조선 조,중기 중앙군 조직이었던 오위(伍衛)를 뜻한다. 의흥위(義興衛:中衛), 용양위(龍驤衛:左衛), 호분위(虎賁衛:右衛), 충좌위(忠佐衛:前衛), 충무위(忠武衛:後衛)를 말한다.
항시: 국가에 국상(國喪)이 있거나 한재(旱災) 등이 발생하였을 때 시장(市場)을 일시 닫고 대신 각 마을의 저자거리에서 장(場)을 열어 생필품을 거래하던 일

〈상례보편〉

이조(吏曹)는 의정부(議政府)에 보고하고서 빈전(殯殿: 소상(小喪)이면 빈궁(殯宮)이다), 국장(國葬: 소상이면 예장(禮葬)이다), 산릉(山陵: 소상이면 묘소(墓所)이다)의 3도감을 설치한다. 빈전도감은 습, 염, 성빈, 성복, 혼전(魂殿: 소상이면 혼궁(魂宮)이다), 배비 등의 일을 맡는다.

---

예장: 세자, 왕비의 부모, 빈(嬪), 귀인(貴人), 대군, 왕자군 및 부인(夫人), 공주, 옹주, 의빈, 종친의 종2품 이상, 문무관 종1품 이상 및 공신에 대한 국장(國葬)의 다음가는 국가장.
혼전(魂殿): 국상 중 장사를 마치고 종묘(宗廟)에 입향할 때까지 신위를 모시는 곳
배비: 소용되는 물건을 장만하는 것

〈상례보편〉

국장도감은 재궁(梓宮), 연(輦), 여(輿), 책보(冊寶), 복완(服玩), 능지(陵誌 : 소상이면 묘지(墓誌)이다), 명기(明器), 길흉의 의장, 상유, 포연, 제기(祭器), 제전(祭奠), 반우(返虞)등의 일을 맡는다. 산릉도감은 현궁(玄宮) 및 정자각, 재방(齋房)을 영조(營造)하는 등의 일을 맡는다. 3도감의 도제조는 좌의정을 임명하고, 총호사라 칭하여 상례와 장사에 관한 모든 일을 총괄하게 한다. 또 한성부 판윤을 교도돈체사로 임명하여 교량과 도로를 닦는 일을 맡게 한다.

---

재궁: 왕과 왕비의 관으로 시신을 넣는 벽(椑)과 벽을 넣는 대관(大棺)으로 구성된다.

연: 임금이 타던 가마

여: 가마, 수레

책보: 왕이나 왕비의 존호를 올릴 때에 함께 올리던 옥책(玉册)과 금보(金寶)를 아울러 이르는 말. 옥책은 옥을 죽간모양으로 다듬어 죽은 이의 덕을 기리는 내용을 새긴 것이며, 금보는 존호를 새긴 도장

복완: 의복과 몸 속에 지니고 다니는 물건, 즉 가락지나 노리개 따위를 지칭

명기: 죽은 사람의 내세의 생활을 위하여 무덤에 함께 부장하는 기물(器物)

상유: 상장喪葬 때에 쓰는 장막

포연: 돗자리 등 바닥에 까는 물건

제전: 신령에게 제사지내면서 음식을 올리는 일

반우: 장례 지낸 뒤에 신주(神主)를 궁궐로 모셔 오는 일

현궁: 임금의 관(棺)을 묻던 광중(壙中)

재방: 능에서 사용하는 제기를 보관하고 제사를 올리는 사람이 재계하기 위한 처소. 재실

## 목욕(沐浴)

〈상례보편〉

… 내시(내상이면 여관이 한다.)가 손을 씻고 대행(大行)을 평상(牀)으로 옮긴다. … 내시가 왕세자를 부축해서 인도하여 유장(휘장) 밖으로 나가

동쪽에 자리를 잡아 북쪽으로 향하고, 대군 이하도 따라나가 북쪽을 향하고 서쪽이 상위가 되게 하되, 모두 위(位)를 달리하여 겹줄로 서서 곡을 한다. 내시가 뜨물로 머리를 감기고 나서 빗질을 해서 수건으로 머리카락을 묶는다. 수염을 다듬고 손톱을 깎아서 작은 주머니에 담는다. … 발톱을 깎아서 작은 주머니에 담는다.

---

대행: 대행왕, 즉 왕이 죽은 뒤 시호(諡號)를 올리기 전에 높여 이르던 말.


## 습(襲)

〈상례보편〉

내시가 유장안에 습상을 설치하고 … 그 위에 무릇 아홉 겹으로 옷을 갖추어 입히는 데, 답호(褡穫)를 섞어서 사용한다. …

---

습상: 습할 때 쓰는 평상
답호: 고려후기부터 조선후기까지 입었던 옆트임이 있는 반소매 포


## 위위곡(爲位哭)

〈상례보편〉

내시가 왕세자의 위(位)를 전(殿) 안의 동쪽에 서쪽을 향해 설치하고, 대군이하의 위(位)를 전(殿) 밖의 동쪽에 서쪽을 향해 설치하고, 왕세자빈의 위(位)를 왕비의 위 북쪽에 조금 뒤로 물려서 설치한다. … 내시의 부축과

인도를 받아 왕세자가 위에 나아가 꿇어앉아 부복(俯伏)하여 곡하고, 대군 이하도 따라서 위(位)에 나아가 꿇어앉아 부복하여 곡한다. 상궁의 부축과 인도를 받아 왕비가 위(位)에 나아가 앉아서 곡하고, 수규의 부축과 인도를 받아 왕세자빈도 위(位)에 나아가 앉아서 곡한다. 내명부와 외명부 이하도 모두 위(位)에 나아가 앉아서 곡한다.

---

위위곡: 자리를 차리고 곡을 함
부복: 고개를 숙이고 엎드림
수규: 세자궁에 딸린 종6품인 내명부의 직명


## 거림(擧臨)

〈상례보편〉

이 날에 전의가 종친과 문무백관의 위(位)를 외정(外庭)에 설치하되, 문관은 동쪽, 무관은 서쪽이다. 모두 품등에 따라 위(位)를 달리하여 겹줄로 북쪽을 향하게 하고 … 찬의가 궤(跪), 부복(俯伏), 곡(哭)을 창(唱) 하면, 종친 이하가 꿇어 앉아 부복하고, 곡하여 애도를 극진히 한다. 찬의가 지곡(止哭), 흥(興), 사배(四拜), 흥(興), 평신(平身)을 창(唱)하면, 종친 이하가 곡을 그치고 일어나 사배하고 일어나 몸을 편다.

---

거림: 모든 관원이 곡함
전의(典儀): 책봉(册封)이나 조하(朝賀) 등의 의식이 있을 때 임명하였던 임시직으로서 의식의 진행을 주관
찬의(贊儀): 통례원(通禮院: 조선시대 국가의 의례(儀禮)를 관장하였던 관서)의 정5품직
궤: 무릎 위에 손을 얻는자세

# 함(含)

〈상례보편〉

사도시(司䆃寺)에서 입쌀(稻米)을 장만해 바치고 상의원(尙衣院)에서는 진주를 장만해 바친다. … 왕세자는 숟가락으로 쌀을 떠서 입 안 오른쪽에 채운 뒤 아울러 진주 한 개를 채운다. 그리고 나서 또 왼쪽과 가운데도 이와 같이 한다. …

---

함: 시신을 염습할 때에 입에다 쌀을 넣는 의식
입쌀: 도미(稻米) 멥쌀을 잡곡(雜穀)에 대(對)하여 이르는 말
사도시: 쌀, 간장, 겨자 따위를 궁중에 조달하는 일을 맡아보던 관아
상의원: 임금의 의복을 진상하고, 대궐 안의 재물과 보물 일체의 간수를 맡아보던 관서

# 설빙(設氷)

〈상례보편〉

공조에서 선공감을 시켜 빙반(氷盤), 잔상(棧牀), 잔방(棧防)을 만들도록 한다. 먼저 빙반 가운데에 잔상을 설치하고, 잔상 밑에 얼음을 넣고 나서 대행을 잔상위로 옮기고 사면에 잔방을 설치한다. 그 잔방이 이어지는 곳

---

설빙: 시신아래 얼음을 넣는 일. 국장기간이 5개월이나 되기 때문에 왕의 시신이 부패하지 않도록 나무틀을 짜서 얼음을 넣어 시신의 사면을 둘러싼다.
선공감: 조선시대 토목 · 영선에 관한 일을 맡아본 관청
빙반*: 얼음을 넣는 통 (도설(圖說)에 보인다)
잔상*: 얼음 사이에 시신을 안치하는데 사용하는 평상의 사방을 난간으로 둘러싼 것(도설(圖說)에 보인다)
잔방*: 잔상을 둘러싸는 울타리 (도설(圖說)에 보인다)
대행: 대행왕, 돌아가신 선왕

에 쇠갈고리를 걸어당겨 튼튼하게 잠근다. 곧 얼음을 잔방과 같은 높이로 쌓되, 얼음이 안쪽으로 들어가 상을 침범하지 않도록 한다. …




## 영좌(靈座)

〈상례보편〉

상의원은 대행이 누워있는 평상의 남쪽에 악장을 친다. 악장 안에 평상과 욕석(褥席)과 병풍을 배설하고, 주칠한 교의(交椅)를 평상 위에 남쪽을 향해 설치한다. 내시가 작은 함에 유의(遺衣)를 접어서 담고, 백초 1필을 묶어서 신백(神帛)을 만들어 유의 위에 놓고, 함을 받들어 교의에 모셔 놓는다. …

---

영좌: 염습(殮襲)이 끝난 뒤에 죽은 이의 혼백(魂帛)을 임시로 모셔 두는 장소
악장: 지붕 모양으로 만들어 덮는 장막
욕석: 신주(神主) 밑에 까는 요
교의: 신주를 모셔 두는 다리가 긴 의자
유의: 죽은 자가 살았을 때 입던 옷
신백: 혼백(魂帛)과 같은 말, 신주(神主)를 만들기 전에 임시로 만들어 영좌(靈座)에 봉안하는 신위.

## 명정(銘旌)

〈상례보편〉

공조에서 강단자(붉은 비단)로 명정을 만드는데, 너비는 나비대로 다 쓰며, 길이는 9자이다. 니금(泥金)을 사용하여 전자(篆字: 내상이면 예자(隸字)이다.)로 '대행왕재궁(大行王梓宮)'이라 쓴다. …

---

명정: 장사지낼 때 죽은 사람의 신분을 밝히기 위해 품계, 관직, 성씨 등을 기재하여 상여 앞에서 길을 인도하고 하관(下棺)이 끝난 뒤에는 관 위에 씌워서 묻는 기(旗)

니금: 아교로 섞어서 갠 금가루


## 고사묘(告社廟)

〈상례보편〉

3일(내상은 2일이다) 만에 사직, 영녕전, 종묘에 대신을 보내어 평상시와 같이 고한다. …

---

고사묘: 사직과 종묘에 고(告)함

## 소렴(小斂)

〈상례보편〉

3일째 되는 날에 한다. (소상은 2일째 되는 날에 한다.) 당일 염(斂)하기 2각(刻)전에 내시가 유장 밖에 소렴평상을 설치하고 종척신이 손을 씻고서 욕석과 베개를 깐다. … 무릇 염의(斂衣)는 모두 19칭이다. (모두 겹옷과 겹이불을 쓴다)

---

소렴: 죽은 뒤 습(襲)을 마치고 나서 뼈가 굳어 입관(入棺)하는 데 지장이 생기지 않도록 손과 발을 거두는 절차.


## 치벽(治椑)

〈상례보편〉

공조에서 그 소속 관원을 거느리고 벽의 안팎을 다듬는다. 벽 안은 홍광직으로 붙이고, 네 모퉁이를 녹광직으로 붙인다. 익힌 출미회(秫米灰, 출미의 재(灰))를 그 밑바닥에 4치 가량의 두께로 깔고, 칠성판을 놓는다. 판 위에 홍광직으로 만든 요와 자리를 깐다.

---

치벽: 관(棺)을 만듦. '벽(椑)'은 시체에 직접 대는 관(棺)을 의미함 (도설(圖說)에 보인다)
홍광직: 붉은 색으로 배접한 종이
녹광직: 녹색으로 배접한 종이
출미회: 차좁쌀을 색이 검게 될 때까지 볶아서 가루로 만든 다음 채로 쳐서 내림.
칠성판: 관(棺) 속 바닥에 까는 얇은 널조각. 북두칠성을 본떠서 일곱 개의 구멍을 뚫어 놓는다.

# 대렴(大斂)

〈상례보편〉

당일 염(斂)하기 2각(刻) 전에, 내시가 유장 밖에 대렴평상을 설치하고, … 무릇 염의(斂衣)는 모두 90칭이다. (모두 겹옷과 겹이불을 쓴다.) … 내시는 재궁(梓宮)을 받들고 대행이 누워 있는 평상 남쪽에 남쪽이 상위가 되도록 진설하고서, 종척신이 대행을 받들고 재궁에 모신다. 평소 빠진 이빨과 머리카락과 깎은 손톱과 발톱을 재궁안의 네 구석에 넣고, 빈 곳을 찾아 옷을 말아서 메워 될 수 있는 대로 편편하게 꽉 차도록 하고 이불로 덮는다. … 장생전의 관리는 그 소속 관원을 거느리고 뚜껑을 덮고 나비장을 박는다. 뚜껑과 관을 봉합한 곳에는 옻칠을 입힌 세포(발이 고운 베)로 빙 두른다. …

---

대렴: 소렴(小斂)이 끝난 뒤 시신을 묶어서 입관하는 의식
재궁: 임금이나 왕세자의 관(棺)을 높이어 일컫는 말
장생전: 왕실에서 사용되는 관곽(棺槨)을 제작하고 관리하던 관서
나비장: 재목을 서로 이을 때에 이음매 사이에 끼워 넣는 나비 모양의 나무쪽

# 성빈(成殯)

〈상례보편〉

대렴과 같은 날 거행한다. 미리 선공감의 관원이 그 소속관원을 거느리고 정전 한 가운데의 조금 서쪽에 찬궁(欑宮)을 만드는데(소상이면 찬실이다.) 그 길이와 너비는 재궁의 사면에서 각각 2자가 더 되게 한다. 먼저 사

방에 지방목을 벌여 놓고, 그 위에 네 기둥을 세우고 들보를 걸고 서까래를 걸쳐서 지붕을 만든다. 그 다음 장자(障子)를 사면에 설치하고 두꺼운 종이를 그 안과 밖을 바른다. 동쪽에 문을 내는데 열고 닫을 수 있도록 문을 단다. 따로 종이에 주작, 백호, 현무, 청룡을 그려서 각각 방위에 따라 장자의 안쪽에 붙인다. …

---

성빈: 빈전(殯殿)을 차림. 빈소(殯所)를 만듦
찬궁: 빈전(殯殿) 안의 임금이나 왕비의 관(棺)을 둔 곳
장자: 방과 방 사이, 또는 방과 마루 사이에 칸을 막아 끼우는 문


## 여차(廬次)

〈상례보편〉
선공감에서 중문 밖에 의려를 설치하고, 대군 이하의 여차를 의려의 동남쪽에 설치한다. 내시는 왕비, 왕세자빈, 내명부 이하의 여차를 안의 별실에 설치한다.

---

의려: 중문 밖의 한 구석에 세운 여막인데, 상주가 영좌나 무덤을 지키기 위하여 그 옆에 임시로 지어놓고 거처하는 초가
여차: 의려의 목적으로 만든 장막, 임시거처. 여막(廬幕)

## 성복(成服)

〈상례보편〉

6일째 되는 날에 거행한다(소상은 4일째 되는 날에 한다). 당일, 예조판서가 여차(廬次) 앞에 나아가서 꿇어 앉아 성복하기를 찬청하면, 상의원의 관원이 최복(衰服)을 올린다. 왕세자가 최복을 입고, 대군 이하도 최복을 입는다. …

---

성복: 초상이 나서 처음으로 상복을 입음.
상의원: 임금의 의복을 진상하고, 대궐 안의 재물과 보물 일체의 간수를 맡아보던 관서
최복: 아들이 부모, 증조부모, 고조부모의 상중에 입는 상복

# 국조상례보편:
# 복제(服制)에서 치장(治葬) 前까지

## 복제(服制)

〈상례보편〉

왕세자는 참최 3년이다. … 왕위를 계승할 때에는 면복(冕服)을 입고, 졸곡(卒哭) 후 정무를 볼 때에는 포포, 포과익선관, 포과오서대, 백피화를 착용한다. 모든 상사(喪事)에 관계될 때에는 최복을 입는다. 13개월이 되면 연제(練祭)를 지내고 복제를 바꾼다. … 25개월 만에 상제(祥祭)를 지내며, … 27개월 만에 담제(禫祭)를 지내며, … 담제 뒤에는 곤룡포, 옥대

---

복제: 복제란 원래 상복(喪服)의 제도를 말하는 것이나, 복상(服喪) 제도를 지칭하는 뜻으로도 널리 사용된다. 중국에서 유래하는 것으로 참최(斬衰), 재최(齋衰), 대공(大功), 소공(小功), 시마(緦麻) 의 5등급으로 나누어지며, 이를 오복(伍服)이라 한다.

참최: 아버지의 상(喪), 또는 아버지를 여읜 맏아들이 할아버지의 상을 당하였을 때에 입는 상복인데 거친 베로 짓되 아랫도리를 꿰매지 않고 접는다. 그 기간을 3년(二週年)으로 하였다.

재최: 조금 굵은 생베로 짓고 아래 가를 좁게 접어서 꿰맨 상복이다. 어머니의 상(喪)에는 3년을 정한 것을 비롯하여 기년(朞年) 및 그 이하까지 상기(喪期)의 구분이 있었다.

면복: 조선 시대 임금의 정복(正服). 면류관(冕旒冠)과 곤룡포(衮龍袍)를 말한다.

졸곡: 민간에서는 삼우제(三虞祭), 왕실의 경우는 오우제(伍虞祭)를 지낸 뒤에 무시애곡(無時哀哭)을 끝내기 위하여 지내는 제사. 졸곡은 삼우, 오우제를 지낸 뒤 강일(剛日)에만 지냈음. 졸곡이란 무시곡(無時哭)을 마친다는 뜻으로 그동안 수시로 한 곡을 그치고 아침저녁으로 상식할 때만 곡을 한다.

연제, 상제, 담제: 3년상을 지낼 때, 1주년이 되어서 연제(練祭)를 지낸다. 초상(初喪)으로부터 이에 이르기 까지 윤월(閏月)을 계산하지 아니하고 13개월이 되면 첫 번째의 제사 날로 한다. 2주년(二周年)이 되어 상제(祥祭)를 지내는데, 초상(初喪)에서 이에 이르기까지 윤월은 계산하지 아니하고, 25개월을 2기일(忌日)로 한다. 상제(祥祭)를 지낸 뒤 1개월을 사이에 두고 담제(禫祭)를 지낸다.

를 착용한다. 왕비는 참최 3년이다. … 왕대비는 재최 3년이다. … 왕세손은 참최 3년이다. … 상궁 이하는 참최 3년이다. … 종친과 문무 백관은 참최 3년이다.

## 사위(嗣位)

〈상례보편〉

성복의 예가 끝나면, 전설사(典設司)에서 악차(幄次)를 빈전의 문 밖 동편의 북쪽 가까운 곳에 남쪽을 향해 설치한다. 액정서(掖政署)에서 어좌를 악차 안의 남쪽을 향해 설치하고, 또 욕위(褥位)를 빈전 뜰 동쪽에 북쪽을 향해 설치한다. 병조는 제위(오위)를 통솔하여 내정과 외정의 동쪽과 서쪽 및 내문과 외문에 군사를 벌여 세운다. … 인의(引儀)는 인정문 밖에 문외위(門外位)를 문관은 동쪽에, 무관은 서쪽에 설치하되, 모두 품등마다 위를 달리하여 겹줄로 서로 향하게 하고 북쪽이 상위가 되게 한다.

---

사위***: 왕위를 계승함
전설사: 조선시대 장막(帳幕)의 공급에 관한 일을 관장하던 병조(兵曹)에 속한 관서
악차: 임금이나 세자가 거둥할 때 임시 거처로 마련한 장막
액정서: 조선시대 왕과 왕족의 명령 전달, 알현 안내, 문방구 관리 등을 관장하던 궐내각사
욕위: 요를 깔아 마련한 자리.
인의: 조선 시대 통례원(通禮院)의 정6품직

〈상례보편〉

도승지는 유교함(遺敎函)을 찬궁 남쪽의 동쪽 가까운 곳에 진설한다. 상서원의 관원은 그 남쪽에 대보(大寶)를 진설한다. 종친과 문무백관은 조복(朝服)으로 갈아입고 문외위에 나아간다. … 예조판서가 여차 앞에 나아가

부복하고 꿇어앉아 면복을 갖추기를 계청(啓請)하면, 상의원의 관원이 면복을 올리고, 왕세자가 최복을 벗고 면복을 갖추어 입는다. 좌통례의 인도를 받아 사왕(嗣王)이 동문으로 들어와 욕위에 나아가 북쪽을 향해 선다. … 영의정이 유교(遺敎)를 사왕(嗣王)에게 주면, 사왕(嗣王)이 유교(遺敎)를 받아서 읽어 본다. 읽기를 마치고 근시(近侍)에게 주면, 근시(近侍)가 이어받아 받들고 뒤로 물러가 꿇어 앉는다. 영의정이 내려가서 본래의 반열에 나아간다. 좌의정이 대보(大寶)를 사왕에게 주면 사왕이 받아서 근시에게 주고, 근시는 전해 받아 받들고 뒤로 물러가 꿇어 앉는다. 좌의정이 내려가서 본래의 반열에 나아간다.

---

대보: 국가와 국가권력을 상징하는 국왕의 인장. 임금이 사용하는 도장 중의 하나로 중국과의 외교 문서에만 씀.
대보(大寶)의 글귀는 조선국왕지보(朝鮮國王之寶)라고 되어 있음
조복: 관원이 조정에 나가 하례를 할 때 입던 예복
계청: 신하가 임금에게 어떤 사항의 처리나 허락 여부를 아뢰어 청함. 〔유사어〕 주청(奏請)
사왕: 선왕(先王)의 대를 물려받는 임금
근시: 임금을 가까이에서 모시던 신하. 근신(近臣)

〈상례보편〉

좌통례가 부복, 흥, 평신을 계청하면, 전하가 부복하였다가 일어나 몸을 편다. 종친과 문무백관도 같이 한다. 근시가 각각 유교와 대보를 받들고 차례로 먼저 내려가 욕위 동쪽에 선다. 좌통례의 인도를 받아 전하가 내려가 욕위에 나아간다. 전의(典儀)가 사배(四拜)라 하면, 좌통례가 국궁(鞠躬), 사배(四拜), 흥(興), 평신(平身)을 계청한다. 전하가 몸을 굽혀 사배

---

전의: 책봉(册封)이나 조하(朝賀) 등의 의식이 있을 때 임명하였던 임시직으로서 의식의 진행을 주관
국궁: 존경(尊敬)하는 마음으로 윗사람이나 영위(靈位) 앞에서 몸을 굽힘. 사배례(四拜禮)의 예비 동작으로 반드시 국궁(鞠躬)의 절차가 있었음.

하고 일어나 몸을 펴고, 종친과 문무백관도 같이 한다. 좌통례의 인도를 받아 전하가 동문으로 나가면, 근시는 각각 유교와 대보를 받들고 앞서간다. 전하가 악차에 들어가 어좌로 나아가면 근시는 유교와 대보를 상서원의 관원에게 준다. …

〈상례보편〉

액정서(掖政署)는 어좌를 인정문 한가운데에 남쪽을 향해 설치하고, 2개의 향안을 섬돌 위 좌우에 설치한다. … 좌통례가 악차 앞에 가서 부복하고 꿇어앉아 어좌에 오르기를 계청하면, 전하께서 악차에서 나와 여(輿)를 타고 나가는데, 산선(繖扇)과 시위(侍衛)는 평상시 의식과 같이 한다. 좌통례의 인도를 받아 전하가 어좌에 오르면, 향로의 연기가 피어오르게 한다. … 찬의가 산호(山呼)를 창하면, 종친과 문무백관은 공수(拱手)하여 이마에 대고, 천세 라 외치고, 산호를 창하면, 천세라 외친다. (무릇 천세를 외칠 때에는 악공과 군교도 일제히 소리내어 이에 응한다.) … 좌통례가 어좌 앞에 나아가 부복하고 꿇어앉아 예(禮)가 끝났음을 아뢰고, 부복하였다가 일어나 본래의 위로 돌아가면, 전하께서 어좌에서 내려와 여(輿)를 탄다. 산선과 시위는 평상시 의식과 같이 한다. 여차로 돌아와 면복을 벗고 도로 상복을 입는다. 인의(引儀)가 나누어 인도함에 따라 종친과 문무백관도 조복(朝服)을 벗고 도로 상복을 입는다.

---

액정서: 조선시대 왕과 왕족의 명령 전달, 알현 안내, 문방구 관리 등을 관장하던 궐내각사
여: 가마, 수레
산선: 임금이 행차(行次)할 때에 따르는 의장(儀仗)의 하나. 베로 우산(雨傘)같이 만들었는 데, 임금에 앞서서 감
시위: 임금을 모시어 호위(護衛)함
산호, 산호천세: 나라의 큰 의식(儀式)에 황제(黃帝)나 임금의 축수(祝壽)를 표(表)하기 위(爲)하여 신하(臣下)들이 두 손을 치켜들고 '만세(萬歲)' 또는 '천세(千歲)'를 일제(一齊)히 외치던 일
공수: 왼손을 오른손 위에 놓고 두 손을 마주 잡아, 공경(恭敬)의 뜻을 나타내는 예(禮)

# 반교서(頒敎書)

## 〈상례보편〉

전하가 하례를 받고 나면 여차로 돌아온다. 액정서는 어좌를 인정문 한가운데에 남쪽을 향해 다시 설치하고 어좌 앞에 교서안을 설치한다. … 전교관이 교지(敎旨)가 있습니다. 하면 찬의가 궤(跪)를 창한다. 종친과 문무백관은 모두 꿇어앉는다. 전교관이 교서를 집어서 선교관에게 주면, 선교관이 꿇어앉아 받아서 전교관에게 준다. 전교관이 마주들고 펴면, 선교관이 선포한다. …

---

반교서: 새왕이 즉위한 뒤 그 사실을 교서로 대내외에 알리고 국정을 처리한다.
교서: 국왕이 내리는 명령서, 훈유서(訓諭書), 선포문(宣布文)의 성격을 가진 문서. 황제가 내릴 경우에는 조서(詔書) 또는 칙서(勅書)라고 한다.
교지: 조선시대 국왕이 관원에게 내리는 각종 문서.
궤: 무릎위에 손을 얻는자세, 한자 뜻: 꿇어 앉을 궤(跪)

## 고부청시청승습(告訃請諡請承襲)

## 〈상례보편〉

기일에 앞서 미리 부음을 알리고 시호를 청하는 표문과 전문 및 의정부가 왕위계승을 요청하는 신정(申呈)을 지어서 올린다. 사위(嗣位)의 예가 끝나면, 종친과 문무백관이 백의(白衣)와 오사모(烏紗帽), 흑각대를 착용하

---

고부청시 청승습: 외국에 사신을 보내어 국상을 알린다. 특히, 군신관계에 있던 중국에는 부고와 동시에 대행왕(大行王: 왕이 죽은 뒤 시호(諡號)를 올리기 전에 높여 이르던 말)의 시호와 왕세자가 사위(嗣位)하는 인준을 청한다.
신정: 아래 관원이 위 관원에게 글을 써서 아룀.
오사모: 벼슬아치들이 관복을 입을 때에 쓰던 모자. 같은 말 : 사모(紗帽)

고 인정전의 뜰에 들어가서 여느 의식과 같이 부음을 알리고 시호를 청하는 표문과 전문에 절한다. 음악은 진설해 놓기만 하고 연주는 하지 않는다. …

## 조석곡전급상식(朝夕哭奠及上食)

매일 새벽과 저녁에 예찬을 갖추어서 잔을 드린 뒤에 곡을 하며, 아침과 저녁에 상식을 올린다.

## 삭망전(朔望奠)

매월 초하루와 보름에 빈전에서 예찬(禮饌)을 갖추어서 잔을 드리고 곡을 한다.

## 의정부솔백관진향(議政府率百官進香)

날을 받아 의정부에서 영의정이 모든 관료들을 인솔하고 분향하여 결별을 고한다. 이때 종친부(역대 국왕의 계보(系譜)와 초상화(肖像畵)를 보관하고, 국왕과 왕비의 의복을 관리하고 선원제파(璿源諸派)를 감독하던 관서), 의빈부(임금의 사위(부마)에 관한 사무를 맡은 관서)와 외직으로 나가 있는 관찰사 등 외관들도 각각 별도로 분향하고 결별을 고한다.

# 국조상례보편:
# 치장(治葬) – 회격편

**치장(治葬) – 회격편: 요약**

치장(治葬)은 시신을 매장하고 묘역을 조성하는 절차로써 세부적으로는 산역(山役)을 통해 장지를 마련하고, 관을 장지까지 운반하며, 매장 후 봉분을 만드는 등 묘역을 조성하는 전체 과정을 말한다.

상을 당한 지 5개월이 되면 장사를 지내게 되는데, 지관을 시켜 능터를 잡고 날을 받아 광중(壙中: 시체가 놓이는 무덤의 구덩이 부분을 이르는 말)을 판다. 광중의 너비는 29척, 깊이는 10척, 길이는 25척 정도로 파고 밑에는 지석(誌石)을 깔고 주위에 돌을 싼 뒤 회(灰)로 틈을 막아 장례의 준비를 한다.

조선의 왕릉조성법은 시기별로 크게 두 개로 나뉘어 진다. 우선 조선초기에는 왕릉의 무덤방을 석실로 조성했으나 세조가 석실 대신 회격으로 조성하라는 유명을 남기면서 세조의 광릉 이후에는 회격으로 조성했다. 회격은 삼물(三物)로 조성을 하는데 삼물은 생석회, 고운모래, 황토를 3:1:1로 섞어 반죽한 것으로 굳으면 콘크리트 보다 더 단단해진다. 세조가 단단한 회격묘를 주문한 이유는 풍수적인 이유도 있거니와 단종을 죽인 것에 대한 정치적인 보복으로 사후 자신의 무덤이 파헤쳐져서 부관참시 되는 것을 염려한 것으로 보인다.

## 치장(治葬) – 회격편: 조선왕릉전시관의 영상자료 기준

1. 땅을 팔 자리에 금정기를 설치한다.
2. 10자 깊이로 광을 파 들어가기 시작한다.
3. 외재궁을 내리기 위해 기중기 역할의 녹로를 설치한다.
4. 녹로의 윗부분에 도르래를 설치한다.
5. 외재궁을 이동시키기 위하여 바퀴역할을 하는 산륜목을 설치한다.

6. 외재궁을 산륜목 위로 굴린다.
7. 외재궁을 도르래의 줄로 살짝 들어올린다.
8. 아래의 산륜목을 제거한다.
9. 재궁(관)이 들어갈 외재궁을 광중으로 내린다.
10. 내려 놓은 외재궁과 광의 빈 공간을 삼물로 채운다.

11. 삼물로 지면까지 견고하게 채운다.
12. 난간지대석을 설치할 공간을 확보한다.
13. 남쪽을 제외한 삼면에 난간지대석을 설치한다.
14. 난간기둥을 세우기 위한 우석을 설치한다.
15. 남쪽을 제외한 삼면에 난간석을 두른다.

16. 봉분을 쌓은 후 남쪽으로 퇴광을 파기위해 금정기를 설치한다.

17. 퇴광을 파면 외재궁의 한쪽면이 보인다.

18. 외재궁의 입구를 발로 가린다.

19. 바닥에는 돗자리를 깐다.

20. 재궁을 외재궁에 넣기 위해 바퀴역할의 윤여를 설치한다.


21. 재궁을 내리기 위해 녹로를 다시 설치한다.

22. 발을 올린다.

23. 설치된 산륜목 위로 재궁을 굴린다.

24. 녹로로 재궁을 들어올리고 산륜목은 제거한다.

25. 윤여 위에 재궁이 올라가도록 하되 밀어넣기 위한 줄의 공간을 확보한다.


26. 도르래 원리로 재궁에 걸린 줄을 잡아당겨 외재궁 안으로 재궁을 넣는다.

27. 재궁이 외재궁 속으로 들어간다.

28. 퇴광에 부장품을 넣고 삼물을 지면까지 채워넣는다.

29. 남쪽면의 난간지대석 공간을 확보한다.

30. 남쪽면 난간지대석을 설치한다.


31. 난간석을 완성한다.

32. 나머지 석물을 조성한다.


치장(治葬) - 회격편: 원문


〈상례보편〉

5개월(소상이면 3개월이다.) 만에 장사를 지낸다. 기일에 앞서 미리 예조의 당상관과 관상감의 제조가 지리학관을 거느리고 장사지낼 만한 땅을 가리고, 의정부의 당상관이 다시 살펴서 계문하여 정한다. 택일하여 영역(무덤자리)을 정하는데, 영역의 네 모퉁이를 파서 그 흙을 밖으로 퍼내고, 가운데를 파서 그 흙을 남쪽으로 퍼내고서, 각각 한 개씩 표목을 세우되, 남쪽 문에 해당하는 곳에는 2개의 표목을 세운다. 관상감의 관원이 가운데 세운 표목의 왼쪽에서 후토에 제사를 지낸다. … 능상각을 만든다.(소상이면 묘상각이다.) 능상각의 남쪽에 수도각을 만든다. 영역 안에 금정기를 안치한다.

때가 되면 광을 판다. 깊이는 10자이고 너비와 길이는 대관(속명은 외재궁이다.)의 바깥쪽을 재어서 각각 3자가 더 크도록 하고, 남쪽의 한 벽에만 본래의 흙을 남겨둔다. 광을 다 파고나면 회격을 만든다. 먼저 삼물(석회, 황토, 고운모래를 3:1:1의 비율로 반죽)을 광의 바닥에 깔되 3치의 두께로 채우고, 이어 녹로를 설치한다.

광위에 2개의 장강(속명은 내왕판이다.)을 광구의 좌우에 세로로 설치한다. 또 1개의 대(속명은 횡교판이다)로 2개의 장강 아래쪽 머리를 막는다. 방목 5개를 2개의 장강 위에 가로로 설치한다. 또 산륜목 5개를 방목 사이사이에 하나씩 놓는다. (그 사이에서 굴려서 대관을 밀고 나가기 편하게 한 것이다.) 또 산륜목 5개를 광의 남쪽 횡교판의 밖에 이어 놓는다. 그렇게 한 뒤 대관을 그 위에 안치한다. … 이어 대관을 광 앞의 산륜목 위에 안치한다.

때가 되면 녹로의 줄로 대관의 위아래를 묶는다. 녹로를 돌려서 조금 든다.

그리고 즉시 광 위에 펼쳐놓았던 방목, 산륜목, 장강, 횡강 따위를 철거한다. 다시 녹로를 돌려서 조금씩 아래로 내려서 광 안에 안치한다. 이어 횡대판 3개를 개판 위에 펼쳐놓는다. 그 동쪽, 서쪽, 북쪽의 3면에 삼물을 횡대판까지 채운다. 다시 삼물을 채워서 견고하게 쌓되, 금정에 가득 찰 때까지 한다. 즉시 녹로를 철거한다. 광의 바깥쪽 땅을 평평하게 한다. 대석을 배치할 기초에 그 바닥을 견고하게 쌓고, 먼저 초지대석을 배치한다. (속명은 엄석인데 모두 48개이다.)

이어 난간하지대석 12개(속명은 면박석이다. 위를 요 모양으로 파서 동자기둥을 세우는 것이다.) 와 우석 12개(속명은 박석이다. 위를 요 모양으로 파서 석주를 세우는 것이다.)를 서로 1개씩 번갈아 이어서 배치하고, 초지대석과 난간하지의 대석과 우석이 닿는 곳에는 조각돌을 가지고 빈틈을 만들어서 삼물로 채우고 석주 12개를 우석 위에 세운다. 그런 다음에 동자석주 12개를 지대석 위에 세운다. 석주의 사이사이마다 동자석주의 위로 죽석 12개를 가로로 놓는다.

이어 금정기를 치우고 천회 위에 세가지 물을 채우는데 마치 엎어놓은 솥의 위 모양처럼 두께가 2자 5치가 될 때까지 견고하게 쌓아 나간다. 또 그곳에서 나온 흙을 그 위에 쌓되, 섬원까지 쌓는다. 사토로 덮는다. 이어 퇴광 터를 정광의 남쪽에 만든다. 그 위에 금정기를 설치한다.

드디어 광을 판다. 파기를 마치면 곁에 모두 휘장을 설치하고 유둔을 제거한다. 임시로 내렸던 우판을 해체한다. 정식으로 우판을 내려서 합치기에 앞서 다시 임시로 내린 우판을 합쳐서 시험해 본다. 우선 지장을 설치하여 막는다. 그 안쪽에 두겹으로 자리를 깔고 윤여를 그 위에 올려 놓는다. 녹로를 금정기 위에 설치한다.

들어가서 재궁을 안치한 후에 이어 퇴광에 삼물을 채워서 견고하게 금정에 가득찰 때 까지 쌓는다. 이어 난간하지대석을 배치한다. 다음으로 우석을 놓는다. 다음에 삼물을 채우는데 … 섬원을 합하는데 능의 높이는 난간하지대석으로부터 위로 9자이며, 직경은 25자, 둘레는 78자 6치이다. 다음에 석주를 놓는다. 이어 동자석주를 놓고, 그 다음에 죽석을 놓는다. 빙 둘러 연이어 배치하되, 서로 닿는 곳에는 모두 유회로 메운다. 난간 한면의 길이는 7자 7치이며, 모두 12면으로 빙 두르는데 둘레가 92자 4치이다.

동쪽, 서쪽, 북쪽 3면을 담으로 두르는데 높이는 3자 4치이다. 북쪽 담 밑에는 2계단을 설치한다. 담 안쪽에 석양 4개를 동쪽과 서쪽에 각각 2개씩 설치하고, 석호 4개를 북쪽에 2개 동쪽과 서쪽에 각각 1개씩 설치하되, 모두 밖을 향하게 한다. 남쪽에는 3개의 계단을 설치한다. 난간하지대석 남쪽에 2자 쯤에 땅을 파는데, 깊이는 5자로 한다. 삼물을 사용하여 밑바닥을 다지며, 두께는 1자 5치로 한다. 중앙에 지함을 안치하고 사방에 회로 다지며, 자지를 함속에 차곡차곡 놓는다. 세사로 빈 공간을 메우고 함의 뚜껑을 덮는다. …

또 퇴광의 남쪽 한가운데 석상 1개를 설치하고 그 좌우에 석망주를 세운다. 가운데 계단의 한복판에 북쪽 가까이 장명등을 설치하고, 그 좌우에는 문석인 각각 1개와 석마 각각 1개를 세운다. 아래 계단의 좌우에는 무석인 각각 1개를 세우고 또 석마 각각 1개를 세우되, 모두 동쪽과 서쪽에서 서

로 마주보게 한다. (소상이면 초지대석, 난간하지대석, 우석, 석주, 동자석
주, 주석, 무석인, 무석 남쪽의 석마는 모두 세우지 않는다.)

현궁 정 남쪽의 산기슭에 정자각을 세우고 정자각의 정남쪽에 홍살문을 세
우고, 그 왼쪽에 망릉위를 설치한다. 그 북쪽의 임방이 되는 곳에 예감을
파고, 석상 1개를 계지에 설치하는데 곧 산신석이다. 그 동쪽에 비각을 세
운다. (내상이 먼저 났으면 비는 세우지 않는다) 남쪽에 고방을 설치하고,
재주와 재방은 적당한 곳에 설치한다. 참봉 2인과 수릉군호를 두어 청소하
는 일을 맡도록 하고 나무하는 것을 못하게 한다.

# 국조상례보편:
# 치장(治葬) – 석실편

## 치장(治葬) – 석실편: 요약

치장(治葬)은 시신을 매장하고 묘역을 조성하는 절차로써 세부적으로는 산역(山役)을 통해 장지를 마련하고, 관을 장지까지 운반하며, 매장 후 봉분을 만드는 등 묘역을 조성하는 전체 과정을 말한다.

조선의 왕릉조성법은 시기별로 크게 두 개로 나뉘어 진다. 우선 조선초기에는 왕릉의 무덤방을 석실로 조성했다. 그러나 세조가 왕릉조성시 석실 대신 회격으로 조성하라는 유명을 남기면서, 세조의 광릉 이후에는 회격으로 조성했다.

따라서 치장에서 석실을 사용하는 것은 조선초기의 예제이므로 조선후기에 쓰여진 국조상례보편 보다는 오례의의 내용으로 설명을 하되, 영상자료에 맞춰 세종실록오례의를 기준으로 한다.

## 치장(治葬) – 석실편: 조선왕릉전시관의 영상자료 기준

1. 미리 파 놓은 광중의 석실바닥에 돌을 깐다.

2. 벽면을 세우고 대인정으로 단단히 고정한다.

3. 왕의 관인 재궁 받치는 돌을 설치한다.

4. 지붕돌을 올리고 역시 대인정으로 단단히 고정한다.

5. 추가 지붕돌을 올린다.


6. 석실내부에 사신도를 그려 넣는다.

7. 재궁을 안치한다.

8. 석실입구에 발을 내린다.

9. 석실문을 닫는다.

10. 석실문에 자물쇠를 건다.


11. 석실문 앞쪽에 부장품 함을 만든다.

12. 석실바깥에 삼물을 채운다.

13. 가장 바깥쪽에 숯을 두른다.

14. 석실전체를 숯으로 두른다.

15. 지면까지 숯으로 채운다.


16. 봉분 주위에 병풍석을 쌓는다.

17. 난간지대석을 두르고 지석을 설치한 뒤, 외박석을 두른다.

18. 난간석을 두른 뒤 나머지 석물을 조성한다.

## 치장(治葬) – 석실편: 원문(여기서는 세종실록오례의를 들어 설명한다)

> 석실 설명: 석실(石室)의 넓이는 8척(尺)이며, 높이는 7척, 깊이는 11척
> 이다.

시각이 되면 이에 광(壙)을 파는데, 깊이는 10척〔영조척(營造尺)을 사용
한다. 뒤에도 이와 같다.〕, 나비는 29척〔숯가루로써 쌓아 올리는데, 두께
는 동쪽과 서쪽이 각각 5촌이다. 석회(石灰), 세사(細沙), 황토(黃土) 등
세 가지 물질을 서로 배합하여 쌓아 올리는데, 두께는 동쪽과 서쪽이 각각
4척이다. 석실(石室)은 동쪽, 서쪽 방석(旁石)의 두께가 각각 2척 5촌이
고, 중간 격석(隔石)의 두께는 4척이다. 동쪽, 서쪽 실내(室內)의 나비는
각각 5척 5촌이니, 합계가 29척이다.〕 길이는 25척 5촌이다.〔남쪽과 북
쪽에 숯가루와〈석회(石灰)·세사(細沙)·황토(黃土)의〉세 가지 물질로
서 쌓아 올리는데, 두께는 모두 위의 것과 같다. 북쪽 우석(隅石)의 두께는
2척 5촌이고, 문비석(門扉石)과 문의석(門倚石)의 두께는 각기 2척이다.
석실(石室) 안의 길이는 10척이니, 합계가 25척 5촌이다.〕

남면(南面)을 터서 연도(羨道)로 만든다. 그 석실(石室)의〔능(陵)은 같이
하고 실(室)은 다르게 하면, 서쪽을 상(上)으로 한다.〕 제도는 격석(隔石),
방석(傍石), 우석(隅石)의 당처(當處)와 지석(支石), 박석(博石)의 입배
(入排)하는 땅에는 깊이 2척 5촌을 더 파서〔그 남면(南面)의 박석(博石)
은 문역석이라 한다. 지석(支石)과 박석(博石)의 높이는 합계 2척 5촌이
다.〕 그 밑바닥의 흙을 그대로 쌓아 올린다.

먼저 지석(支石)을 배치(排置)하여〔높이는 1척, 나비는 1척 5촌이고, 길이는 적당한 데 따른다.〕세로로 두되, 무릇 두 줄로 하는데, 광(壙) 밑바닥의 흙과 가지런하게 한다.〔그 박석(博石) 양쪽 머리의 당처(當處)를 버티게 하는 까닭으로 "지석(支石)"이라 한다.〕그 지석(支石) 사이에 〈석회(石灰), 세사(細沙), 황토(黃土)의〉세 가지 물질을 사용하여 쌓아 올린다.〔석회(石灰) 3분(分)과 황토(黃土), 세사(細沙) 각각 1분(分)을 유피(楡皮) 닳인 물에 이를 탄다.〕

재궁 대석체(梓宮臺石)의 당처(當處)에도 또한 깊이 7촌을 더 파서 굵은 모래와 본 흙을 사용하여 도로 메우고 쌓아 올리지 말게 하며, 협석(挾石)의 있는 곳은 단단히 이를 쌓아서 동망(銅網)을〔두 실(室)에 양쪽으로 1망(網)인데, 길이는 각각 10척 2촌이고, 나비는 각기 5척 7촌이다.〕석실(石室)의 안에 펴고,〔동망(銅網)은 석실(石室) 안의 길이와 너비보다는 조금 크게 하고, 그 망(網)의 사변(四邊)은 사면(四面)의 지석(支石) 위에 각각 1촌을 가(加)한다.〕유회(油灰)를 지석(支石) 위에 펴고, 다음에 박석(博石)과〔높이는 1척 5촌, 길이는 3척 9촌이다. 격석(隔石) 아래의 박석(博石)은 길이는 4척 4촌이고, 너비는 적당한 데 따른다.〕문역석을〔두 실(室)에 각각 1개를 사용하는데, 너비는 각각 3척, 두께는 각각 2척, 길이는 각각 7척 5촌이다. 양쪽 끝을 깎아서 방석(傍石) 아래와 격석(隔石) 아래의 박석(博石)에 각각 5촌씩 들어가게 하고, 문비석(門扉石)이 들어갈 곳에는 깊이 4촌, 길이 6척 5촌, 너비 2척 5촌을 깎아서 줄이고, 내변(內邊)에 높이 4촌, 너비 5촌을 남겨두어 문역을 만드는데, 그 높이는 석실(石室) 안의 지면(地面)과 가지런하게 한다. 무릇 양쪽 돌이 서로 대이는 곳에는 모두 유회(油灰)로써 이를 발라 빈틈이 없게 한다.〕

가(加)한 후에 격석(隔石)을〔높이는 5척 5촌, 두께는 4척, 길이는 14척이다. 북쪽 끝의 1척을 양쪽 귀로부터 안쪽을 향하여 비스듬히 파는데, 양쪽 귀의 서로 떨어지기는 그전대로 4척으로 하고, 그 뾰족한 끝은 각각 5촌인데, 비스듬히 판 곳이 좌우(左右)로 서로 떨어지기가 3척이고, 뾰족한 끝이 각각 5촌씩 들어가서 양쪽 우석(隅石)이 서로 맞닿은 곳에 접(接)하게 하고, 내변(內邊)의 오목한 사이의 남쪽 끝은 3척이니, 동변(東邊)과 서변(西邊)에 각각 깊이 5촌씩 파서 줄여 2척으로써 문비(門扉)가 들어가도록 마련하고, 나머지 1척은 문비(門扉) 밖에 나가게 한다. 가운데 창 구멍〔窓穴〕이 있는데, 돌 양면(兩面)에서 구멍을 만들어 각각 사방이 1척 6촌, 깊이가 각각 1척으로 한다. 사방 1척의 작은 구멍을 거듭 만드는데, 구멍 북쪽으로부터 우석(隅石)에 떨어지기가 3척 7촌이나 되고, 구멍 남쪽으로부터 문비석(門扉石)에 떨어지기가 4척 7촌이나 된다.〕 양쪽 석실(石室) 사이에 설치한다.

다음에 북쪽 우석(隅石)과〔양쪽 석실(石室)에 각각 1개를 사용하는데, 높이는 5척 5촌, 두께는 2척 5촌, 길이는 10척이나 된다. 서실(西室) 북쪽 우석(隅石)의 서쪽 끝의 내변(內邊)이 방석(傍石)의 볼록한 부분에 당한 곳을 파서 오목한 모양으로 만드는데, 오목한 것이 깊이는 5촌, 너비는 1척으로 하여, 오른쪽 방석(傍石)의 북쪽 끝 안에 볼록한 부분이 오목한 곳에 들어가도록 마련한다. 서쪽의 1척 5촌은 깎아내지 아니하여, 방석(傍石)의 북쪽 끝 서변(西邊)의 깎은 곳에 접(接)하게 한다. 동실(東室) 북쪽 우석(隅石)의 동쪽 끝 내변(內邊)에도 또한 이와 같이 한다. 서실(西室) 우석(隅石)의 동쪽 끝과 동실(東室) 우석(隅石)의 서쪽 끝이 서로 접(接)

하는 곳에는 그 내변(內邊)을 파서 합하여 오목한 모양을 만들어, 격석(隔石) 북쪽 끝이 들어가도록 마련한다. 오목한 부분은 깊이가 1척인데 입구는 좁고 속은 넓다. 입구의 너비는 3척, 속의 너비는 4척인데, 입구의 양쪽 가에서 속의 양쪽 가에 이르기까지 좌우(左右)를 각각 비스듬히 파서 모양을 키〔箕〕와 같이하여, 격석(隔石) 북쪽 끝의 양쪽 귀를 오목한 부분의 속의 넓은 곳에 넣어서, 이를 앞으로 가거나 뒤로 가지 목하게 한다.〕 방석(傍石)과 양쪽 석실(石室)에 각각 1개를 사용한다.〔높이는 5척 5촌, 두께는 2척 5촌, 길이는 12척 5촌이다. 남쪽 끝의 내변(內邊) 2척은 깊이 5촌을 파서, 위에서 밑바닥까지 통하여 문비석(門扉石)이 들어가도록 마련하고, 북쪽 끝의 외변(外邊)은 깎아 줄여서, 내변(內邊)의 볼록한 부분은 5촌을 나오게 하고 두께는 1척으로 하여, 북쪽 우석(隅石)의 오목한 곳에 넣게 한다. 무릇 방석(傍石)과 격석(隔石)이 서로 대하여 깎고 파낸 곳에는, 모두 위에서 밑바닥을 통해서 격석(隔石) 아래와 북쪽 우석(隅石) 아래의 박석(博石)을 광(壙) 안에 각각 2촌씩 들어가게 하고, 방석(傍石) 아래의 박석(博石)을 광(壙) 안에 3촌씩 들어가게 하고, 문역석을 광(壙) 안에 5촌씩 들어가게 한다.〕

우석(隅石)과 방석(傍石)의 서로 접(接)한 곳에는 모두 파서 대인정(大引釘)을 쳐서〔대인정(大引釘)은 허리의 길이는 1척 2촌 1푼, 너비는 2촌 7푼, 두께는 2촌 2푼이요, 머리의 길이는 3촌, 너비는 4촌 9푼이다. 중인정(中引釘)은 허리의 길이는 1척 4촌, 너비는 2촌 1푼, 두께는 2촌이요, 머리의 길이는 2촌 2푼, 너비는 4촌 8푼이다. 무릇 인정(引釘)을 만들 적엔 먼저 정철(正鐵)로써 정(釘)을 만드는데, 모양이 공자(工字)와 같게 하고, 다음에 수철(水鐵)로써 녹여 붙인다.〕 물러 나가지 못하게 한다.〔서실

(西室) 북쪽 우석(隅石)의 서쪽 끝 내변(內邊)과 오른쪽 방석(傍石)의 북쪽 끝 외변(外邊)과 동실(東室) 북쪽 우석(隅石)의 동쪽 끝 내변(內邊)과 왼쪽 방석(傍石)의 북쪽 끝 외변(外邊)이 서로 접(接)하는 곳에는 모두 2개를 사용하고, 양쪽의 북쪽 우석(隅石)은 1개를 사용하고, 양쪽 개석(蓋石)의 서로 접(接)하는 곳에는 3개를 사용하고, 밖에 배치(排置)한 정지대석(正地臺石)이 잇달아 접(接)하는 곳에는 모두 12개를 사용하고, 면석(面石)과 우석(隅石)이 서로 접(接)하는 곳에는 모두 24개를 사용하는데, 모두가 대인정(大引釘)이요, 만석(滿石)이 서로 접(接)하는 곳과 인석(引石)의 아래에는 모두 12개를 사용하는데, 모두가 중인정(中引釘)이다.〕

다음에 석체를 설치하는데,〔양쪽 석실(石室)에 각각 1개씩인데, 전석(全石)을 사용한다. 높이는 1척 8촌, 길이는 8척 7촌, 너비는 3척 9촌이다. 그 중간을 통해 파고 사변(四邊)의 두께는 6촌은 남겨 둔다.〕 그 사방에 모두 협석(挾石)을 두고,〔높이는 각각 1척 5촌, 너비는 각각 5촌, 길이는 적당한 데 따른다. 석체는 격석(隔石)과 북쪽 우석(隅石)과 서로 떨어지기는 각각 5촌이고, 방석(傍石)과 서로 떨어지기는 1척 1촌이고, 문비석(門扉石)과 서로 떨어지기는 8촌이다. 협석(挾石)으로써 서로 떨어진 사이에 끼우는데, 남북(南北)이 각각 1개씩이고, 동서(東西)가 각각 2개씩이며, 박석(博石)과 문역석과 가지런하게 한다.

그 석체의 통해 판 곳에는 세사(細沙)와 황토(黃土)를 사용하여 단단히 쌓아 올려서, 석체와 가지런하게 하고, 협석(挾石) 사이에는 굵은 모래와 본흙〔本土〕를 사용하여 이를 메워서 협석(挾石)과 가지런하게 한다. 석체는 땅에 들어가기를 1척 3촌이나 하고, 땅에서 나오기를 5촌이나 한다. 그 외면(外面)에는 모래와 흙을 다시 파서 도로 펴고서 단단하게 쌓아서 새어들어오는 물기운을 방비(防備)하게 한다.〕

다음에 개석(蓋石) 각각 1개를 양쪽 석실(石室)의 위에 가(加)하고,〔두께는 3척, 너비는 10척, 길이는 14척 5촌이다. 남쪽 끝의 하변(下邊)이 문비석(門扉石)에 접(接)하는 곳에 2척을 파서 줄여서, 깊이는 4척, 너비는 6척 5촌으로 하여, 문비석(門扉石)이 들어가도록 마련하고, 풀자리〔草席〕로써 흙과 모래자갈을 담아서 양쪽 석실(石室)의 안팎에 메우고, 그 위에 흙을 얹은 후에 개석(蓋石)을 끌어다가 얹어둔다. 그 양쪽 개석(蓋石)이 서로 접(接)하는 곳에는 유회(油灰)로써 이에 채운다. 무릇 양쪽 돌이 서로 접(接)하는 곳에도 모두 이와 같이 한다.〕 개석(蓋石) 1개를〔너비는 5척, 중간의 두께는 1척 5촌, 양쪽 가의 두께는 3촌, 길이는 14척 5촌이다. 중간은 높고 양쪽 가는 비스듬하게 낮다.〕 양쪽 개석(蓋石)의 사이에 더 얹어둔다.

다음은 격석(隔石)의 창구멍〔窓穴〕에 소나무 황장판(黃腸板)으로써 막고, 모래흙과 석회재(石灰滓) 등의 깨끗한 물질을 사용하여 수실(壽室) 안에 메우고, 가문비석(假門扉石)으로써 가로로 두어 이를 막고, 또 수회(水灰)를 사용하여 틈에 바른다. 이에 양쪽 석실(石室)의 우석(隅石) · 방석(傍石) · 문비석(門扉石)의 밖에 각각 4척씩 떨어져서 빙 둘러 판자(板子)를 설치하고, 〈석회(石灰) · 세사(細沙) · 황토(黃土)의〉 세 가지 물질〔三物〕로써 단단히 쌓아올리고, 또 그 판자(板子)를 올려서 점점 쌓아올린다.

그 세 가지 물질〔三物〕의 밖에 광변(壙邊)에 떨어지기 5촌 안에는 숯가루를 사용하여 이에 쌓아올린다.〔쌓아올린 것이 밖에 배치(排置)한 지대석(地臺石)의 하면(下面)에 서로 대이는 곳에 이르면, 판자(板子) 안의 사방 모퉁이에 작은 판자(板子)를 가로로 세워서 빈 곳이 있게 하여, 본 흙을 빙둘러 연달아 쌓도록 마련한다. 만약 작은 판자(板子)를 가로 세우지 않는다면, 아마 사방의 모퉁이가 지대석(地臺石)에 붙어서 본 흙의 쌓은 것이 서로 연맥(連脈)이 되지 않을 것이다.〕이에 의하여 빙 둘러 쌓아서 더 얹어둔 개석(蓋石) 위에까지 이르러, 가운데는 높고 사방을 낮게 하여 물이 새어 들어오는 걱정이 없게 한다.〔그 개석(蓋石)과 더 얹어둔 개석 위의 석회(石灰), 세사(細沙), 황토(黃土) 세 가지 물질〔三物〕, 숯가루〔炭末〕를 쌓는 데는, 돌의 높낮이를 헤아리지 아니하고, 그 돌 위에 따라 상항(上項)이 예에 의해서 이를 쌓는다.〕

---

능실 밖 설명: 능실(陵室) 밖으로 물린 땅에 대석(臺石)이 12개이니, 복련(覆蓮)을 새겼다. 지면석(地面石)이 열 둘인데, 아래에는 영지(靈芝)를 새기고, 위에는 구름 모양과 12지신(地神)을 새겼는데, 구름 모양은 좌우로 나뉘어 있고, 지신은 가운데 있는데, 한 돌에 한 신으로 되어 있다.

---

그 광(壙) 밖을 평지(平地) 위의 동쪽, 서쪽, 북쪽 3면(面)에는 그 지대석(地臺石)이 배치(排置)된 곳을 헤아려, 그 밑바닥을 단단히 쌓아 올린다.〔그 개석(蓋石)을 끌어들일 때에 동면(東面)과 서면(西面)의 판 곳에는, 지석(支石)과 흙을 사용하여 메워서 쌓아 올린다.〕먼저 초지대석(初地臺石) 24개를 배치(排置)하고(높이는 각각 2척, 길이는 각각 6척 1촌 5푼, 넓이는 각각 3척 3촌이다. 12면(面)에 각각 2개의 돌을 사용하여 흙을 파서 이를 배치(排置)하고, 상면(上面)은 지면(地面)과 가지런하게 한다. 그 돌의 상면(上面) 외변(外邊)에는 5촌을 깎아 줄이고, 깊이도 또한 5촌으

로 하여, 외박석(外博石)의 윗 끝이 들어가도록 마련한다.

병풍석 설명: 모퉁잇돌〔隅石〕이 12개이니, 형상은 석경(石磬)과 같은데, 아래는 영지(靈芝)를 새기고, 위에는 대나무와 방울〔鐸〕을 새겼으니, 대는 왼편에 있고, 방울은 오른편에 있다. 모퉁이에 채운돌〔滿石〕이 12개이니, 앙련(仰蓮)을 새겼다. 당긴돌〔引石〕이 12개이니, 외단(外端)에는 목단(牧丹), 규화(葵花), 국화(菊花)를 좌우에 서로 사이하니, 매 한 끝마다 1개의 꽃이 있다.

우석(隅石)은 모양이 경쇠〔磬〕모양처럼 굽게 한다. 뒤의 것도 이와 같다. 그 남면(南面)에 설치한 돌은 현궁(玄宮)을 닫기를 기다려 그 후에 면석(面石)을 설치한다. 우석(隅石)도 또한 이와 같이 한다. 정지대석(正地臺石) 12개를〔높이는 각각 2척 1촌, 너비는 각각 3척, 길이는 각각 12척 3촌이다.

상면(上面)의 외변(外邊) 5촌을 새겨서 복련(覆蓮)을 만들고, 하면(下面)의 6촌을 파서 줄여서 외박석(外博石)의 윗 끝이 들어가도록 마련한다. 하변(下邊)의 판 곳 6촌을 줄여서 박석(博石) 위에 나오게 하는데, 높이가 1척 5촌이다. 그 초지대(初地臺) 상변(上邊)의 판 5촌과 정지대(正地臺) 하변(下邊)의 판 6촌이 모두 1척 1촌이니, 외박석(外博石) 상단(上端)의 두께 1척 1촌과 서로 비긴다.

돌〔石〕마다 상면(上面)의 외변(外邊)에 깊이 1촌 5푼과 너비 4촌을 깎아 줄여서 면석(面石) 하면(下面)의 잇발을 받는다. 지대석(地臺石)마다 서로 접(接)하는 곳에는 외변(外邊) 가까이 각각 5푼을 깎아서 사방 너비가

1촌이나 되는 1개의 구멍을 합해 만들고, 유회(油灰)를 구멍 속에 메운다.

그 구멍은 위에서 밑바닥을 통하고 가로로 비스듬하게 밖으로 향하여 외박석(外博石)의 상단(上端)에서 지대석(地臺石)의 위에 들어간다. 또 상면(上面)의 외변(外邊)이 면석(面石)과 우석(隅石)이 서로 접(接)하는 틈의 아래에서 오목한 곳을 파는데, 오목한 곳은 전후(前後)의 직경(直徑)이 4촌이요, 좌우(左右)의 직경(直徑)이 2촌이다. 내변(內邊)의 깊이는 5푼이고, 외변(外邊)의 깊이는 1촌 5푼인데, 그 형세가 기울어져 밖으로 향하게 하여 비록 새어들어오는 물이 있더라도 쉽사리 밖으로 빠지게 한다.) 초지대(初地臺)의 위에 두고, 다음에 우석(隅石) 12개를(운채(雲彩)를 새기는데, 높이는 각각 2척 1촌, 두께는 각각 3척, 길이는 각각 6척이다.

돌〔石〕마다 양쪽 끝의 외면(外面)에 잇발을 만드는데, 잇발의 길이는 2촌, 두께는 4촌이며, 면석(面石)의 판 곳과 서로 걸쳐서 합친다. 또 하면(下面)의 외변(外邊)에 잇발을 만드는데, 길이는 1촌 5푼, 두께는 4촌이며, 지대석(地臺石) 상면(上面) 외변(外邊)의 깎아 줄인 곳과 서로 걸쳐서 합친다. 상면(上面)의 외변(外邊)에 깊이 1촌 5푼과 너비 4촌을 깎아 줄여서 만석(滿石) 하면(下面) 외변(外邊)의 잇발을 받게 하고, 면석(面石)과 우석(隅石)이 서로 접(接)하는 곳에도 또한 각각 깊이 5푼과 너비 1촌을 파서 사방 1촌이 되는 구멍을 합쳐 만든다.

구멍은 위에서 밑바닥까지 통하는데, 유회(油灰)를 구멍 속에 메운다. 그 구멍은 지대석(地臺石) 상면(上面)의 외변(外邊)에 조그마하게 네모로 판다.〕 면석(面石) 12개를〔높이는 각각 2척 1촌, 두께는 각각 3척, 길이는 각각 6척 4촌이다. 돌마다 외면(外面) 한복판에는 그 방위(方位)의 신(神)을 새기고, 사방에 운채(雲彩)를 새긴다. 그 양쪽 끝은 각각 2촌이다. 깊이 5촌을 깎아 줄여서 우석(隅石) 끝의 잇발과 서로 걸쳐서 합치게 하고, 하면(下面)의 외변(外邊)에 잇발을 만드는데, 잇발의 길이는 1촌 5푼, 두께는 4촌이며, 지대석(地臺石) 상면(上面) 외변(外邊)의 깎아 줄인 곳과 서로 걸쳐서 합친다.〕정지대석(正地臺石)의 위에 두고, 다음에 만석(滿石) 12개를〔높이는 각각 1척 4촌, 너비는 각각 3척 3촌, 길이는 각각 12척 3촌이다.

돌마다 하면(下面) 외변(外邊)의 5촌에 앙련(仰蓮)을 새겨 만들고, 또 잇발을 1촌 5푼, 두께를 4촌을 만들어 면석(面石), 우석(隅石)의 상면(上面) 외변(外邊)의 깎아 줄인 곳과 서로 걸쳐서 합친다. 돌 끝마다 서로 접(接)한 곳의 상면(上面)을 등분(等分)하여 깎아 파서, 너비는 1척 5촌으로 하고, 깊이는 6척으로 하여, 인석(引石)에 들어가게 하고, 그 양쪽 돌의 서로 접(接)한 끝은 조금 높게 하고, 좌우(左右)는 낮고 깊게 하며, 또 내변(內邊)을 조금 높게 하고, 외변(外邊)은 점차로 낮게 하여, 만약 새어드는 물이 있더라도 스며 들지 못하게 한다.〕

우석(隅石)과 면석(面石)의 위에 두고, 또 인석(引石) 12개로써〔길이는 각각 6척, 두께는 각각 1척 2촌이다. 돌마다 외단(外端)에 혹은 모란〔牧丹〕을 새기기도 하고, 혹은 해바라기꽃〔葵花〕을 새기기도 하여 서로 섞어서 배설(排設)하고, 그 새긴 꽃의 끝은 만석(滿石)의 밖에 1척 가량 나오게 한다. 하면(下面)의 만석(滿石)을 접(接)한 곳에는 만석(滿石)의 높고 낮은 데를 따라 서로 맞대어 꼭 들어맞게 한다.〕만석(滿石) 위의 판 곳에

가(加)하게 한다.

난간석 설명: 돌난간 초면(初面) 지대(地臺)에 배치한 돌〔排石〕이 12개이고, 그 모퉁이 돌이 12개이니, 형상은 석경(石磬)과 같다. 돌기둥〔石柱〕이 12개이니 1척으로 둥근 머리를 만들고, 1척 3촌은 나누어 앙복련(仰覆蓮)을 만들었다. 다음 9촌은 죽석(竹石) 끝으로 들이었다. 다음 2척 1촌은 양 곁으로 나누어 앙복련을 만들고, 그 앙복련 잎 사이에 둥근 여의(如意)의 무늬를 새기고, 앙복련 잎은 죽석 끝을 떠받치고, 복련 잎은 지방석(地方石) 끝에 새기고, 복련 잎 아래 1척을 내려 두 겹 지방석 끝에 들이니, 대개 높이가 6척 3촌이다. 동자 주석(童子柱石)이 12개이니, 1척 1촌으로 둥근 머리를 삼고, 그 내외(內外) 면에 각각 운두(雲頭)를 하고, 그 운두는 죽석을 연접한 곳을 떠받친다. 지방석(地方石)이 24개, 죽석(竹石)이 24개이다. 박석(薄石)이 24개이다. 차면(次面)의 지대(地臺)에 배치한 돌〔排石〕이 12개이다. 그 모퉁잇돌〔隅石〕이 12개이니, 형상은 석경(石磬)과 같다.

# 국조상례보편: 친향산릉의식(親享山陵儀)

## 친향산릉의식(親享山陵儀): 요약

친향산릉의식은 산릉제례의 전날 왕이 향실에서 올라온 축문에 서명한 뒤, 제례 당일 문무백관을 대동한 왕의 행렬이 궁궐을 나서는 것으로부터 시작하여 산릉에서 제례를 행하고 환궁하는 절차를 기록한 것이다. 조선전기에는 왕과 왕비가 승하한 후 담제(禫祭: 3년의 상기(喪期)가 끝난 뒤 상주가 평상으로 되돌아감을 고하는 제례의식)까지 매월 삭망(朔望: 초하루, 보름)과 속절(俗節: 제삿날 이외에 철이 바뀔 때마다 사당이나 조상의 묘에 차례를 지내는 날. 설, 대보름, 한식, 단오, 추석, 중양, 동지 따위이다)에 왕 또는 왕세자가 직접 능에 행차하여 제례를 행하고, 담제 후에는 경복궁 문소전(文昭殿)에서 기신제(忌辰祭: 왕실에서 역대의 국왕이나 왕후의 기일(忌日)에 각 능(陵)에 지내는 제사)를 지냈으나, 임진왜란 때 경복궁 소실된 후부터는 담제 이후에도 산릉에서 기신제를 지냈다.

□ 국조상례보편에 등장하는 친향산릉의 절차 및 분야별 담당 관리

| 구 분 | | 친향산릉의 (親享山陵儀) |
|---|---|---|
| 전날 | 궁궐 | 1. 향실(香室)에서 올린 축문에 임금이 서명한다. |
| | 왕릉 | 2. 전설사(典設司)에서 능 주변에 대차(大次)와 소차(小次)를 설치한다. |
| | 왕릉 | 3. 집례(執禮)는 제관들의 자리(位)를 설치하고, 문무백관의 자리도 지정한다. |
| 당일 | 왕릉 | 4. 영좌(靈座)를 설치하고, 제기 및 예찬(禮饌)을 진설한다. |
| | 궁궐 | 5. 병조는 오위(伍衛)를 진선문(進善門) 밖에 대기시키고 종친과 문무백관은 돈화문 밖에 모인다. |
| | 궁궐 | 6. 좌통례(左通禮)가 임금을 인도하여 출궁한다. |
| | 왕릉 | 7. 임금이 능소에 이르러 대차(大次)로 들어간다. |
| 一刻전 | 왕릉 | 8. 아헌관 이하 및 함께 제사 지낼 여러 관원이 최복(衰服)으로 갈아 입는다 |
| | 왕릉 | 9. 집례가 찬자, 알자, 찬인을 거느리고 먼저 뜰에 들어가서 겹줄로 북향하여 사배하고 자리(位)를 잡는다, |
| | 왕릉 | 10. 찬인이 감찰 및 전사관, 대축(大祝), 축사(祝史), 재랑(齋郞)을 인도하여 자리(位)를 잡는다, |
| | 왕릉 | 11. 집례가 말하기를 사배(四拜)라 하고, 찬자가 국궁(鞠躬), 사배(四拜), 흥(興), 평신(平身)라고 창(唱)한다. |
| | 왕릉 | 12. 인의(引儀)는 종친 및 문무백관을 나누어 인도하여 들어가서 각자의 자리(位)에 나아가게 한다. |
| | 왕릉 | 13. 알자(謁者)는 아헌관, 종헌관을 인도하여 들어가서 자리에 나아가게 한다. |
| | 왕릉 | 14. 좌통례가 대차(大次) 앞으로 나아가서 고개를 숙이고 엎드렸다가 꿇어 앉아서 대차에서 나오기를 아뢰어 청한다. 임금이 최복을 갖추고 여(輿)를 타고 나온다. |
| | 왕릉 | 15. 좌, 우통례가 앞에서 임금을 인도하여 신문(神門, 능 실에 들어가는 문)밖에 이르러 소여(小輿)에서 내린 뒤 임금은 배위(拜位)에 서서 능을 바라본다. |
| | 왕릉 | 16. 어로를 따라 걸어 소차로 들어간다. |
| | 왕릉 | 17. 임금이 소차에 들어가면, 전사관과 능사가 제물을 올린다. |
| 행례行禮 (儀式시작) | 왕릉 | 18. 좌통례가 꿇어 앉아서 행례(行禮)하기를 아뢰어 청한다. 임금이 손을 씻고 상장(喪杖)을 짚고 나오면 찬례(贊禮)가 임금을 인도하여 들어가 자리(位)에 나아가게 한다. |

| 구 분 | | 친향산릉의 (親享山陵儀) |
|---|---|---|
| 곡<br>哭 | 왕릉 | 19. 집례가 말하기를 곡(哭)이라 하고, 찬례가 임금에게 궤(跪), 부복(俯伏), 곡(哭)〔무릎 꿇고 고개를 숙여 엎드린 채, 곡하소서〕라고 아뢰어 청한다. 임금이 꿇어 앉아서 고개를 숙이고 엎드려 곡을 한다. 아헌관 이하 자리에 있는 자도 같이 한다. |
| (神맞이)<br>국궁사배<br>鞠躬四拜 | 왕릉 | 20. 집례가 말하기를 지곡(止哭), 사배(四拜)라 하면, 찬례가 지곡(止哭), 흥(興), 사배(四拜), 흥(興), 평신(平身)을 아뢰어 청하니, 임금이 곡을 그치고 일어나서 네 번 절하고 일어나 몸을 바로 한다. 아헌관 이하 자리에 있는 자도 같이 한다. |
| 초헌례<br>初獻禮 | 왕릉 | 21. 집례가 말하기를「찬례는 전하를 인도하여 초헌례(初獻禮)를 행한다」라고 한다. 찬례가 임금을 인도하여 동쪽계단으로 올라가 준소(尊所)로 나아가서 서향하여 서게 하고, 근시(近侍) 한 사람은 술을 뜨고, 한 사람은 잔으로 술을 받는다. 찬례가 임금을 인도하여 들어가 영좌 앞에 나아가서 북향하여 서게 한다. 찬례가 고개를 숙이고 엎드렸다가 꿇어 앉아서 궤(跪)를 아뢰어 청한다. 임금이 꿇어 앉는다. 아헌관 이하 자리에 있는 자도 같이한다. |
| 향 | 왕릉 | 22. 근시 한 사람은 향합을 받들고 한 사람은 향로를 받들어, 꿇어 앉아 올린다. 찬례가「세 번 향불을 올리기를」아뢰어 청한다. 근시가 향로를 책상에 올린다. |
| 잔 | 왕릉 | 23. 근시가 잔을 꿇어 앉아서 드리면 찬례가 잔을 잡아서 잔을 올리기를 아뢰어 청하고 잔을 준다. 근시가 그것을 받아서 영좌 앞에 올린다. 찬례가 임금에게 궤(跪)를 아뢰어 청하고 일어나서 조금 물러가 북향으로 꿇어 앉는다. |
| 독축<br>讀祝 | 왕릉 | 24. 대축이 영좌의 오른 편에 나아가 동향으로 꿇어 앉아 축문을 읽는다. 다 읽으면, 찬례가 부복(俯伏), 흥(興), 평신(平身)을 아뢰어 청한다. 임금이 고개를 숙이고 엎드렸다가 일어나서 몸을 바로 하여 선다. 아헌관 이하 자리에 있는 자도 같이 한다. 찬례가 임금을 인도하여 문으로 나가서 내려가 자리로 돌아온다. |
| 아헌례<br>亞獻禮 | 왕릉 | 25. 집례가 말하기를「아헌례(亞獻禮)를 행한다」라고 한다. 알자가 아헌관을 인도하여 동쪽 계단으로 올라가 준소에 나아가서 서향으로 선다. 집준자가 술을 뜨면, 집사자가 잔으로 술을 받는다. 알자가 아헌관을 인도하여 들어가 영좌 앞에 나아가서 북향으로 서게 하고, 꿇어 앉게 한다. 집사자가 잔을 아헌관에게 준다. 아헌관이 잔을 잡아 헌잔(獻盞)을 하는데 술잔을 집사자에게 주어 영좌 앞에 올리도록 한다. 알자가 고개를 숙이고 엎드렸다가 일어나서 몸을 바로 하게 한다. 아헌관을 인도하여 문으로 나가서 내려가 본 자리로 돌아온다. |

| 구 분 | | 친향산릉의 (親享山陵儀) |
|---|---|---|
| 종헌례<br>終獻禮 | 왕릉 | 25. 집례가 말하기를 「종헌례(終獻禮)를 행한다」라고 한다. 알자가 종헌관을 인도하여 예(禮)를 행하기를 모두 아헌례의 의식과 같게 한다. 끝나면, 인도하여 내려서 본 자리로 돌아온다. |
| 곡<br>哭 | 왕릉 | 26. 집례가 말하기를 곡(哭)이라 한다. 찬례가 고개를 숙이고 엎드렸다가 꿇어 앉아서 임금에게 궤(跪), 부복(俯伏), 곡(哭)를 계청하니, 임금이 꿇어 앉고 고개를 숙이고 엎드려 곡한다. 아헌관 이하 자리에 있는 자도 같이 한다. |
| (神보냄)<br>국궁사배<br>鞠躬四拜 | 왕릉 | 27. 집례가 말하기를 지곡(止哭), 사배(四拜)라 하면 찬례가 지곡(止哭), 흥(興), 사배(四拜), 흥(興), 평신(平身)을 계청하니, 임금이 곡을 그치고 일어나 네 번 절하고, 일어나서 몸을 바로 한다. 아헌관 이하 자리에 있는 자도 같이 한다. |
| 망료<br>望燎 | 왕릉 | 28. 집례가 "망료"라고 하면 찬례는 임금을 망료위(望燎位)로 인도하여 서향하여 서게 한다. 집례가 찬자를 거느리고 망료위로 가서 서향하여 선다. 집례가 '사르라'하면 대축은 축판을 받들어 감에서 사른다. |
| | 왕릉 | 29. 찬례는 임금을 인도하여 소차(小次)로 돌아오고, 알자는 아헌관과 종헌관을 인도하여 나가며, 인의는 종친 및 문무백관을 인도하여 나가고, 찬인은 감찰 및 전사관 이하를 인도하여 함께 절하는 자리로 돌아온다, |
| | 왕릉 | 30. 집례가 말하기를 사배(四拜)라 하면, 감찰 및 전사관 이하가 몸을 구부리어 네 번 절하고 일어나서 몸을 바로 한다. 찬인이 차례로 인도하여 나간다. 집례가 찬자, 알자, 찬인을 거느리고 절하는 자리에 나아가서 네 번 절하고 나간다. |
| | 왕릉 | 31. 좌통례가 꿇어앉아 임금이 소차에서 나오기를 계청하고, 좌우통례가 임금을 인도하여 대차로 돌아와서 시사복으로 갈아입게 한다. 산선(傘扇)과 시위(侍衛)는 평상시의 의식과 같다. 전사관과 능사는 각각 그 하인을 인솔하고 예찬(禮饌)을 거두고, 임금은 궁으로 돌아온다. 의장, 시위와 전도(前導), 배종(陪從)은 올 때의 의식과 같다. |

* 좌통례(左通禮): 의례(儀禮)를 담당하던 통례원(通禮院)의 으뜸벼슬
* 우통례(右通禮): 통례원의 제2벼슬, 대가(어가)를 인도함.
* 찬례(贊禮): 제향(祭享) 때 임금을 앞에서 인도하여 제사 지내는 것을 돕는 사람.
* 집례(執禮): 제향(祭享) 등의 의식에서 홀기(笏記)를 읽어 절차를 집행하는 사람.
* 찬자(贊者): 제향이나 의식 때에 그 진행 절차를 전하여 알려주는 일을 맡은 사람.
* 알자(謁者): 알현을 청하는 사람을 주인에게 안내하는 사람. 아헌관, 종헌관을 인도.
* 찬인(贊引): 제사를 거행하면서 예의(禮儀) 절차대로 돕는 직책을 맡은 관원.
* 인의(引儀): 조선시대 통례원의 종6품 관직

# 친향산릉의식(親享山陵儀): 조선왕릉전시관의 영상자료 기준

1. 왕이 소여를 타고 홍살문 앞에 도착한다.
2. 소여에서 내린 뒤 배위 쪽으로 이동한다.
3. 배위(망릉위, 알릉위, 어배위) 위로 올라선다.
4. 배위에 서서 능을 바라본다.
5. 왕이 어로를 따라 정자각 쪽으로 간다.

6. 정자각 동편에 미리 준비된 소차로 들어간다.
7. 왕이 관세위에서 손을 씻는다.
8. 정자각에 올라가 서향을 하고 선다.
9. 신을 맞이하기 위해 왕이 국궁사배를 올린다.
10. 신하들도 왕의 뒤를 따라서 국궁사배를 올린다.
11. 왕이 제주 따르는 것을 살펴본다.

12. 왕이 신을 모시기 위해 향을 피운다.
13. 향로에 향을 세 번 넣는다.
14. 초헌례로 왕(초헌관)이 첫 번째 잔을 올린다.
15. 대축이 축문을 읽는다.
16. 아헌례로 영의정(아헌관)이 두 번째 잔을 올린다.

17. 종헌례로 좌의정(종헌관)이 세 번째 잔을 올린다.
18. 신을 보내기 위해 왕이 국궁사배를 올리고 신하들도 따라한다.
19. 제례에 쓰인 축문을 예감에서 태운다.

20. 왕이 환궁을 한다.
21. 제관들은 제사음식을 거둔다.

## 친향산릉의식(親享山陵儀): 원문

〈상례보편〉
재계(齋戒)한다.
제사 날 1일 전에 향실(香室)의 관원이 축문(祝文)을 받들어 올리면, 근시(近侍)가 전하여 임금에게 올린다. 임금이 살펴 보고 서명한다. 그것이 끝나면 근시가 축문을 받들고 나와서 향실 관원에게 교부한다

전설사(典設司)는 대차(大次)를 능소의 가까운 곳에 남향으로 설치하고 소차(小次)는 능실(陵室)의 옆 동남쪽에 서향으로 설치한다. 능사(陵司)는 그 하인을 인솔하고 능실의 안팎을 소제한다.

집례(執禮)〔정3품〕는 임금의 욕위(褥位)를 동쪽계단의 동남쪽에 서향으로 설치하고, 아헌관(亞獻官)〔정1품〕, 종헌관(終獻官)〔정1품〕의 위(位)를 임금의 뒤, 남쪽 가까이 서쪽을 향하여 북쪽을 상위(上位)로 해서 설치하고, 모든 집사의 위치를 헌관의 뒤 조금 남쪽에 서쪽을 향하여 북쪽을 상위로 해서 설치하고 관세위(盥洗位: 손을 씻는 곳)를 집사의 위(位) 뒤 동남쪽에 지형(地形)의 편의를 따라서 설치한다. 헌관과 모든 집사는 임시 손을 씻고 들어가 위(位)에 나아간다.

집례의 위치를 집사의 남쪽에 서쪽을 향하여 설치하고 찬자(贊者), 알자

(謁者), 찬인(贊引)은 남쪽으로 조금 물러난 곳에 북쪽을 상위(上位)로 하고, 감찰(監察)의 위치는 집례의 동남쪽에 서향으로 설치하며, 함께 제사할 여러 관원의 위치는 능소(陵所)로 가는 길(神道)의 동편과 서편에 남쪽 가깝게 설치하되 문관은 동편에, 종친과 무관은 서편에 있게 해서 모두 등급마다 위치를 달리하고, 겹줄로 북향해서 서로 대등하게 한다.

향사 날, 능사(陵司)가 영좌(靈座)를 능실의 북쪽문 안에 남향으로 설치한다. 전사관(典祀官)과 능사가 각각 그 하인을 거느리고 들어가서 축판(祝版)을 영좌의 오른편에 두고 향로, 향합과 촛불을 영좌의 앞에 설치하고, 다음은 예찬(禮饌)을 진설한다.〔도설에 보인다.〕준소(尊所)를 문 밖의 왼편에 두고, 잔 셋을 준소에 둔다.

병조(兵曹)에서는 모든 위(衛)를 정돈하여 장위(仗衛: 의장과 시위)를 진선문(進善門) 밖에 대기시킨다. 종친과 문관, 무관으로서 응당 모시고 따라가야 할 관원은 포공복(布公服)을 입고 함께 돈화문(敦化門) 밖에 모인다.

모든 호위하는 관원 및 사금(司禁: 나라에 큰 의식이 있을 때에 대궐의 섬돌위나 뜰에 산선(繖扇) 화개(華蓋)등의 여러 가지 의장(儀仗)을 벌려서 우는 관원)은 각각 기복(器服)을 갖추고 합문(閤門: 편전(便殿)의 문) 밖에 나아가 대기한다.

좌통례(左通禮: 조회(朝會), 제사에 관한 의식을 맡은 관원, 통례원의 정3품 당하관)가 합문 밖에 나아가서 고개를 숙이고 엎드렸다가 꿇어 앉아,

바깥의 준비가 다 되었음을 아뢴다.

전하(殿下)께서 시사복을 입고 궁을 나가니, 산선(繖扇: 일산과 부채), 장위, 도종(導從: 인도하는 자와 따르는 자)은 통상의식과 같다.

임금이 능소에 이르러 대차(大次)로 들어가면 산선과 시위도 통상의 의식과 같다. 〔만일 능 있는 곳이 멀리 떨어져 있으면 하루 전에 행궁(行宮)에 도착하며 재숙(齋宿: 재계하면서 밤을 지냄)을 하여야 한다.〕

일각(一刻) 전에 아헌관 이하 및 함께 제사 지낼 여러 관원이 최복(衰服)으로 갈아입는다

집례가 찬자, 알자, 찬인을 거느리고 먼저 뜰에 들어가서 겹줄로 북향하여 서쪽을 상위로 하고 네 번 절한다, 끝나면 자리에 나아간다,

찬인이 감찰 및 전사관, 대축(大祝), 축사(祝史), 재랑(齋郎)을 인도하여 뜰에 들어가서 겹줄로 북향하여 서쪽을 상위로 한다,

집례가 말하기를 사배(四拜)라 하고, 찬자가 창(唱)하기를, 국궁(鞠躬), 사배(四拜), 흥(興), 평신(平身)이라고 한다. 감찰 및 전사관 이하가 몸을 구부리고 네 번 절하고 일어나서 몸을 바로 한다.

찬인은 감찰 및 전사관 이하를 인도하여 각각 자리에 나아가게 하고, 인의(引儀)는 종친 및 문관, 무관의 여러 관원을 나누어서 인도하여 들어가서

각자의 자리에 나아가게 한다.

알자는 아헌관, 종헌관을 인도하여 들어가서 자리에 나아가게 한다.

좌통례가 대차(大次) 앞으로 나아가서 고개를 숙이고 엎드렸다가 꿇어 앉아서 대차에서 나오기를 아뢰어 청한다. 임금이 최복을 갖추고 여(輿)를 타고 나온다.

좌, 우통례가 앞에서 인도하여 신문(神門, 능실에 들어가는 문)밖에 이르러 여(輿)에서 내린다. 전하께서 소차에 들어가면, 전사관과 능사가 제물을 올린다,

끝나면 좌통례가 꿇어 앉아서 행례(行禮) 하기를 아뢰어 청한다. 임금이 손을 씻고 상장(喪杖)을 짚고 나오면 찬례(贊禮)가 임금을 인도하여 들어가 자리에 나아가게 한다.

집례가 말하기를 곡(哭)이라 하고, 찬례가 궤(跪), 부복(俯伏), 곡(哭) (고개를 숙이고 엎드렸다가 꿇어 앉아 엎드려, 곡하소서)라고 아뢰어 청한다. 임금이 꿇어 앉아서 고개를 숙이고 엎드려 곡을 한다. 아헌관 이하 자리에 있는 자도 같이 한다.

집례가 말하기를 지곡(止哭), 사배(四拜)라 하면, 찬례가 지곡(止哭), 흥(興), 사배(四拜), 흥(興), 평신(平身)(곡을 그치고 일어나서 네 번 절을 하고 일어나 몸을 바로 하여 서기)을 아뢰어 청하니, 임금이 곡을 그치고

일어나서 네 번 절하고 일어나 몸을 바로 한다. 아헌관 이하 자리에 있는 자도 같이 한다.

집례가 말하기를 「찬례는 전하를 인도하여 초헌례(初獻禮)를 행한다」라고 한다. 찬례가 임금을 인도하여 동쪽계단으로 올라가 준소(尊所)로 나아가서 서향하여 서게 하고, 근시 한 사람은 술을 뜨고, 한 사람은 잔으로 술을 받는다.

찬례가 전하를 인도하여 들어가 영좌 앞에 나아가서 북향하여 서게한다. 찬례가 고개를 숙이고 엎드렸다가 꿇어 앉아서 궤(跪)(꿇어 앉기) 를 아뢰어 청한다. 전하께서 꿇어 앉는다. 아헌관 이하 자리에 있는 자도 같이 한다.

근시 한 사람은 향합을 받들고 한 사람은 향로를 받들어, 꿇어 앉아 올린다. 찬례가 「세번 향불을 올리기를」 아뢰어 청한다. 근시가 향로를 책상에 올린다. 〔향을 드리는 사람은 동쪽에서 서쪽으로 향하고, 향로를 올리는 사람은 서쪽에서 동쪽으로 향한다. 잔을 드리고 잔을 올리는 것도 이에 준한다.〕

근시가 잔을 꿇어 앉아서 드리면 찬례가 잔을 잡어서 잔을 올리기를 아뢰어 청하고 잔을 준다. 근시가 그것을 받아서 영좌앞에 올린다.

찬례가 전하에게 「고개를 숙이고 엎드리기」를 아뢰어 청하고 일어나서 조금 물러가 북향으로 꿇어 앉는다.

대축이 영좌의 오른 편에 나아가 동향으로 꿇어 앉아 축문을 읽는다. 다 읽으면, 찬례가 부복(俯伏), 흥(興), 평신(平身)(고개를 숙이고 엎드렸다가, 일어나서, 몸을 바로 하여 서기)를 아뢰어 청한다. 전하께서 고개를 숙이고 엎드렸다가 일어나서 몸을 바로 하여 선다. 아헌관 이하 자리에 있는 자도 같이 한다.

찬례가 전하를 인도하여 문으로 나가서 내려가 자리로 돌아온다.

집례가 말하기를 「아헌례(亞獻禮)를 행한다」라고 한다. 알자가 아헌관을 인도하여 동쪽 계단으로 올라가 준소에 나아가서 서향으로 선다.

집준자가 술을 뜨면, 집사자가 잔으로 술을 받는다.

알자가 아헌관을 인도하여 들어가 영좌 앞에 나아가서 북향으로 서게하고, 꿇어 앉게한다. 집사자가 잔을 아헌관에게 준다. 아헌관이 잔을 잡아 헌잔 (獻盞)을 하는데 술잔을 집사자에게 주어 영좌앞에 올리도록 한다. 알자가 고개를 숙이고 엎드렸다가 일어나서 몸을 바로 하게 한다. 아헌관을 인도 하여 문으로 나가서 내려가 본 자리로 돌아온다.

집례가 말하기를 「종헌례(終獻禮)를 행한다」라고 한다. 알자가 종헌관을 인도하여 예(禮)를 행하기를 모두 아헌례의 의식과 같게 한다. 끝나면, 인 도하여 내려서 본 자리로 돌아온다.

집례가 말하기를 곡(哭)이라 한다. 찬례가 고개를 숙이고 엎드렸다가 꿇어 앉아서 임금에게 궤(跪), 부복(俯伏), 곡哭 (꿇어 앉아, 고개를 숙이고 엎드려 곡하기)를 계청하니, 전하께서 꿇어 앉고 고개를 숙이고 엎드려 곡하여 슬픔을 극진히 한다. 아헌관 이하 자리에 있는 자도 같이 한다.

집례가 말하기를 지곡(止哭), 사배(四拜)라 하면 찬례가 지곡(止哭), 흥(興), 사배(四拜), 흥(興), 평신(平身)〔곡을 그치고, 일어나 네 번 절하고, 일어나서 몸을 바로 하기〕을 계청하니, 전하께서 곡을 그치고 일어나 네 번 절하고, 일어나서 몸을 바로 한다. 아헌관 이하 자리에 있는 자도 같이 한다.

집례가 "망료"라고 하면 찬례는 전하를 망료위로 인도하여 서향하여 서게 한다. 집례가 찬자를 거느리고 망료위로 가서 서향하여 선다. 집례가 "사르라"하면 대축은 축판(祝板)을 받들어 감에서 사른다.

찬례는 전하를 인도하여 소차(小次)로 돌아오고, 알자는 아헌관과 종헌관을 인도하여 나가며, 인의는 종친 및 문무백관을 인도하여 나가고, 찬인은 감찰 및 전사관 이하를 인도하여 함께 절하는 자리로 돌아온다,

집례가 말하기를 사배(四拜)라 하면, 감찰 및 전사관 이하가 몸을 구부리어 네 번 절하고 일어나서 몸을 바로 한다. 찬인이 차례로 인도하여 나간다.

집례가 찬자 알자 찬인을 거느리고 절하는 자리에 나아가서 네 번 절하고 나간다.

좌통례가 꿇어앉아 소차에서 나오기를 계청하고, 좌우통례가 전하를 인도하여 대차로 돌아와서 시사복으로 갈아입게 한다. 산선(繖扇)과 시위(侍衛)는 평상시의 의식과 같다.

전사관과 능사는 각각 그 하인을 인솔하고 예찬(禮饌)을 거두고, 전하께서 궁으로 돌아온다. 의장·시위와 전도(前導), 배종(陪從)은 올 때의 의식과 같다.

| 파<br>3 | 서<br>3 | 서<br>5 | 동<br>9 | 王 | 王妃 | 繼妃 |
|---|---|---|---|---|---|---|
|  |  |  | 건 | 태조(건원릉) |  |  |
|  |  |  |  |  | 신의 한씨(제릉) |  |
|  |  |  |  |  |  | 신덕 강씨(貞陵) |
|  |  |  |  | 정종(후릉) | 정안 김씨(후릉) |  |
|  |  |  |  | 태종(헌릉) | 원경 민씨(헌릉) |  |
|  |  |  |  | 세종(英陵) | 소헌 심씨(英陵) |  |
|  |  |  | 현 | 문종(현릉) | 현덕 권씨(현릉) |  |
|  |  |  |  | 단종(莊陵) |  |  |
|  |  |  |  |  | 정순 송씨(사릉) |  |
|  |  |  |  | 세조(광릉) | 정희 윤씨(광릉) |  |
|  |  | 경 |  | 덕종(敬陵) | 소혜 한씨(敬陵) |  |
|  |  | 창 |  | 예종(창릉) |  | 안순 한씨(창릉) |
| 공 |  |  |  |  | 장순 한씨(공릉) |  |
|  |  |  |  | 성종(선릉) |  | 정현 윤씨(선릉) |
| 순 |  |  |  |  | 공혜 한씨(순릉) |  |
|  |  |  |  | 연산군(묘) |  |  |
|  |  |  |  | 중종(靖陵) |  |  |
|  |  |  |  |  | 단경 신씨(온릉) |  |
|  | 회 |  |  |  |  | 장경 윤씨(희릉) |
|  |  |  |  |  |  | 문정 윤씨(泰陵) |
|  | 효 |  |  | 인종(효릉) | 인성 박씨(효릉) |  |
|  |  |  |  | 명종(강릉) | 인순 심씨(강릉) |  |
|  |  |  | 목 | 선조(목릉) | 의인 박씨(목릉) | 인목 김씨(목릉) |
|  |  |  |  | 광해군(묘) |  |  |
|  |  |  |  | 원종(章陵) | 인헌 구씨(章陵) |  |
|  |  |  |  | 인조(長陵) | 인열 한씨(長陵) |  |
|  |  |  | 휘 |  |  | 장렬 조씨(휘릉) |
|  |  |  |  | 효종(寧陵) | 인선 장씨(寧陵) |  |
|  |  |  | 숭 | 현종(숭릉) | 명성 김씨(숭릉) |  |
|  |  | 명 |  | 숙종(명릉) |  | 인현 민씨(명릉) |
|  |  |  |  |  |  | 인원 김씨(명릉) |
|  |  | 익 |  |  | 인경 김씨(익릉) |  |
|  |  |  |  | 경종(의릉) |  |  |
|  |  |  | 혜 |  | 단의 심씨(혜릉) |  |
|  |  |  | 원 | 영조(원릉) |  | 정순 김씨(원릉) |
|  |  | 흥 |  |  | 정성 서씨(弘陵) |  |
| 영 |  |  |  | 진종(永陵) | 효순 조씨(永陵) |  |
|  |  |  |  | 장조(융릉) | 헌경 홍씨(융릉) |  |
|  |  |  |  | 정조(건릉) | 효의 김씨(건릉) |  |
|  |  |  |  | 순조(익릉) | 순원 김씨(인릉) |  |
|  |  |  | 수 | 익종(수릉) | 신정 조씨(수릉) |  |
|  |  |  | 경 | 헌종(景陵) | 효현 김씨(景陵) | 효정 홍씨(景陵) |
|  | 예 |  |  | 철종(예릉) | 철인 김씨(예릉) |  |
|  |  |  |  | 고종(洪陵) | 명성 민씨(洪陵) |  |
|  |  |  |  | 순종(유릉) | 순명 민씨(유릉) | 순정 윤씨(유릉) |

| 단릉 | 쌍릉 | 합장 | 이강 | 상하 | 삼연 | 난간 | 병풍 | 고석 | 무인 | 장명 | 소전 | 신도 | 비 고 |
|---|---|---|---|---|---|---|---|---|---|---|---|---|---|
| # | | | | | | # | # | 5 | # | 8 | # | # | 12지신상 |
| # | | | | | | # | # | 5 | # | 8 | | | 12지신상, 박자청 조성 |
| # | | | | | | | | 2 | | 4 | # | | 현종10 송시열의 상소로 복원 |
| | # | | | | | # | # | 5 | | 4 | | # | 12지신상, 헌릉과 유사, 박자청 조성, 화사석 유실 |
| | # | | | | | # | # | 5 | # | 8* | # | # | 12지신상, 장명등 2개 |
| | | # | | | | # | | 4 | | 8 | | # | 예종1 천장 |
| | | | # | | | # | #* | 4 | | 8 | | | 중종7 복위, 병풍석(왕비릉없음) 방울방패무늬 소멸 |
| # | | | | | | | | 4 | | 4 | | | 숙종24 복위 |
| # | | | | | | | | 4 | | 4 | | | 숙종24 복위 |
| | | | # | | | # | | 4 | # | 8 | | | 12지신 → 난간석, 석실 → 회격, 참도생략 |
| | | | # | | | #* | | 4 | #* | 8 | | | 좌우바뀜, 왕비만 난간석+무인석 |
| | | | # | | | # | | 4 | | 8 | | | |
| # | | | | | | | | 4 | | 8 | | | |
| | | | # | | | # | #* | 4 | | 8 | | | 12지신상, 왕비릉에 병풍석 없음 |
| # | | | | | | # | | 4 | | 8 | | | |
| | | | | | | | | 4 | | 4* | | | 4각 장명등 2개 |
| # | | | | | | # | # | 4 | # | 8 | | | 왕의 단릉은 건원릉, 단종莊陵,중종靖陵 뿐 |
| # | | | | | | | | 4 | | 4 | | | 영조15 복위 |
| # | | | | | | # | | 4 | # | 8 | | | 중종32 천장(김안로) |
| # | | | | | | # | | 4 | # | 8 | | | 12지신상+만석에 글자 |
| | # | | | | | # | #* | 4 | # | 8 | | | 왕비릉에 병풍석 없음 |
| | # | | | | | # | | 4 | # | 8 | | | |
| | | | # | | | # | #* | 4 | # | 8 | | | 왕비릉에 병풍석 없음 |
| | | | | | | | | 2 | | 4 | | | |
| | # | | | | | # | | 4 | # | 8 | | | |
| | | # | | | | # | # | 4 | # | 8 | | | |
| # | | | | | | # | | 5 | # | 8 | | | 숙종14 조성(고석4 환원) |
| | | | | # | | # | | 4 | # | 8 | | | 12간지 문자 → 난간석(최초) |
| | # | | | | | # | | 4 | # | 8 | | | 정자각 팔작지붕 |
| | # | | | | | # | | 4 | | 4 | | | 난간석 방위표시 |
| | | # | | | | # | | 4 | | 4 | | | 난간석 방위표시, 우상위치 |
| # | | | | | | # | | 4 | # | 8 | | | 난간석 방위표시 |
| | | | | # | | # | | 4 | | 4 | | | 난간석 방위표시 |
| # | | | | | | # | | 4 | # | | | | 조선 왕릉 중 유일하게 장명등 멸실 |
| | # | | | | | # | | 4 | # | 4 | | | 상계와 하계 2단 구성(원릉~예릉까지) |
| # | | | | | | # | | 4 | # | 4 | | | 우허제, 2단 구성 |
| | # | | | | | | | 4 | | 4 | | | 2단 구성 |
| | | # | | | | | # | 4 | # | 8 | | | 2단 구성 |
| | | # | | | | # | | 4 | # | 8 | | | 2단 구성 |
| | | # | | | | # | | 4 | | 8 | | | 2단 구성 |
| | | # | | | | # | | 4 | | 4 | | | 2단 구성 |
| | | | | | # | # | | 4 | | 4 | | | 2단 구성 |
| | # | | | | | # | | 4 | # | 8 | | | 2단 구성 |
| | | # | | | | # | # | 4 | # | 4 | | | 원래대로 3단 구성 (상계, 중계, 하계) |
| | | #* | | | | # | # | 4 | # | 4 | | | 3인 합장 |

# 이미지 출처

**노경영 사진작가 rohspace (http://www.rohspace.com)**

첨성대 · 185
경복궁 · 260, 261
창덕궁 · 262
근정전 · 263
흥인지문 · 280, 281
경복궁 경회루 · 294, 295
종묘 · 334, 335 / 352, 353
사직단 및 환구단 · 346
종묘 정전 · 376, 377
종묘 공신당 · 386
종묘 영녕전 · 388, 389
종묘제례 · 400, 401
정릉 · 404, 405
영릉(세종대왕릉) · 414, 415
영릉(효종과 인선왕후 능) · 417
원릉 · 428
명릉 · 441
경복궁 교태전 뒤 아미산 · 456
경릉 · 584, 585

*본 책을 위하여 사진 촬영에 적극 협력해 주시고,
또한 귀한 사진 자료들을 기꺼이 제공해 주신 관계기관에 진심으로 깊은 감사를 드립니다.